Agli aviatori italiani della Regia Aeronautica,
a quelli che poi combatterono al Sud o nella
Aeronautica Nazionale Repubblicana, l'omaggio
al loro sfortunato valore

*A tribute to the unfortunate valour of all the Italian
airmen of the Regia Aeronautica, and to those who
later fought in the South or in the Aeronautica
Nazionale Repubblicana*

Alla memoria di mio cognato Giancarlo Mariotti,
M.llo 1ª Classe Sc. Pilota dell'Aeronautica Militare,
scomparso in solitudine alle prime luci di un'alba
di fine estate del 2005!

*To the memory of my brother in law Giancarlo Mariotti,
Warrant Officer of the Italian Air Force, disappeared in
solitude at daybreak at the end of summer 2005!*

Cieli della Lombardia: inverno 1937. Primi voli per il prototipo del nuovo caccia italiano, il Macchi MC.200, dotato di carrello retrattile e tettuccio completamente chiuso. (Foto Aermacchi/Via A. M.)

In the sky over Lombardy, winter 1937. An early flight for the prototype of the new Italian fighter, the Macchi MC.200, featuring the retractable undercarriage and completely enclosed cockpit – radical departure for the period in Italy. (Photo Aermacchi/Via A. M.)

Nicola Malizia

AERMACCHI
Bagliori di Guerra
Flashes of War

(Macchi MC.200 - MC.202 - MC.205/V)

IBN Editore

Copertina: Coppia di Macchi MC.202 del 51° Stormo C.T. in combattimento sull'isola di Malta. Uno Spitfire Vc del 249th Squadron precipita in fiamme, colpito dai cacciatori italiani. Dipinto di Bruno Garbuio in arte "Brugar".
Elaborazione grafica di: Giorgia Napoleone
Impaginazione di: Giorgia Napoleone
Traduzione di: Frank McMeiken
Revisione di: Stephen Richards

© IBN - Istituto Bibliografico Napoleone sas
Via Mingazzini, 7 - 00161 Roma
Tel. 06-4469828 Fax 06 62288537
www.ibneditore.it
www.aviolibri.it
e-mail: IBN@aviolibri.it

ISBN 88-7565-030-6

Finito di stampare nel mese di luglio 2006 presso la Pubbliprint Service - Roma

Indice
Index

Dedica	1
Dedication	
Ringraziamenti dell'Autore	8
Author's acknowledgements	
Prefazione	11
Preface	

CAPITOLO I
CHAPTER I

Il Macchi MC.200 "Saetta"	14
The Macchi MC.200 "Lightning"	
Reparti della Regia Aeronautica equipaggiati con Macchi MC.200 "Saetta"	30
Units of the Regia Aeronautica equipped with the Macchi MC.200 "Lightning"	
Produzione e Serie di Macchi MC.200 "Saetta"	33
Macchi MC.200 "Lightning" - Production and Serials	
Dimensioni e prestazioni del Macchi MC.200 "Saetta"	36
Macchi MC.200 "Lightning" - Dimensions and performance	

CAPITOLO II
CHAPTER II

Il Macchi MC.202 "Folgore"	88
The Macchi MC.202 "Thunderbolt"	
Reparti della Regia Aeronautica equipaggiati con Macchi MC.202 "Folgore"	100
Units of the Regia Aeronautica equipped with the Macchi MC.202 "Thunderbolt"	
Produzione e Serie di Macchi MC.202 "Folgore"	102
Macchi MC.202 "Thunderbolt" - Production and Serials	
Dimensioni e prestazioni del Macchi MC.202 "Folgore"	104
Macchi MC.202 "Thunderbolt" - Dimensions and performance	

CAPITOLO III
CHAPTER III

Il Macchi MC.205/V "Veltro"	164
The Macchi MC.205/V "Greyhound"	
Reparti della Regia Aeronautica operanti con Macchi MC.205/V "Veltro" prima dell'8 settembre 1943	174
Regia Aeronautica units flying the Macchi MC.205/V "Greyhound" prior to 8th September 1943	
Produzione di Macchi MC.205/V "Veltro" I & III Serie	175
Macchi MC.205/V "Greyhound" - Production and Serials	
Dimensioni e prestazioni del Macchi MC.205/V "Veltro"	177
Macchi MC.205/V "Greyhound" - Dimensions and Performance	

CAPITOLO IV
CHAPTER IV

8 settembre 1943 – l'Armistizio italiano!	182
8th September 1943 – the Italian Armistice!	

CAPITOLO V
CHAPTER V

L'Aviazione del Sud 196
The Co-Belligerent Air Force in the South

CAPITOLO VI
CHAPTER VI

L'Aeronautica Nazionale Repubblicana 208
The Aeronautica Nazionale Repubblicana (A.N.R.)
Reparti dell'Aeronautica Nazionale Repubblicana equipaggiati con Macchi MC.202 - MC.205/V 216
Units of the Aeronautica Nazionale Repubblicana equipped with the Macchi MC.202 - MC.205/V
I decorati di Medaglie d'oro al Valor Militare operanti con gli Aermacchi 217
Gold Medals for Military Valour awarded to pilots flying the Macchi fighters

CAPITOLO VII
CHAPTER VII

25 aprile 1945 – La guerra è finita! 226
25th April 1945 – The war is over!

CAPITOLO VIII
CHAPTER VIII

Aermacchi in servizio nella Royal Egyptian Air Force (R.E.A.F.) 244
Aermacchi fighters in service in the Royal Egyptian Air Force (R.E.A.F.)
Macchi MC.202 e Macchi MC.205/V venduti dall'Aermacchi all'Aviazione Militare egiziana
Numeri di Serie egiziani e Matricole Militari italiane/Registro Civile egiziano/Produzione/Data accettazione Aermacchi in Italia 252
Macchi MC.202 & Macchi MC.205/V sold by Aermacchi to the Royal Egyptian Air Force
Egyptian and Italian Serial Numbers/Egyptian Civil Register/Builder/Aermacchi firm acceptance date in Italy

Bibliografia 255
Bibliography

Immagine del Macchi MC.200 prototipo, portato in volo nei cieli di Varese il 24 dicembre 1937, ai comandi di Giuseppe Burei. Il primo esemplare prototipo aveva la M.M.336. (Foto Aermacchi/Via A. M.)

Photo of the prototype Macchi MC.200, flown for the first time on the 24th of December 1937 over the province of Varese by Giuseppe Burei. The first example wore the M.M. (Serial Number – Military Serial) 336. (Photo Aermacchi/Via A. M.)

Uno dei primi 140 esemplari di costruzione Aermacchi, realizzati fra il maggio 1941 e l'aprile dell'anno successivo. Trattasi del Macchi MC.202, III Serie costruttiva, M.M.7806 con tipica mimetizzazione a macchie rade, definita anche "serir". (Foto A. M.)

One of the first production examples built by Aermacchi. This is Macchi MC.202 Series III, built between May 1941 and April 1942, Serial Number M.M.7806, with typical camouflage of the scattered splotches, also called "serir". (Photo A. M.)

Il Macchi MC.205/V III Serie, M.M.92215/A. S. (Africa Settentrionale), dotato di filtro antisabbia, allestito dall'Aermacchi, pronto per la consegna. (Foto A. M.)

The Macchi MC.205/V, III Series, M.M.92215/ an A. S. variant (North Africa), with the sand filter, built by Aeromacchi, ready for delivery. (Photo A. M.)

Ringraziamenti dell'Autore
Author's acknowledgment

L'Autore desidera ringraziare gli Enti e gli Amici che hanno fattivamente collaborato a quest'opera sui ben noti Aermacchi MC.200 / MC.202 / MC.205/V, protagonisti di tante battaglie, vinte e perse, su tutti i cieli di guerra italiani:

Ufficio Storico 5° Reparto SMAM, Roma – Ufficio Documentazione Fotografica e audiovisivo dello SMA, Roma – Imperial War Museum, London – Smithsonian Institution, of Washington D.C., USA – Bundesarchiv, Koblenz – ex Comando 22° Gruppo C.I./51° Stormo, Istrana (TV) – Yarra Collection (McAulay) – Brian Cull and David Nicolle Collection – Christopher Shores

Generale B. A. Giuseppe ("Bepi") Biron, Gen. S. A. Francesco Cavalera, Com/te Enrico Ciamei, Maggior Generale P. Bruno De Bacco, Com/te Roberto Di Bernardo, Generale S. A. Antonio Duma, Gen. S. A. Francesco Fagiolo, Generale S. A. Renato Gherardi, Gen. S. A. Germano La Ferla, Gen. D. A. Angelino Lo Vullo, Gen. S. A. Giuseppe Scarinci, Gen. S. A. Giuseppe Pesce.

Col. Pilota Giuseppe Cozzari, Col. Arnn Pil. Euro Rossi, Capo Ufficio Storico SMAM.

I cari Amici – The dear friends: Giorgio Apostolo, Maurizio Barbadoro, Aldo Barbaglio, Evaristo Bernardini, Fabio Bianchi, Lucio Biccolini, Adalberto Borromeo, Francesco Bozzi, Pierluigi Castellani, Giorgio Costa, Giorgio Di Giorgio, Marcello Dini, Federico Diotallevi, Angelo Emiliani, Pietro Faggioli, G. Carlo Garello, Federico Ghergo, Achille Ghizzardi, Giorgio Giorgi, Bruno Landi, Giulio Lazzati, Alcide Leoni, Antonio Luppi, Raffaello Maggioni, Alex Manni, Antonio Marinone, Giovanni Massimello, Arnaldo Mauri, Alberto Monteverde, Aldo Orsucci, P. Paolo Paravicini, Giorgio Pini, Giorgio Ragazzoni, Carlo Raso, Italo Rossini, Riccardo Udiente.

Un particolare e sincero ringraziamento va ai miei amici / My particular and sincere thanks go to my friends Massimo Del Magno, Paolo Giacomini, Cesare Gori, Achille Vigna.

Le Famiglie / The Families

Ambrosio, Balasso, Bianchi, Biccolini, Buvoli, Callieri, Capatti, Dose, Dusi, Fiore, Franchini, Guidi, Iannicelli, Matelli, Mazzotti, Melotti, Niclot Doglio, Papini, Pettazzoni, Rigatti, Serafini, Solaro, Sonni.

Un riverente e commosso pensiero alla memoria di quanti hanno collaborato, prima di lasciarci, tanti molto prematuramente:
A reverent moving thought goes to the memory of great Italian airmen, many of whom died prematurely:

Col. Pilota Giovanni Ambrosio, M.llo Pil. Antonio Balasso, Gen. D. A. Alberto Ballista, Gen. S. A. Manlio Biccolini, Ten. Pil. Dante Bonifazi, Col. Pil. Aldo Buvoli, Gen. S. A. Gino Callieri, Ten. Col. Pil. Giovanni Cervellin, Gen. D. A. Roberto Di Lollo, Serg. Magg. William Dusi, Gen. S. A. Duilio Sergio Fanali, Gen. S. A. Giovanni Franchini, Col. Pil. Roberto Gaucci, Gen. S. A. Amedeo Guidi, Cap. Pil. Giorgio Iannicelli (MOVM), Sig. Carlo Lucchini, Gen. S. A. Luciano Marcolin, Com/te Luigi Matelli, 1°Cap. Pil. Luciano Ostinelli, Serg. Magg. Pil. Tristano Papini, Gen. S. A. Aldo Remondino, Col. Pil. Mario Rigatti (MOVM), Col. Pil. Vincenzo Sant'Andrea, M.llo 1ª Cl. Arm. Alfredo Simeone, M.llo Pil. Silverio Sonni, Ten. Pil. Beniamino Spadaro, M.llo 1ªCl. Pil. Ennio Tarantola, Sig. Ugo Ugolini, Aiutante di Battaglia Pil. Remo Zedda, M.llo Pil. Celso Zemella.

L'Autore desidera infine esprimere un profondo ringraziamento al caro amico Frank McMeiken per il grande aiuto offerto a questo volume, soprattutto per la sua paziente e preziosa traduzione del testo dall'italiano all'inglese.
The Author also acknowledges the assistance provided in producing this book, above all for the patient and very useful translation from Italian to English, by Frank McMeiken.

L'Autore / The Author

In alto: Un Macchi MC.200 di costruzione Breda, probabilmente codificato con M.M.5216, allestito fra marzo ed ottobre del 1942, privo di codici, con ogni probabilità ripreso sull'aeroporto di Bresso (Milano). (Foto A. Vigna)

Top: A Breda-built MC.200, probably M.M.5216, from a batch constructed between March and October 1942. The uncoded aircraft was probably photographed at Bresso airfield (Milano). (Photo A. Vigna)

In basso: Coppia di Macchi MC.200 del 6° Gruppo Aut. C.T. ripresi sull'aeroporto di Trapani "Milo". L'aereo in primo piano mostra una croce sabauda con la banda orizzontale che copre deriva e timone di direzione, con l'aggiunta del poppino dipinto completamente di bianco. (Foto A. Emiliani/Via A. Luppi)

Bottom: A pair of Macchi MC.200s of 6° Gruppo Aut. C.T. taken at Trapani "Milo" airfield. Interesting the rear view of the first aircraft, with an oversized Croce Sabauda, and a completely white tail cone. (Photo A. Emiliani/Via A. Luppi)

Lonate Pozzolo: inverno 1938. Il secondo prototipo del Macchi MC.200 (M.M.337) ripreso innanzi agli hangars della ditta varesina. (Foto Aermacchi/Via A. M.)

Lonate Pozzolo, winter 1938: The second prototype MC.200 (M.M.337) outside the company hangars. (Photo Aermacchi/Via A. M.)

Veduta laterale della fiancata di sinistra del Macchi MC.200 – M.M.337 – secondo prototipo del "promettente" caccia dell'Ing. Mario Castoldi. Dopo la morte del collaudatore ufficiale dell'Aermacchi, Com.te Giuseppe Burei, subentrò il Ten. Pilota Adriano Mantelli, considerato già in quel tempo un asso della caccia italiana. (Foto Aermacchi/Via A. M)

A side view of M.M.337, the second prototype of Ing. Mario Castoldi's "promising fighter". After the death of the Aermacchi official test pilot, Commander Giuseppe Burei, Flying Officer Adriano Mantelli, already considered an ace amongst Italian fighter pilots, took over. (Photo Aermacchi/Via A. M.)

Prefazione

Non vi sono stati e non vi sono ancora oggi, oltre le soglie del 2000, schiere di aviatori italiani, piloti e specialisti, che non abbiano operato con la prestigiosa schiera delle creazioni Aermacchi, illustre quanto indiscussa progenie di aeroplani da caccia, nati e vissuti nei periodi più sofferti e discussi della nostra storia aeronautica. Nacquero ed operarono soprattutto per esigenze belliche, fin dal lontanissimo primo conflitto mondiale, attraverso i prestigiosi Macchi M.5, ma il segno più eloquente di questa superba ditta italiana, ancora oggi all'avanguardia, si esaltò, sia pure in maniera sofferta ed eroica, nel corso della 2ª Guerra Mondiale, a partire dai pur mediocri Macchi MC.200, per passare ai pregevoli Macchi MC.202 e concludere, in tempo di guerra, col magnifico Macchi MC.205/V.

Le immagini impietose dell'8 settembre 1943 offuscarono in parte ciò che con coraggio, con eroismo, con valore, ma talvolta anche con incoscienza, fecero molti aviatori italiani, nel tripudio della loro giovinezza, molti scomparsi nel vortice di tanti scontri, affrontati e perduti soltanto per la forza e la migliore preparazione del nemico!

Ancora oggi, nel ricordo dei pochi superstiti vi è l'orgoglio o l'amarezza di molte battaglie, ma anche il ricordo tristissimo di chi e quanti scomparvero nel calderone di numerosi combattimenti affrontati su quasi tutti i fronti di guerra italiana.

Quanti furono i ritagli di cielo che videro i nostri Macchi duellare, isolati o in formazioni, sempre pronti ad affrontare il nemico, al quale nessuno dei nostri piloti non voltò mai la deriva, in cerca di scampo o di fuga!

Li affrontammo sempre, a viso aperto, che fossimo stati in numero sovrastante o in miseria, quasi ignari di quanto fossero avvantaggiati già in quel tempo i nostri avversari: il Radar, del quale conoscevamo l'esistenza, ma ne sottovalutammo l'importanza, ma ancor più totalmente all'oscuro del loro Ultra Secret (o enigma), il congegno di tutte le disgrazie dell'Asse, del quale il mondo prese conoscenza decenni più tardi!

Vincitori o vinti gli Aermacchi con le insegne italiane volarono fino agli ultimi giorni di guerra, al Sud e al Nord d'Italia, a lungo nei cieli sovrastanti le ruvide pietraie gial-

Preface

There have never been Italian aviators, pilots or ground crews, in the past or even in the 21st Century, who have not operated with the prestigious range of Aermacchi creations. Illustrious planes and undoubtedly the precursor of fighter planes, they appeared and operated in the most difficult and controversial periods of our limited aeronautical history. They were created and operated essentially for wartime requirements starting from World War I, with the prestigious Macchi M.5. But the most eloquent manifestation of this superb industry which even nowadays is in the avant-garde, was exalted, even if in a more difficult and heroic way, during World War II. Initially there were the rather mediocre Macchi MC.200s, then the valuable Macchi MC.202s and finally, towards the end of the war the magnificent Macchi MC.205/Vs "Veltro".

Even today in the memory of the few survivors, there is the pride and bitterness of so many battles but also the extremely sad memory of those who lost their lives in the many battles fought on nearly all the Italian war fronts.

There were so many skies, both clear and cloudy, which witnessed our Macchis fighting, alone or in formation, always ready to face the enemy. Our pilots never attempted to flee in search of safety. We always faced the enemy whether there were many or few of us, almost unaware of what the advantage was, at that moment, of our adversaries: Radar. We knew it existed but we underestimated its importance! But we were totally ignorant of their "Ultra Secret" (or Enigma) machine, responsible for all the misfortunes of the Axis, which the world only learned about decades later.

Winners or losers the Airmacchis with the Italian emblem flew until the last few days of the war from North to South of Italy. They flew in the skies over the rough yellow rocks of Malta, over the arid desert of Africa, over the ghostly expanse of snow and ice of the tundras of Russia, over the steep crags of the Balkans. And they also flew over the friendly contours of Sicily and Sardinia which had been tormented by the fury of Anglo-American forces as was the whole of our peninsula.

So many episodes, so many memories and

lastre di Malta, sugli aridi deserti africani, sulle spettrali distese di neve e di ghiaccio delle tundre di Russia, sugli scoscesi dirupi balcanici, sui profili amici, ma tormentati della Sicilia e della Sardegna, fin troppo martoriate dalla furia degli anglo-americani, come lo fu l'intera nostra penisola!
Quanti episodi, quanti ricordi, quanta giovinezza scomparsa tra nuvole rossastre, scendendo appesi a sottilissime parabole di fumo nerissimo, apparse e scomparse, improvvise, verso aride terre o distese di mare... dalle vette di Dio fino a fianchi d'improvvisate trincee dei tanti campi di battaglia, amici o nemici!
"Aermacchi"... nome magico e antico, per chi, nel pieno della propria giovinezza, si trovò a combattere la 2ª G.M. Quanti amari o esaltanti ricordi evocano ancora oggi i nostri "Saetta", i "Folgore", i "Veltri", macchine indistruttibili dal punto di vista strutturale, pur se costruite in epoca definita autarchica, ma riuscite a sopravvivere in numero abbastanza consistente fino al termine del conflitto ed ancora più innanzi, pur se alla resa dei conti, questi illustri aeroplani dalle cento anime furono costretti ugualmente a prostrarsi ed umiliarsi di fronte al nemico... per poi finire i loro giorni di gloria o sconfitta dimenticati per l'insensibilità dei Capi del tempo!
A loro, a questi simboli di un'Italia di un tempo, a quanti con loro operarono in tutti i cieli di guerra, ai piloti che li portarono in quota contro il nemico e agli specialisti che li curarono amorevolmente a terra, nella timorosa incertezza di non vederli più rientrare alla base, noi desideriamo dedicare questa monografia, fatta essenzialmente d'immagini fotografiche, sempre vive ed attuali, per ricordare anche e soprattutto quell'infinita schiera di Caduti, immolatisi nel rispetto del proprio dovere ed in quello di una fede giurata, molto spesso senza avere meriti e glorie, ma ancor peggio senza il conforto di avere una tomba, una croce, un fiore o chi potesse pregare in ginocchio di fronte al loro martirio.

L'Autore

so many young men who disappeared in the midst of the red clouds, descending attached to fine parabolas of intensely black smoke. They appeared and disappeared suddenly towards arid lands or stretches of water – from the peaks of God to the depths of improvised trenches (both friendly and enemy) of the different war theatres.
Aermacchi an ancient and magical name, for those in the full bloom of youth who found themselves fighting in the second World War. How many bitter and exalting memories do our Saettas, Folgores and Veltros still evoke today. They were indestructible aircraft from the structural point of view even if they were built in a period of austerity and a good few of them managed to survive until the end of the war and even longer. Nevertheless, at the end of the day, these illustrious planes of a hundred faces were obliged to prostrate and humiliate themselves in the face of the enemy. And finally to conclude their days of glory or defeat forgotten because of the insensitivity of chiefs at that time!
We would like to dedicate this book to these planes, symbols of an Italy of the past, which operated in all the skies of the war, to those pilots who flew them against the enemy, and to ground crews who lovingly looked after them on the ground, afraid they would not return to the base!
This monography, made up essentially of photographs, is a tribute to all these people in order to remember that an infinite group of fallen warriors lost their lives in the line of duty. Very often they were not given any reward for their bravery and even worse they remained without the comfort of a tomb, a cross, a flower or a person who could pray on bended knees in the face of their martyrdom.

The Author

Sopra e nella pagina a fianco: Macchi MC.200 della 369ª Squadriglia (152° Gruppo – 54° Stormo C.T.) in volo addestrativo. Per l'esattezza i primi Macchi MC.200 erano stati assegnati al 10° Gruppo C.T. del 4° Stormo Caccia (agosto-settembre 1939), ma poco graditi ai piloti del "Cavallino Rampante", i nuovi monoplani furono rifilati immediatamente al 54° Stormo C.T., in quel tempo decentrato sul campo di Treviso S. Angelo. Ai comandi dell'esemplare qui raffigurato, che mostra il bel distintivo della "Cucaracha", vi è l'allora Capitano Pilota Giorgio Iannicelli, futura Medaglia d'Oro al V.M. (alla memoria) sul fronte russo. (Foto Fam. Iannicelli)

Above and on the opposite page: Macchi MC.200s of 369ª Squadriglia (152° Gruppo/ 54° Stormo Caccia Terrestre). It should be remembered that these aircraft were originally assigned to the 10° Gruppo of the 4° Stormo C.T. (August-September 1939), but the pilots of the "Cavallino Rampante" unit rejected them, and were passed to the 54° Stormo C.T., at that time based at Treviso S. Angelo. At the control of these examples airborne over the Veneto countryside is the Flight Lieutenant Giorgio Iannicelli, who later on was awarded a posthumous Medaglia d'Oro V.M. on the Russian front. (Photo Iannicelli Family)

L'emblema del 54° Stormo Caccia, raffigurante una tigre ruggente, dipinta sulle fiancate di fusoliera, all'altezza del posto di pilotaggio! Feroce l'emblema... un po' meno l'abilità dei piloti di questo reparto! (Foto Arch. dell'Autore)

Close-up for the emblem of the 54° Stormo C.T., which was painted on the fuselage (the "Tiger") of the unit's Macchi MC.200, just below the cockpit. Ferocious the insignia... a little less the ability of pilots of this unit! (Photo Author's Archive)

13

CAPITOLO I
CHAPTER I

AERMACCHI MC.200 "Saetta"
AERMACCHI MC.200 "Lightning"

Il Macchi MC.200 "Saetta"

Mario Castoldi era in quell'epoca d'oro della Regia Aeronautica un illustre ingegnere aeronautico, ben conosciuto nell'ambiente per la brillante realizzazione dei famosi idrocorsa della ditta varesina. Era l'epoca in cui la Regia Aeronautica tentava, purtroppo invano, di sovrastare gli agguerriti e irriducibili antagonisti britannici, maestri del volo ed ancor più tenaci ed abili nella concezione degli idrovolanti da competizione, per quell'ambita Coppa Schneider... che alla fine riuscirono ad aggiudicarsi definitivamente, vincendola per ben tre volte, tanto da portarsela per sempre in Gran Bretagna!

The Macchi MC.200 "Lightning"

During the golden era of Italian aviation, Mario Castoldi was an illustrious Ingegnere aeronautico (aeronautical engineer), well known in his sphere for the realization of the famous seaplane racers with the Varese – based firm. It was in this era that the Regia Aeronautica (Royal Air Force) attempted, vainly, to overturn British dominance in the design and production of racing seaplanes, a dominance obtained by resourcefulness and competiveness, and a mastery of the science of flight. The goal was the "Schneider Trophy", which was, however, ultimately retained by the British having emerged victo-

Uno dei primi Macchi MC.200 assegnato al 1° Stormo C.T. Esemplare della 72ª Squadriglia/17° Gruppo C.T., ripreso a Campoformido. (Foto A. Emiliani/Via A. Luppi)

One of the first Macchi MC.200s for the 1° Stormo Caccia, assigned to 6° Gruppo C.T. (Squadriglie 79°, 81°, 88°). (Photo A. Emiliani/Via A. Luppi)

Eravamo nel pieno degli anni trenta ed era l'epoca in cui si rendeva necessario concepire un nuovo tipo di caccia intercettore per i numerosi reparti della Regia Aeronautica, un velivolo che si discostasse definitivamente dall'ormai abusata formula biplana del tempo, un po' troppo cara a certi piloti italiani, specialmente agli irriducibili "acrobati" delle ben note Squadriglie friulane!
Il Macchi M.C. (M.C. stava per Macchi Castoldi), nasceva nel 1937, per partecipare al Concorso Ministeriale dell'anno dopo. La specifica del tempo imponeva la realizzazione di un caccia di buona robustezza nella formula monoplana, con carrello retrattile, prima novità nel contesto aeronautico nazionale, possibilmente "decentemente armato". Usiamo tale definizione con il beneficio del dubbio, poichè tale termine per le armi di bordo dei velivoli Made in Italy non era stato mai affrontato con sufficiente serietà e competenza dai tecnici nostrani, tant'è che l'eterna coppia delle mitragliatrici dei nostri caccia, dopo la scomparsa di vecchie armi, pur modificate della 1ª Guerra Mondiale, si trovarono ad essere talvolta di calibro differente. Ci riferiamo alle nuove, ottime, Breda Avio Modello SAFAT cal. 7,7 mm e cal. 12,7 mm, talvolta sconfortante ripiego per i nostri pomposi caccia biplani!
Ciò condizionò negativamente durante

rious in three successive competitions.
The Thirties' were also characterized by the emerging requirement for a new type of interceptor fighter that would equip the units of the Regia Aeronautica, an aircraft that would break away from the by now outdated biplane formula. This formula was perhaps over-valued by certain Italian pilots, particularly the irreducible "acrobats" of the Friuli – based Squadriglie (flights).
The Macchi MC.200 (M.C. after designer, Mario Castoldi) was conceived in 1937 and was entered into the ministerial competition the following year. The specification issued by the Ministry called for the production of a robust fighter of monoplane configuration, featuring a retractable undercarriage (a complete novelty in Italian aviation at that time), and carr-

In alto e in basso: Consistente linea di Macchi MC.200 del 1° Stormo C.T. (6° e 17° Gruppo Autonomi C.T.), in trasferimento verso le basi della Sicilia, sostano sull'aeroporto di Grottaglie (Taranto) alla vigilia del secondo conflitto mondiale, prima che il reparto inizi le sue operazioni su Malta e l'area del Mediterraneo centrale. (Foto R. Gentilli/Via A. Emiliani & A. Vigna)

Top and bottom: Line up of Macchi MC.200s of the 1° Stormo Caccia Terrestre, photographed at Grottaglie airfield (Taranto) just prior to the commencement of the operation over Malta and the central Mediterranean area. (Photo R. Gentilli/Via A. Emiliani & A. Vigna)

tutta la 2ª Guerra Mondiale, salvo nel tardivo tempo della nostra "agonia", le capacità combattive dei caccia italiani.

La difficoltà di installare delle armi in alloggiamento alare, perché ancora strutturalmente deboli, obbligava di sistemare le mitragliatrici in caccia, tra i banchi del motore, con il sistema del tiro sincronizzato meccanico, situazione assai penalizzante per i nostri cacciatori.

Al suo apparire il Macchi MC.200, tutto sommato si presentava come un bel aeroplano, adusi com'eravamo allora all'imperante "biplanismo", in via d'estinzione altrove, salvo le rare eccezioni. Sembrava un aereo robusto ed aveva la caratteristica di possedere una sufficiente riduttibilità frontale, sebbene avesse un motore radiale. Riduttibilità minore rispetto al gemello FIAT G.50, con il quale condivideva, però, la stessa unità motrice, un radiale FIAT A74 RC-38 di appena 840 CV... un po' scarsini, se si considera che l'industria italiana era riuscita a realizzare quel gioiello di

ying sufficient armament. The term "sufficient armament" is somewhat of an anachronism, as the Italian aviation industry never approached the problem of weapons with the same degree of competence and seriousness as did their foreign competitors, notably the British. Thus, Italian fighters frequently featured just one pair of machine guns, often of differing calibres, such as a Breda Avio Modello SAFAT 7.7 mm gun coupled with a Breda 12.7 mm. The major difficult was, however, the inability to locate the weapons in the wings, due to their inherent weaknesses, which made their installation obligatory on either side of the nose. This created further problems, including the requirement to synchronise them with the propeller, again penalising their pilots.

When it appeared, the Macchi MC.200 was a pleasing design, in marked contrast to the biplane, which, with rare exceptions, were disappearing from foreign air forces' inventories, were still much in

Aeroporto di Còmiso (Ragusa). Siamo alle prime settimane di guerra ed il 6° Gruppo Autonomo C.T., portatosi da poco in Sicilia, schiera i suoi Macchi MC.200 negli organici della 2ª Squadra Aerea, il cui Comando si è da poco spostato da Padova a Palermo, pronto per le operazioni belliche. Infatti, il reparto aveva già esordito all'alba dell'11 giugno 1940 nei cieli di Malta, impegnato nella scorta ravvicinata di S.79 in azione offensiva sull'isola inglese. La nuova determinazione ministeriale di sostituire il tricolore italiano con la croce sabauda sui timoni di coda, produsse un'esagerata quanto errata interpretazione da parte del personale del reparto, che riportò una "croce bianca" smisurata e non coerente alle normative emanate. La nota più curiosa, che rende questa foto un'autentica rarità, è la presenza di una cappottina ribaltabile, al posto del classico tettuccio chiuso, apribile con scorrimento all'indietro! (Foto Fam. Papini)

Còmiso airfield – June 1940. It is the early days of the war, and another unit equipped with the MC.200 in the 6° Gruppo Autonomo C.T. On the morning of the 11th of June it made its combat debut over Malta, escorting S.79s on a bombing mission. The enlarged "Croce Sabauda" – the Sabauda Cross on the fin and rudder – is the result of over-enthusiastic painting. But the main curiosity in the picture, which makes it extremely rare, is the fact that the aircraft has been fitted with a side-opening canopy. (Photo Papini Family)

motore per l'idrocorsa Macchi MC.72, famoso per aver conquistato il primato di velocità per idrovolanti, per opera del M.llo Pilota Agello. Come non ricordare, infatti, che il propulsore del celebre rosso MC.72 era un FIAT A.S.6 di ben 3000 CV?
Anche se le agguerrite pattuglie degli idrocorsa si erano sempre battute, quasi alla pari con quelle francesi, statunitensi, ma soprattutto con quelle della RAF, cogliendo, noi italiani, due memorabili e brillanti risultati nella Coppa Schneider, nel 1921 con De Briganti e nel 1926 con De Bernardi, da questi eccellenti banchi di prova non riuscimmo a trarre adeguati insegnamenti. Viceversa fecero gli inglesi, in quanto fu proprio dal Supermarine S.4 che i tecnici d'oltre Manica estrapolarono i primi componenti essenziali per creare quello che diventò il caccia più famoso della 2ª G.M., un autentico gioiello... chiamato Supermarine Spitfire, portato fino

*vogue in Italy. It seemed a robust aircraft, and was characterised by a reduced frontal section, although it featured the same radial engine as its competitor, the FIAT G.50. The FIAT A74 RC-38 provided 840 hp, which was a little underpowered considering that it was to power the Macchi MC.72, the famous racing seaplane in which Warrant Officer Angelo Agello had broken the world seaplane speed records. FIAT had produced the A.S.6 engine which delivered some 3000 hp, the MC.200 could be considered as notably underpowered.
The major failing of the Italian aviation industry of the thirties was the inability to exploit the brilliant results of the "Schneider Throphy" competition. In this competition, the Italian designs were on a par with French, American, and British counterparts, and, in fact, the country was twice victorious with Commander De Briganti winning in 1921, and Comman-*

Aeroporto di Treviso S. Angelo. Sull'ampia distesa del verdissimo campo trevigiano stazionano i nuovi Macchi MC.200 appena assegnati al 54° Stormo Caccia Terrestre. E' una lunga fila di fiammanti caccia italiani, circostanza abbastanza usuale per quei tempi di grandi fervori aeronautici. (Foto Fam. Iannicelli)

Treviso S. Angelo airfield. On the grassy expanse of Treviso airport, a long line up of new Macchi MC.200s await inspection. Events like this were not uncommon during this era of fervent aeronautical nationalism! (Photo Iannicelli Family)

Aeroporto di Treviso S. Angelo: piloti del 54° Stormo C.T. ripresi lungo la linea di volo dei Macchi MC.200. (Foto Fam. Pannicelli)

Treviso S. Angelo airfield - 1939. Pilots of the 54° Stormo C.T. pictured on the Macchi MC.200 flight line. (Photo Iannicelli Family)

A destra: Intensa attività di volo sulla base di Còmiso per i Macchi MC.200 del 6° Gruppo Aut. C.T., pronti per una nuova missione di guerra. (Foto A. M.)

Right: Fervent activity at Còmiso airfield prior to another mission over Malta. (Photo A. M.)

In basso: I Macchi MC.200 del 6° Gruppo Autonomo C.T., ufficialmente decentrati a Catania Fontanarossa, erano spostati sul campo ragusano di Còmiso, per essere facilitati nella scorta dei bombardieri italiani in azione su Malta. Interessante il cono di fusoliera pitturato di bianco, reso necessario per un rapido riconoscimento ottico quando appariranno i primi Hurricanes sugli obiettivi dell'isola inglese. (Foto Fam. Papini)

Bottom: Còmiso airfield: Although officially based at Catania Fontanarossa, the Macchi MC.200s of this unit were deployed to Còmiso, near Ragusa, to be nearer to the bomber units tasked with the attack on Malta. The white tailcone is interesting, an attempt to facilitate optical recognition following the appearance of the first Hurricanes over the target of the British island. (Photo Papini Family)

alla XVIII versione, con l'aggiunta degli F-21, F.22, F.24. Alcune di queste versioni, più esattamente la V, l'VIII e la IX, fatalmente dovemmo affrontarle nei cieli di guerra e purtroppo non fummo quasi mai all'altezza di contrastarle efficacemente.

Il primo prototipo del Macchi MC. 200 (M.M. 336) volava il 24 dicembre 1937 nel cielo di Lonate Pozzolo (Varese), ai comandi del collaudatore Giuseppe Burei. A lui fu affiancato Ambrogio Colombo, soprattutto per saggiare le qualità acrobatiche dell'aereo, ma alla morte di Burei, avvenuta a Marnago (Varese), il 18 agosto 1940, mentre era ai comandi dell'idro-passeggeri Macchi M.94 (I-NILO), che causò anche la perdita di 14 passeggeri, subentrò nell'incarico di superbo collaudatore il Tenente Pilota Adriano Mantelli. Magnifica figura d'uomo e di aviatore. Mantelli non ebbe, mai, da quel tempo e fino alla sua non lontana scomparsa, nessun bisogno di una "presentazione aeronautica", essendo uno dei più seri, dei più

der De Bernardi again in 1926. The technology developed for these competitions led to the creation of a front line fighter. In Britain, on the contrary, it was from the Supermarine S.4 racer that the airframe and engine technicians created one of the most famous and successful fighters of the Second World War, the Supermarine Spitfire, built in some twenty four variants. Spitfires, especially, in their V, VIII and IX marks, would become the nemesis of the Regia Aeronautica, which were never equipped with fighter aircraft capable of matching them in performance or firepower! The first prototype of the Macchi MC.200 (M.M.336/Serial Number) flew for the first time on the 24th of December 1937 from Lonate Pozzolo airfield, in the province of Varese, with test pilot Giuseppe Burei at the controls. He was joined in the tests by Ambrogio Colombo, who was tasked with evaluating the acrobatic qualities of the aircraft. However, following the death of Burei on the 18th of August

Pilota del 6° Gruppo Aut. C.T. ritratto con due specialisti della 79ª Squadriglia accanto ad un Macchi MC.200 della loro unità. L'aereo appartiene ancora alle prime serie costruttive, con tettuccio chiuso, una soluzione molto sgradita ai piloti italiani. (Foto G. Piccoli)

A pilot of the 6° Gruppo Aut. C.T. with some groundcrew from the 79° Squadriglia. The aircraft is an early-series MC.200, featuring the encolosed canopy, a feature detested by the Italian pilots. (Photo G. Piccoli)

Un pilota del 23° Gruppo Aut. C.T. (Serg. Magg. Felice Papini), col suo reparto presente a Còmiso, dotato di FIAT CR.42, posa per una foto ricordo innanzi ad un Macchi MC.200 del 6° Gruppo Aut. C.T. (Foto Fam. Papini)

A pilot of the 23° Gruppo Autonomo C.T. (Flight Sergeant Felice Papini), which was flying FIAT CR.42s from Còmiso, is posing alongside an MC.200 of the 6° Gruppo Aut. C.T. (Photo Papini Family)

A destra: Particolare del terminale di fusoliera d'un Macchi MC.200 della 81ª Squadriglia (6° Gruppo Aut. C.T.). Ben visibile il celebre emblema del 1° Stormo, al quale il 6° Gruppo, pur formalmente in posizione di "autonomia", si sentiva sempre legato. Sul piano di coda destro uno dei tanti, cari e indimenticabili italici cagnolini aeroportuali. (Foto A. M.)

Right: Close-up of the tail section of a Macchi MC.200 of the 81ª Squadriglia (6° Gruppo Autonomo C.T.). Prominent is the badge of the 1° Stormo Caccia, with which, although operating as an autonomous unit, the 6° Gruppo was closely associated. On the tail one of the dear dogs of the Italian airfield! (Photo A. M.)

Nella pagina a fianco - in alto: La consistente linea di volo dei Macchi MC.200 della 369ª Squadriglia del 152º Gruppo /54º Stormo Caccia. L'hangar prospiciente ai velivoli, sulla cui vetrata spicca un celebre motto del regime del tempo... "Noi tireremo diritto", fu ripristinato nel dopo guerra, quando operò inizialmente il 51º Stormo C.T./C.B., poi il 2º Stormo CTL, utilizzato per l'uno e l'altro reparto come sede della SRAM, dizione della Regia Aeronautica fino al termine del 1952, per poi diventare G.E.V. (Gruppo Efficienza Velivoli), di seguito C.M. (Centro di Manutenzione). (Foto Fam. Iannicelli)

Opposite page - Top: Another shot of the line up of aircraft from the 369º Squadriglia of the 152º Gruppo, 54 Stormo C.T. A well-known motto of the fascist regime: "Keep on going" stands out on the hangar in front of the aircraft. The hangar survived the war, and served the 51º Stormo and 2º Stormo as a home for their SRAM (Regia Aeronautica designation for a maintenance unit). At the end of 1952 the unit was re-designated as a G.E.V. (Gruppo Efficienza Velivoli), and later on changed to the present designation of C.M. (Centro Manutenzione). (Photo Iannicelli Family)

Nella pagina a fianco - in basso: Particolare del terminale di fusoliera di un Macchi MC.200 della 369ª Squadriglia. L'immagine ci evidenzia i codici di fusoliera dell'unità in bianco, mentre il numero di codice era in rosso. (Foto Fam. Iannicelli)

Oppsite page - bottom: Close up of the forward fuselage of an MC.200 of 369º Squadriglia. The unit prefix is painted in white, while the aircraft's individual number is in red. (Photo Iannicelli Family)

In questa pagina: Il Cap. Pilota Giorgio Iannicelli ripreso accanto alla deriva di un Macchi MC.200 della sua unità, la 369ª Squadriglia, che mostra i particolari della numerazione di fusoliera, bianca e rossa, oltre al celebre emblema della "Cucaracha", allora recente ricordo della Guerra Civile di Spagna. (Foto Fam. Iannicelli)

This page: Flight Lieutenant Giorgio Iannicelli photographed near the tail of an MC.200. The shot clearly shows the aircraft's code and markings, the famous "Cucaracha", a record of the recent events of the Spanish Civil War. (Photo Iannicelli Family)

Macchi MC.200 di reparto sconosciuto, schierati su base non identificata (probabilmente Palermo Boccadifalco), con il ben noto profilo del Monte Cuccio sullo sfondo. (Foto A. Vigna)

Macchi MC.200s photographed in an unconfirmed location, but possibly Palermo Boccadifalco, with the well known profile of Monte Cuccio in the background. (Photo A. Vigna)

preparati ed eclettici piloti della Regia Aeronautica, in quel tempo da poco rientrato dal fronte della guerra civile di Spagna, dove in seno alla sua celebre Squadriglia "La Cucaracha" si era distinto per valore ed ardimento, dopo aver riportato numerosi successi contro la caccia e i bombardieri di parte avversa.

E' inutile sottolineare come Mantelli svolgesse i suoi voli di collaudo sul Macchi MC.200 con scrupolosa serietà e competenza, mettendo a nudo quelle che erano già le prime "pecche" del nuovo aeroplano, prima fra tutte la tendenza all'autorotazione, esplicitamente riferita ai tecnici della ditta varesina, cosa che non convinse proprio del tutto il progettista ed il suo "staff" tecnico, che considerarono tale fenomeno una semplice "peculiarità" dell'aereo. Quanto qui riportato lo scrisse all'Autore, in una lettera personale, conservata tra i suoi più importanti documenti del tempo, dimostrabile in ogni istante!

La caratteristica del carrello retrattile, come già accennato, rappresentò una novità assoluta, ma per un verso anche sgradita e inquietante ai più, poiché mise più volte in apprensione i nostri piloti, adusi a vola-

1938 at Mornago (Varese), who died, along with 14 passengers, while testing the Macchi C.94 passengers flyboat I-NILO, the trials staff were joined by Flying Officer Adriano Mantelli, only recently deceased, who was one of the most celebrated Italian pilots of the Regia Aeronautica. During the Spanish Civil War, he fought in the celebrate "La Cucaracha" Flight and archieved a notable tally of victories against Republican fighters and bombers. He remained in military service throughout the Second World War. He carried out a searching and thorough evaluation of the Macchi 200 and pointed out its tendency to enter an uncontrolled spin. The technicians of the firm at Varese were clearly told about this, which did not however convince the designer and his staff who considered that such a phenomenon was simply a "peculiarity" of the plane.

The installation of a retractable undercarriage was, as has been stated, a complete novelty at the time, and was not universally welcomed by the Italian squadron pilots. They approached the technology with apprehension, being accustomed to

Un Macchi MC.200 del 6° Gruppo Aut. C.T. in volo di ricognizione fotografica sopra l'aeroporto maltese di Hal Far, iniziale sede del "Flight" della RAF, composto di 5-6 Sea Gladiators, che l'enfasi, la retorica e l'effettivo eroismo dei pochi piloti del Comandante Woods, la tramutarono in semi-leggenda, dando a questi pochissimi, vecchi biplani di Marina l'appellativo delle tre virtù teologali: Fede - Speranza – Carità. (Foto A. M.)

A Macchi MC.200 of the 6° Gruppo Autonomo C.T. is flying on a reconnaissance mission over Hal Far airfield in Malta. This airfield housed the initial R.A.F. Flight of Commander Woods composed of 5-6 Sea Gladiators, and which, through the courage and tenacity of its pilots would enter into legend as the unit which operated three famous aircraft named after theological virtues – Faith, Hope and Charity. (Photo A. M.)

Un Macchi MC.200 della 81ª Squadriglia (6° Gruppo Aut. C.T.) "cappottato" sul campo di Catania Fontanarossa al termine di un difficoltoso atterraggio! (Foto B. Landi)

A Macchi MC.200 of the 81° Squadriglia, overturned at Catania Fontanarossa following an abnormal landing! (Photo B. Landi)

23

Revisione motore all'aperto per un Macchi MC.200 su un campo siciliano. (Foto A. M.)

Open air maintenance for an MC.200 on a Sciacca airfield. (Photo A. M.)

Equipaggiamento da volo per piloti della Regia Aeronautica. Oltre al salvagente personale, i due piloti sono dotati di razzi di segnalazione. (Foto A. M.)

Standard Regia Aeronautica flying clothing. Besides their life jackets, the pilots are carrying signal flares. (Photo A. M.)

re fino a quel tempo con aerei a carrello fisso. Non pochi furono, infatti, gli atterraggi sul ventre, non soltanto per i pivelli smemorati, ma anche per consumati "baroni" del volo di quei tempi lontani. La nota più negativa sorse nella configurazione della cabina di pilotaggio, non più scoperta, come da decenni usavano i piloti italiani, ma munita di tettuccio chiuso, apribile con scorrimento all'indietro.

Abituati, infatti, ai voli piuttosto sportivi, con cabina aperta, specie per la vasta categoria dei biplani del tempo, ai piloti da caccia italiani, che per primi ricevettero in dotazione i Macchi MC.200 ed i FIAT G.50, la calotta sul capo li rendeva piuttosto nervosi e quasi claustrofibici, specie se costretti a lanciarsi in emergenza, trovando talvolta difficile aprire i poco entusiasmanti e perfetti tettucci!

Questa situazione produsse un certo imbarazzo nei primi reparti di volo della Regia Aeronautica, dove l'attesa dei Macchi

flying aircraft with fixed undercarriages, and on initial service entry the type went through a spate of belly landings caused by forgetful pilots. However, the major area of complaint was the configuration of the cockpit, featuring a closed canopy, which could be opened by sliding it to the rear. Until the service introduction of the Macchi MC.200 and FIAT G.50, the pilots of the Regia Aeronautica were used to a more "sporting" type of flying, with the cockpit open to the elements, an experience engendered by the wide range of biplanes in use at the time. The enclosure under a glazed canopy created, in some, a feeling of nervousness and claustrophobia, and concern as to their ability to bail out in the went of an emergency.

This latter situation initially produced some embarassment in the first front line units, equipped with the Macchi MC.200, and eventually, after the outbreak of the War, the then Capo di Stato Maggiore

Ultimi consigli e assistenza da parte degli specialisti del reparto per un pilota della 162ª Squadriglia/161° Gruppo Aut. C.T. dislocato in Egeo. (Foto A. M.)

Final orders and advice are passed on to an MC.200 pilot from 162ª Squadriglia (161° Gruppo Autonomo C.T.), operating over the Aegean. (Photo A. M.)

Particolare ravvicinato della fusoliera e della cabina di un Macchi MC.200 della 72ª Squadriglia (17° Gruppo – 1° Stormo C.T.) schierato a Palermo Boccadifalco durante i primi giorni di guerra, a difesa dell'importante capoluogo siciliano. L'aereo mostra il suo tettuccio chiuso, apribile con scorrimento all'indietro. (Foto A. Vigna)

Close up of the forward fuselage and cabin of an MC.200 from the 72ª Squadriglia (17° Gruppo – 1° Stormo C.T.), photographed at Palermo Boccadifalco during the early days of the war. The aircraft is another early variant, with the canopy sliding to the rear for entry and exit. (Photo A. Vigna)

MC.200 deluse subito anche i più ottimisti piloti del tempo, tanto che lo stesso Capo di Stato Maggiore dell'epoca, il Generale S. A. Francesco Pricolo, a guerra appena iniziata, fu costretto a scendere in Sicilia, per incontrare i piloti del 6° Gruppo Autonomo C.T., reparto staccatosi dal 1° Stormo C.T., per discutere con loro del preoccupante fenomeno, aggravato dalla scarsa visibilità posteriore e laterale, attraverso il plexiglas, che col tempo, spesso breve, essendo di pessima qualità, andava cristallizzandosi o quanto meno si opacizzava facilmente. Da qui, alla fine d'ogni "discussione", la necessità di ritirare i Macchi MC.200 del 6° Gruppo Aut. C.T. dalla linea di combattimento e ricondizionare tutti i velivoli con il tettuccio aperto, prima della fine del 1940, vale a dire dopo la fornitura alla Regia Aeronautica dei primi 240 esemplari di serie.

Dopo la costruzione di due prototipi (M.M.336 - M.M.337), fra il mese di giugno del 1939 ed il mese di marzo del 1940, ben novantanove esemplari di serie venivano assegnati ai reparti operativi della Regia Aeronautica, primo fra tutti il 10° Gruppo Caccia del 4° Stormo C.T., che fin dal 10 agosto 1940 aveva inviato 15 piloti sull'aeroporto di Lonate Pozzolo, per effettuare la

(Chief of Staff) of the Regia Aeronautica, Generale S. A. Francesco Pricolo, went personally to Sicily to meet the pilots of the 6° Gruppo Autonomo Caccia Terrestre (6° Autonomous Land Fighter Squadron), recently detached from the 1° Stormo Caccia (1ˢᵗ Fighter Wing). The pilots raised the problems directly with Pricolo, explaining that the canopy offered little visibility to the rear, and that the plexiglass was slowly crystallising, rendering the canopy almost opaque. After this meeting, it was decided to abolish the closed canopy, and the decision was taken just before the end of 1940, but not, however, before the Regia Aeronautica had taken delivery of the first 240 examples.

Following the construction of two prototypes (M.M.336 and M.M.337), between June 1939 and March 1940 some ninety production examples were delivered to operational units of the Regia Aeronautica. The first unit to receive the aircraft was the 10ᵗʰ Gruppo Caccia of the 4° Stormo Caccia Terrestre, which, on the 10ᵗʰ of August 1939 had detached 15 pilots to Lonate Pozzolo airfield to be converted onto the MC.200. The first impression of the new aircraft gained by the pilots of the "Cavallino Rampante" (Rearing Stallion) were

prevista transizione sui nuovi velivoli. Le prime impressioni tratte dai piloti del "Cavallino Rampante", sul nuovo monoplano, non furono del tutto positive, ma proprio nel momento in cui i piloti del 4° Stormo Caccia stavano per completare l'addestramento, il Comando cambiò la scelta sul tipo di caccia da adottare, scegliendo il più tranquillo (sic!) FIAT CR.42, già in dotazione al 54° Stormo C.T. di stanza a Treviso S. Angelo. Qui i piloti del 10° Gruppo C.T. portarono ai colleghi del 54° Stormo Caccia i loro Macchi MC.200, scambiandoli con i CR.42, i cui primi sette esemplari vennero portati da Treviso a Gorizia il 9 settembre 1939.

I Macchi MC.200 del 10° Gruppo Caccia, portati da Lonate Pozzolo a Treviso avevano le derive già contrassegnate con l'emblema del "Cavallino Rampante", ben presto cancellato, per far posto al distintivo del 54° Stormo Caccia, stampigliato sulle fiancate di fusoliera.

I primi Macchi MC.200 ad esordire in campo bellico furono quelli del 6° Gruppo Autonomo C.T. del Ten. Colonnello Pilota Armando François, basato sull'aeroporto siciliano di Fontanarossa di Catania, che all'alba dell'11 giugno 1940, dopo essersi spostati sul campo di Còmiso (Ragusa), eseguirono delle scorte dirette e indirette ai

not all positive. However, just at the moment when these 4° Stormo C.T. pilots were completing their transition, the Command of the unit elected to change the choice of fighter to be operated, opting for the more tranquil (!) FIAT CR.42, already flying with the 54° Stormo C.T. at Treviso S. Angelo. Thus, the pilots of the 10° Gruppo C.T. handed their MC.200s over to their colleagues in the 54° Stormo Caccia and replaced them with the CR.42s. Then the first seven planes were taken from Treviso to Gorizia on the 9th of September 1939.

The Macchi MC.200s of the 10° Gruppo Caccia which had been taken from Lonate Pozzolo to Treviso already had their fins marked with the insignia of the "Cavallino Rampante", soon to be removed to make way for the emblem of the 54° Stormo Caccia impressed on the sides of the fuselage. The first Macchi MC.200s to make their debut in war action were those of the 6° Gruppo Autonomo C.T. led by Wing Commander Armando François. This Squadron was based at the Sicilian airport of Catania Fontanarossa. On the 11th of June 1940, at dawn, after moving to Còmiso (Ragusa), they escorted the S.79 bombers of the 2ª Squadra Aerea which had been sent to Malta to carry out their

Uno dei primi Macchi MC.200 della Regia Aeronautica con Croce Sabauda ridimensionata, rispetto alla precedente delle immagini innanzi, ma che copre parte della deriva e del timone di direzione. Questo "Saetta" è uno dei primi a mostrare il tettuccio modificato, non più chiuso, ma apribile attraverso due sportellini laterali. (Foto A. Vigna)

One of the first Regia Aeronautica Macchi MC.200s to feature the Croce Sabauda on the rudder and part of the fin, adopted after an instruction from the Stato Maggiore (General Staff) in June 1940. This was one of the first "Saetta" (Lightning) to feature glazed side panels for the cockpit, replacing the canopy. (Photo A. Vigna)

Macchi MC.200 del 1° Stormo C.T. schierati nell'aeroporto di Catania Fontanarossa, con il ben noto profilo dell'Etna sullo sfondo. (Foto A. Vigna)

Macchi MC.200s photographed at Catania Fontanarossa, with the profile of Etna in the background. (Photo A. Vigna)

bombardieri S.79 della 2ª Squadra Aerea, inviati su Malta per compiere le loro prime incursioni. Vi fu finanche un breve contatto balistico fra Macchi MC.200 della 79ª Squadriglia ed uno dei Sea Gladiators decollato su "scramble" dal campo di Hal Far. Da una parte il Tenente Pilota Giuseppe Pesola, dall'altra il Flight Officer W. J. Wood, che fu certo di aver colpito ed abbattuto il nostro caccia! Nella stessa giornata dell'11 giugno 1940 il 6° Gruppo Aut. C.T. di François disimpegnava delle crociere protettive lungo il Canale di Sicilia e le coste sud occidentali dell'isola italiana. I Macchi MC.200, ad eccezione del fronte della Manica, dove furono presenti gli sco-

first air raids. There was even a brief exhange of fire between the MC.200s of the 79ª Squadriglia and one of the Sea Gladiators which had been scrambled to take off. On the one hand there was Pilot Giuseppe Pesola and on the other there was Officer W. J. Wood – the latter convinced that he had shot down our fighter.

On the same day (11ᵗʰ of June 1940), the 6° Gruppo Autonomo C.T., led by François, carried out combat air patrol along the Sicilian Channel and the South-West coast of Sicily.
The Macchi MC.200s operated on all the war fronts where Italy was involved, with the exception of the English Channel front where the disappointing and ineffectual FIAT CR.42 and FIAT G.50 were used and West Africa which was defended by the FIAT CR.42 and the antiquated FIAT CR.32.
They flew over Italy from North to South, over the scorching soil of Africa, nearly as far as Alexandria of Egypt, in the battle

Pronti al decollo! Pilota della 92ª Squadriglia/8° Gruppo/2° Stormo C.T., in procinto di decollare con il suo Macchi MC.200 per una missione offensiva sul fronte africano della Libia. (Foto A. M.)

Ready for take-off! A pilot of the 92ª Squadriglia (8° Gruppo C.T./2° Stormo Caccia) is preparing for an offensive mission over the Libyan front. (Photo A. M.)

raggianti ed inutili FIAT CR.42 e i FIAT G.50, operarono su tutti i fronti di guerra italiana (Africa orientale esclusa, difesa da FIAT CR.42 e dagli arcaici FIAT CR.32), volando dal sud al nord d'Italia, sull'infuocato suolo africano, fin nelle vicinanze di Alessandria d'Egitto, sul rovente cielo di Malta e su tutti i Balcani, Russia compresa, dove, al contrario di quanto risulta nei nostri Diari di guerra, subimmo numerose sconfitte.

ridden sky of Malta and over the Balkans and Russia.
From the events recorded meticulously in our War Diaries we were led to believe in Italian supremacy and a whole succession of enemy planes shot down, but in actual fact we took a real beating from everybody.

"Affollamento" aeroportuale sul campo di Catania Fontanarossa, sul quale spicca in primo piano un parziale di prua di un Macchi MC.202, un Macchi MC.200 della 357ª Squadriglia/157° Gruppo Autonomo C.T.), con i nuovi numeri di codice in uso nella R.A., un frontale di S.82 ed in fondo due FIAT G.12. I trasporti, era chiaro, venivano utilizzati per l'inesauribile ponte aereo con le sponde africane. (Foto A. M.)

The crowded airfield at Catania Fontanarossa. In the foreground is the nose of a Macchi MC.202, under which is an MC.200 of the 357ª Squadriglia (157° Gruppo C.T.) with new code numbers used in the Regia Aeronautica. There is a frontal view of an S.82, while some G.12s are in the background. The transport were used for the unending resupply missions to the Italian forces in North Africa. (Photo A. M.)

Aeroporto di Còmiso: estate del 1940. Pronti per il decollo. Una coppia di Macchi MC.200 della 81ª Squadriglia (6° Gruppo Aut. C.T.) in procinto di lasciare il parcheggio per compiere una missione di guerra nel Mediterraneo. L'immancabile cagnolino, compagno fedele di tutti gli aviatori d'ogni epoca e tempo, sembra voler dare il suo saluto al pilota che stende il braccio sinistro dall'abitacolo ancora aperto... ma ancora di vecchio stampo! (Foto A. M.)

Ready for action at Còmiso airfield, summer 1940. A pair of Macchi MC.200s of the 81ª Squadriglia (6° Gruppo Autonomo C.T.) are preparing to leave the dispersal for a mission over the Mediterranean. The loyal airport dog, a faithful companion to many Regia Aeronautica aircrews, receives the salute of the pilot before the taxiing. Note the old type of cockpit! (Photo A. M.)

Reparti della Regia Aeronautica equipaggiati con Macchi MC.200 "Saetta"

Units of the Regia Aeronautica equipped with the Macchi MC.200 "Lightning"

1939
4° Stormo C.T.
10° Gruppo (84ª, 90ª, 91ª Squadriglia)

54° Stormo C.T.
152° Gruppo (369ª, 370ª, 371ª Squadriglia)
153° Gruppo (372ª, 373ª, 374ª Squadriglia)
Dopo la sua costituzione il 54° Stormo C.T. fu schierato a Treviso S. Angelo
Given to the 54° Stormo C.T. based at Treviso S. Angelo after a few days.

1940
54° Stormo C.T.
152° Gruppo (369ª, 370ª, 371ª Squadriglia)
153° Gruppo (372ª, 373ª, 374ª Squadriglia)

6° Gruppo Autonomo C.T. (79ª, 81ª, 88ª Squadriglia)

372ª Squadriglia Autonoma C.T.
Distaccata dal 54° Stormo C.T. e nell'autunno del 1940 inviata a Brindisi per la difesa dei porti di Brindisi e Taranto
Detached from the 54° Stormo C.T, and in the autumn 1940 sent to Brindisi for the defence of the harbours of Brindisi and Taranto

1941
1° Stormo C.T.
6° Gruppo (79ª, 81ª, 88ª Squadriglia)
17° Gruppo (71ª, 72ª, 80ª Squadriglia)

2° Stormo C.T.
8° Gruppo (92ª, 93ª, 94ª Squadriglia)
13° Gruppo (77ª, 78ª, 82ª Squadriglia)

4° Stormo C.T.
9° Gruppo (73ª, 96ª, 97ª Squadriglia)
10° Gruppo (84ª, 90ª, 91ª Squadriglia)

54° Stormo C.T.
7° Gruppo (76ª, 86ª, 98ª Squadsrigia)
16° Gruppo (167ª, 168ª, 169ª Squadriglia)

18° Gruppo Autonomo C.T. (83ª, 85ª, 95ª Squadriglia)

21° Gruppo Autonomo C.T. (356ª, 382ª, 386ª Squadriglia)

22° Gruppo Autonomo C.T. (359ª, 362ª, 369ª + 371ª Squadriglia in Russia = *in Russian front*)

23° Gruppo Autonomo C.T. (70ª, 74ª, 75ª Squadriglia)

24° Gruppo Autonomo C.T. (354ª, 355ª, 370ª Squadriglia)

150° Gruppo Autonomo C.T. (363ª, 364ª, 365ª Squadriglia)

153° Gruppo Autonomo C.T. (370ª, 373ª, 374ª Squadriglia)
La 374ª Squadriglia era la prima unità della Regia Aeronautica, dotata di Macchi MC.200 inviata nell'aprile del 1941 sul fronte dell'Africa settentrionale (prima base l'aeroporto di Castel Benito/Tripoli)
The 374ª Squadriglia was the first unit of the Regia Aeronautica sent to the North Africa front (first airbase Castel Benito – Tripoli) in April 1941

154° Gruppo Autonomo C.T. (361ª, 395ª, 396ª Squadriglia)

157° Gruppo Autonomo C.T. (357ª, 384ª, 385ª Squadriglia)

300ª Squadriglia Autonoma C.N. (*Night Fighter*)

371ª Squadriglia Autonoma C.T.

1942
2° Stormo C.T.
8° Gruppo (92ª, 93ª, 94ª Squadriglia)
13° Gruppo (77ª, 78ª, 82ª Squadriglia)

3° Stormo C.T.
18° Gruppo (83ª, 85ª, 95ª Squadriglia)
23° Gruppo (70ª, 74ª, 75ª Squadriglia)

51° Stormo C.T.
20° Gruppo (151ª, 352ª, 353ª Squadriglia)
155° Gruppo (351ª, 360ª, 378ª Squadriglia)

53° Stormo C.T.

153° Gruppo (372ª, 373ª, 374ª Squadriglia)

3° Gruppo Autonomo C.T. (153ª, 154ª, 155ª Squadriglia)

12° Gruppo Autonomo C.T. (158ª, 159ª, 160ª, 161ª Squadriglia)

21° Gruppo Autonomo C.T. (356ª, 361ª, 382ª, 386ª Squadriglia)

22° Gruppo Autonomo C.T. (359ª, 362ª, 369ª, 371ª Squadriglia)

150° Gruppo Autonomo C.T. (363ª, 364ª, 365ª Squadriglia)

154° Gruppo Autonomo C.T. (361ª, 395ª, 396ª Squadriglia)

157° Gruppo Autonomo C.T. (357ª, 384ª, 385ª Squadriglia)

377ª Squadriglia Autonoma C.N./C.T.
N. 8 (otto) "Gruppi C" = Gruppi Complementari, equipaggiati con Macchi MC.200 ed altri aeroplani
No. 8 (eight) "Gruppi C" = Complementary Units, equipped with the MC.200 and other aircraft

1943
3° Gruppo Autonomo C.T. (153ª, 154ª, 155ª Squadriglia)

8° Gruppo Autonomo C.T. (92ª, 93ª, 94ª Squadriglia)

12° Gruppo Autonomo C.T. (158ª, 159ª, 160ª, 161ª Squadriglia)

21° Gruppo Autonomo C.T. (356ª, 361ª, 382ª, 386ª Squadriglia)

22° Gruppo Autonomo C.T. (359ª, 362ª, 369ª Squadriglia)

157° Gruppo Autonomo C.T. (357ª, 384ª, 385ª Squadriglia)

161° Gruppo Autonomo C.T. (395ª, 396ª Squadriglia)

167° Gruppo Autonomo C.I. (300ª, 303ª Squadriglia)

376ª Squadriglia Autonoma C.T

377ª Squadriglia Autonoma C.N./C.T.

1944
Squadriglia Autonoma di pilotaggio Unità Aerea – Aviazione del Sud – N.11 Macchi MC.200
Squadriglia Autonoma of the Unità Aerea flight school in the Italian Balcan Air Force (No.11 MC.200)
Squadriglie Autonome Aeronautica Nazionale Repubblicana – N. 8 MC.200
Squadriglie Autonome of the Aeronautica Nazionale Repubblicana (North of Italy) – (No.8 MC.200)

Un Macchi MC.200, privo d'insegne distintive, ma sicuramente del 17° Gruppo C.T. (1° Stormo Caccia) schierato sul campo di Trapani "Milo". (Foto C. Lucchini)

Although wearing no unit insignia, this Macchi MC.200 almost certainly belongs to the 17° Gruppo C.T. of the 1° Stormo Caccia, and was shot at Trapani "Milo" airstrip. (Photo C. Lucchini)

Sopra: Macchi MC.200 del 4° Stormo C.T. in sosta sull'aeroporto di Catania Fontanarossa. Sullo sfondo un Caproni Ca 133 accappottato ed uno Junkers Ju 88 germanico. In lontananza l'immancabile cono vulcanico dell'Etna fumante! (Foto A. Vigna)

Above: Mount Etna, with its permanent trail of smoke, lies behind this MC.200 of the 4° Stormo C.T. photographed at Catania Fontanarossa. In the background a covered Caproni Ca 133. (Photo A. Vigna)

Aeroporto di Gorizia: giugno del 1941. Partenza dei Macchi MC.200 del 10° Gruppo C.T. (4° Stormo Caccia) per la Sicilia, aeroporto di Catania Fontanarossa. Il reparto del Com.te Carlo Romagnoli aveva ricevuto i primi esemplari di MC.200 il 6 febbraio 1940 dal 54° Stormo C.T., al quale erano stati ceduti i loro più "tranquilli" FIAT CR.42. (Foto A. Duma)

Gorizia airfield, June 1941. Departure of the Macchi MC.200s of the 10° Gruppo - 4° Stormo Caccia for their operational base in Sicily, Catania Fontanarossa airfield. The unit, commanded by Carlo Romagnoli, had received its first examples on the 6th of February 1940 from the 54° Stormo Caccia and to which they passed in exchange for their milder FIAT CR.42s. (Photo A. Duma)

Produzione e Serie di Macchi MC.200 "Saetta"

Macchi MC.200 "Lightning" - Production and Serials

M.M. 336 – primo prototipo. Primo volo il 24 dicembre 1937 a Lonate Pozzolo (Varese) ai comandi del collaudatore Giuseppe Burei
M.M. 336 - first prototype. First flight on the 24th of December 1937 to Lonate Pozzolo (Varese), led by test pilot Giuseppe Burei

M.M. 337 – secondo prototipo. Primo volo a Guidonia (Roma) il 20 luglio 1938 ai comandi del collaudatore, Ing. Ambrogio Colombo. Valutazione militare da parte del Magg. Borgogno/Cap. Lucchini/Ten. Pancera
M.M. 337 – second prototype. Flight test to Guidonia (Rome) on the 20th of July 1938 led by Ing. Ambrogio Colombo. Military tests from Magg. Borgogno/Cap. Lucchini and Ten. Pancera

Produzione di Serie
Serial Production
M.M.4495-9593 – N. 99 MC.200 di produzione Aermacchi – giugno 1939/marzo 1940 – 1ª Serie
M.M.4495-9593 – No. 99 MC.200 from Aermacchi Factory – June 1939/March 1940 – 1st Series

M.M.4857-4880 – N. 24 MC.200 di produzione SAI Ambrosini – giugno 1940/gennaio 1941 - 1ª Serie
M.M.4857-4880 – No. 24 MC.200 from SAI Ambrosini Factory at Passignano sul Trasimeno (Perugia) – June 1940/January 1941 – 1st Series

M.M.4881-4896 – N.16 MC.200 di produzione SDAI Ambrosini SAI in Passignano sul Trasimeno (Perugia) – gennaio/marzo 1941 – 2ª Serie
M.M.4881-4896 – No. 16 MC.200 from SAI Ambrosini Factory at Passignano sul Trasimeno (Perugia)- January/March 1941 – 2nd Series

M.M.4897-4606 – N. 10 MC.200 di produzione SAI Ambrosini in Passignano sul Trasimeno (Perugia) marzo/maggio 1941 – 3ª Serie
M.M.4897-4606 – No. 10 MC.200 from SAI Ambrosini at Passignano sul Trasimeno (Perugia) – March/May 1941 – 3rd Series

M.M.5081-5162 –N. 82 MC.200 di produzione Breda Milano – giugno/settembre 1940 – 1ª Serie
M.M.5081-5162 – No. 82 MC.200 from Breda Factory Milano – June/September 1940 – 1st Series

M.M.5163-5200 – N. 38 MC.200 di produzione Breda Milano – settembre/dicembre 1940 – 2ª Serie
M.M.5163-5200 – No. 38 MC.200 from Breda Factory Milano – September/December 1940 – 2nd Series

M.M.5201-5260 – N. 60 MC.200 di produzione Breda Milano – novembre/dicembre 1940 – 3ª Serie
M.M.5201-5260 – No. 60 MC.200 from Breda Factory Milano – November/December 1940 – 3rd Series

M.M.5261-5360 – N. 100 MC.200 di produzione Breda Milano – dicembre 1940 /marzo 1941 – 4ª Serie
M.M.5261-6260 – No. 100 MC.200 from Breda Factory Milano – December 1940/March 1941 – 4th Series

M.M.5770-5814 – N. 45 MC.200 di produzione Aermacchi – marzo/giugno 1940 – 2ª Serie
M.M.5770-5814 – No. 45 MC.200 from Aermacchi Factory – March/June 1941 – 2nd Series

M.M.5815-5920 – N. 106 MC.200 di produzione Breda Milano – marzo/settembre 1941 – 5ª Serie
M.M.5815-5920 – No. 106 MC.200 from Breda Factory Milano – March/September 1941 – 5th Series

M.M.6490-6544 – N. 55 MC.200 di produzione AerMacchi – dicembre 1940/marzo 1941 – 6ª Serie
M.M.6490-6544 – No. 55 MC.200 from AerMacchi Factory – December 1940/March 1941 – 6th Series
M.M.6660-6703 – N. 44 MC.200 di produzione SAI Ambrosini in Passignano sul Trasimeno (Perugia) – giugno/novembre 1941 – 4ª Serie
M.M.6660-6703 – No. 44 MC.200 from SAI Ambrosini Factory at Passignano sul Trasimeno (Perugia) – June/November 1941 – 4th Series

M.M.6715-6724 – N. 10 MC.200 di produzione SAI Ambrosini in Passignano sul Trasimeno (Perugia) – maggio 1941 – 4ª Serie
M.M.6715-6724 – No. 10 MC.200 from Ambrosini Factory at Passignano sul Trasimeno (Perugia) – maggio 1941 – 4th Series

M.M.6725-6744 – N. 20 MC.200 di produzione SAI Ambrosini in Passignano sul Trasimeno (Perugia) – maggio/giugno 1941 - 5ª Serie
M.M.6725-6744 – No. 20 MC.200 from Ambrosini Factory at Passignano sul Trasimeno (Perugia) – May/June 1941 – 5th Series

M.M.6795-6804 – N. 10 MC.200 di produzione Aermacchi – giugno/luglio 1940 – 3ª Serie
M.M.6795-6804 – No. 10 MC.200 from Aermacchi Factory – June/July 1940 – 3rd Series

M.M.6805-6828 – N. 24 MC.200 di produzione Aermacchi – luglio/agosto 1940 – 4ª Serie
M.M.6805-6828 – N.o 24 MC.200 from Aermacchi Factory – July/August 1940 – 4th Series

M.M.6829-6890 – N. 62 MC.200 di produzione Aermacchi – luglio/dicembre 1940 – 5ª Serie
M.M.6829-6890 – No. 62 MC.200 from Aermacchi Factory – July/December 1940 – 5th Series

M.M.7559-7708 – N. 50 MC.200 di produzione Aermacchi – maggio/settembre 1941 – 7ª Serie
M.M.7559-7708 – N. 50 MC.200 from Aermacchi Factory – May/September 1941 – 7th Series

M.M.8289-8338 – N. 50 MC.200 di produzione Breda Milano novembre 1941/febbraio 1942 – 6ª Serie
M.M.8289-8338 – No. 50 MC.200 from Breda Factory Milano – November 1941/February 1942 – 6th Series

M.M.8131-8250 – N. 120 MC.200 di produzione Breda Milano – marzo/ottobre 1942 XXI Serie
M.M.8131-8250 – No. 120 MC.200 from Breda Milano – March/October 1942 XXI Series

M.M.8437-8466 – N. 30 MC.200 di produzione SAI Ambrosini in Tassignano sul Trasimeno (Perugia) – novembre 1941/aprile 1942 – XX Serie
M.M.8437-8466 – No. 30 MC.200 from SAI Ambrosini Factory at Passignano sul Trasimeno (Perugia) – November 1941/April 1942 – XX Series

M.M.8596-8615 – N. 20 MC.200 produzione SAI Ambrosini in Tassignano sul Trasimeno (Perugia) – aprile/giugno 1942 – XXIII Serie
M.M.8596-8615 – No. 20 MC.200 – from SAI Ambrosini Factory at Tassignano sul Trasimeno (Perugia) – April/June 1942 – XXIII Series

M.M.8618-8643 – N. 26 MC.200 di produzione SAI Ambrosini in Tassignano sul Trasimeno (Perugia) – giugno/agosto 1942 – XXIV Serie
M.M.8618-8643 – No. 26 MC.200 from SAI Ambrosini Factory at Tassignano sul Trasimeno (Perugia) – June/August 1942 – XXIV Series

M.M.8696-9022 – N. 25 MC.200 di produzione SAI Ambrosini in Tassignano sul Trasimeno (Perugia) – XXVI Serie
M.M.8696-9022 – No. 25 MC.200 from SAI Ambrosini Factory at Tassignano sul Trasimeno (Perugia) – XXVI Series

Nota: un ordine di N. 50 MC.200 (M.M.8794-8843) di produzione Aermacchi – XXII Serie annullato;
Note: an order of 50 MC.200 (M.M.8794-8843) from Aermacchi Factory – XXII Series – cancelled.

Nota: un ordine di 25-2 MC.200 (M.M.8844-8870) di produzione SAI Ambrosini annullato;
Note: an order of 25-2 MC.200 (M.M.8844-8870) from SAI Ambrosini Factory cancelled.

Due differenti Macchi MC.200 della 88ª Squadriglia (88-3 e 88-2), entrambi del 6° Gruppo Aut. C.T. ripresi sull'aeroporto di Catania Fontanarossa. Per l'esemplare 88-3 è in corso una verifica al ruotino di coda e al poppino, per un probabile atterraggio forzato. Il velivolo 88-2 è in attesa che giunga il pilota per compiere una missione di guerra. Accanto e sopra l'ala del Macchi MC.200 sostano due specialisti della bassa forza, vestiti con la loro orribile tuta da lavoro dei tempi, più nota col nome di "olonette", dal colore bianco-avorio, da tutti definita del colore della miseria! (Foto C. Lucchini)

Two shots of different Macchi MC.200s (88-3 and 88-2), belonging to the 88ª Squadriglia - 6° Gruppo Autonomo C.T., and photographed at Catania Fontarossa airfield. The "88-3" is having its tail cone check, probably following a heavy landing. Two mechanics of the unit are wearing the classic "Olonetta" overalls, an unremarkable cream-coloured garment. Everyone described it as "the colour of poverty"! (Photos C. Lucchini)

Macchi MC.200 del 6° Gruppo Aut. C.T. a Catania Fontanarossa. Sono le ultime immagini di velivoli con tettuccio chiuso. (Foto Istituto Luce/Via A. Rigoli)

More MC.200s of the 88ª Squadriglia (6° Gruppo Autonomo C.T.) at Catania Fontanarossa. These are also early series aircraft with the characteristic sliding canopy. (Photo Ist. Luce/(Via A. Rigoli)

35

Dimensioni e prestazioni del Macchi MC.200 "Saetta"

Macchi MC.200 "Lightning" - Dimensions and Performance

Totale Macchi MC.200 costruiti N. 1.174 compresi i due prototipi
Total Macchi MC.200 built No. 1,174 included the two prototypes

Lunghezza	8,196 mt
Length	*26.889 ft*
Altezza	3,510 mt
Height	*11.515 ft*
Apertura alare	10,58 mt
Wing span	*34.17 ft*
Superficie alare in	16,8 m2
Wing area in	*180.834 sq/ft*
Peso a vuoto (P. a V.)	2.014 kg
Empty weight	*4,440 lbs*
Carico utile (C.U.)	519 kg
Useful loaded	*1,144 lbs*
Peso totale	2.533 kg
Loaded weight	*5,584 lbs*
Velocità max a 4500 mt	503 km/h
Maximum speed at 1.200 feet (about)	*312 mhp*
Velocità minima	128 km/h
Minimum speed	*80 mhp*
Salita a 5.000 mt	5'52"
Climb to 16,404,2 feet	*5'52"*
Tangenza pratica	8.900 mt
Service ceiling	*29.200 ft*
Autonomia oraria	1h 20'
Range time	*1h 20'*
Motore	FIAT A.74 RC-38 (radiale)
Engine	*FIAT A.74 RC-38 (radial)*
Potenza	840 C.V.
Power	*840 h.p.*
Radio (quando installato)	Apparato ricevente A.R.C.1
Radio (when fitted)	*A.R.C.1 receiving set*

Armamento   2 Breda Av.Modello SAFAT da 12,7 mm in caccia con 370 colpi per arma sincronizzate / possibilità di un carico di bombe da 50 o 100 kg (versione caccia bombardiere)
Armament   two 12,7 mm Breda Av. Modello SAFAT machine guns syncronised with 370 rounds per gun/two 220 lb or 352 lb bombs optional (fighter-bomber version)

Un altro Macchi MC.200 con il nuovo tettuccio ricondizionato, finalmente aperto al cielo di Dio, come preteso dai "piloti" della Regia Aeronautica! (Foto Archivio dell'Autore)

Another Macchi MC.200 with the new reconditioned canopy finally opened towards the sky as always requested by the pilots of the Regia Aeronautica. (Photo Author's Archive)

In alto a sinistra: Un Macchi MC.200 della 356ª Squadriglia (21° Gruppo Aut. C.T.) ripreso sull'aeroporto di Napoli Capodichino. Notare il simpatico emblema del "Mago Bacù" dipinto sulla fiancata di fusoliera, poco più in basso della cabina di pilotaggio. (Foto R. Udiente/A. Taliento)

Top left: A Macchi MC.200 of the 356ª Squadriglia (21° Gruppo Autonomo C.T.) at Napoli Capodichino airfield. Under the cockpit, the aircraft carries the "Mago Bacù" – Bacù the Wizzard – badge of the unit. (Photo R. Udiente/G. Taliento)

In alto destra: Avieri di manovra, preziosi supporti di braccia per ogni reparto della Regia Aeronautica, purtroppo considerati "aviatori di serie Z", spingono un Macchi MC.200 della 372ª Squadriglia Autonoma C.T. nel suo ricovero presso l'aeroporto di Brindisi. L'unità, alle dipendenze del Cap. Pilota Armando Farina, era stata spostata da Treviso S. Angelo in Puglia nel tentativo di ostacolare la continua presenza dei ricognitori inglesi di Malta sulla piazzaforte di Taranto, circostanza che i piloti italiani non riuscirono a contrastare minimamente! (Foto Arch. dell'Autore)

Top right: "Avieri di Manovra" (aircraft handling airmen), precious and indispensable assets of every Regia Aeronautica unit, are pushing a Macchi MC.200 of the 372ª Squadriglia Autonoma C.T. towards its shelter. The unit, under the command of Flight Lieutenant Armando Farina, was deployed from Treviso S. Angelo to Brindisi on the 4th of November 1940 with the task of defending the Taranto stronghold... a role in which it was a complete failure! (Photo Author's Archive)

A fianco: Allievi piloti della Regia Aeronautica ripresi presso una Scuola di Volo, verosimilmente accanto ad un Macchi MC.200. (Foto A. M.)

Opposite: A group of student pilots at a Regia Aeronautica flying school. (Photo A. M.)

37

In alto: Formazione di Macchi MC.200 del 1° Stormo C.T. in volo di pattugliamento lungo le coste siciliane. Nel 1940 le unità del reparto erano state distaccate su alcuni aeroporti dell'isola: il 6° e il 17° Gruppo inizialmente a Còmiso/Catania Fontanarossa e Palermo Boccadifalco, ma successivamente spostate a Fontanarossa e Palermo, con alcune sezioni presso il campo di Trapani "Milo". (Foto A. Vigna)

Top: Macchi MC.200s of the 1° Stormo C.T. are patrolling the Sicilian coastline. In 1940 the units of the Stormo were detached to airfields on the island: the 6° and 17° Gruppo initially went to Còmiso/Catania and Palermo, but subsequently moved respectively to Catania Fontanarossa and Palermo Boccadifalco. (Photo A. Vigna)

Sopra: Interessante frontale del blindovetro e della cabina di pilotaggio di un Macchi MC.200. Ben visibile la "lente" del collimatore S. Giorgio installato all'epoca su nostri caccia. (Foto A. M.)

Above: A frontal shot of the windscreen of a Macchi MC.200 offers a clear view of the lens of the "San Giorgio" gunsight installed in the Italian fighters of the era (Photo A. M.)

Pagina a fianco - in basso: Schieramento di Macchi MC.200 del 9° Gruppo/4° Stormo C.T. a Gorizia, poco prima che il reparto fosse trasferito al Sud. La sua destinazione era l'aeroporto di Còmiso, per intensificare l'attività sull'isola di Malta. (Foto A. Vigna)

Opposite page - bottom: Line-up of Macchi MC.200s of the 96° Squadriglia/9° Gruppo/4° Stormo C.T. at Gorizia, shortly before the unit was transferred to the South. Their destination was Còmiso airfield, from where they undertook intense but unfruitful activity over Malta. (Photo A. Vigna)

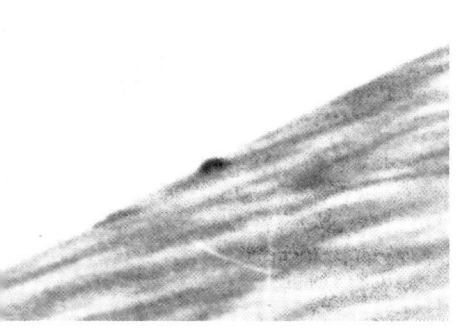

In alto: Ancora una volta mostriamo dei Macchi MC.200 del 1° Stormo C.T., probabilmente del tipo aerofotografico, schierati sul campo di Pantelleria durante i primi mesi del 1941. E' apparsa già da poco la banda ottica di riconoscimento bianca dipinta attorno alla fusoliera. (Foto A. Emiliani/Via A. Luppi)

Top: Once more we show Macchi MC.200s of the 1° Stormo Caccia, probably photographic staging through Pantelleria during the first months of 1941. (Photo A. Emiliani/Via A. Vigna)

Al centro: Altro nuovo MC.200 appena giunto a Gorizia, per il completamento della linea di volo del 10° Gruppo C.T. (Foto C. Lucchini)

Centre: Just delivered to Gorizia, another new Macchi MC.200 joins the fleet of the 4° Stormo C.T. (Photo C. Lucchini)

39

In alto: Piloti del 4° Stormo Caccia a Gorizia, ripresi accanto ad un fiammante MC.200 della 84ª Squadriglia/10° Gruppo C.T. Il pilota in tuta da volo è l'allora Ten. Giulio Reiner. (Foto C. Lucchini)

Top: Pilots of the 4° Stormo C.T. at Gorizia alongside a pristine MC.200 of the 84ª Squadriglia/10° Gruppo Caccia. The pilot in flying kit is the Flying Officer Giulio Reiner. (Photo C. Lucchini)

Al centro: Dall'interno del famoso hangar di Pantelleria, ricavato attraverso un'ardita opera d'ingegneria, dall'Architetto Nervi, scavando nelle viscere di una delle tante "guddje" dell'isola, s'intravedono dei Macchi MC.200 del 54° Stormo C.T. All'interno, in primo piano, un FIAT CR.42. all'apparenza dipinto interamente di nero, per un probabile impegno nella caccia notturna. (Foto A. Vigna)

Centre: A shot from the inside of the famous cavern-hangar at Pantelleria, with some 54° Stormo C.T. Macchi MC.200s parked outside. Inside there is a FIAT CR.42. The hangar, constructed to the design of Architect Nervi, exploited one of the many caverns which ran through the mountainous island. (Photo A. Vigna)

In basso: Una linea mista di Macchi MC.200 e FIAT G.50 bis, i primi in un'elegante tenuta mimetica a chiazze, i secondi, sulla sinistra, in tinta unita. Gli aerei sono stati ripresi in transito sull'aeroporto di Sciacca, diretti verso il fronte africano. (Foto A. Vigna)

Bottom: A mix of MC.200s and FIAT G.50/bis, the former wearing an elegant mottled camouflage scheme, while the latter are in overall green. The location is believed to be Sciacca, where the aircraft were in transit to the North African theatre. (Photo A. Vigna)

Un Macchi MC.200 della 93ª Squadriglia (8° Gruppo / 2° Stormo Caccia), con una perfetta mimetizzazione a reticolo a macchie rade, con la presenza del giallo e del marrone. L'aereo potrebbe essere stato ripreso sull'aeroporto di Novi Ligure, Nord dell'Italia, dove il 2° Stormo Caccia aveva schierato delle cellule d'allarme. (Foto A. Vigna)

A Macchi MC.200 of the 93ª Squadriglia/8° Gruppo/2° Stormo C. T., wearing ring-shaped camouflage over blotches, including the use of some yellow and brown. The photo was probably taken at Novi Ligure – North Italy - airfield, where the 2° Stormo C.T. maintained a detachment on alert. (Photo A. Vigna)

Al centro e in basso: Aeroporto di Gorizia: atterraggio d'emergenza per il Macchi MC.200 pilotato dal Tenente Marco Larker. Normali inconvenienti durante le fasi di transizione e addestramento sulla nuova macchina, non ancora codificata con le insegne del 4° Stormo C.T. (Foto C. Gori)

Centre and bottom: Gorizia airfield, and a wheels-up landing for Flying Officer Marco Larcher of the 4° Stormo Caccia. The new aircraft has yet to receive unit codes, and suffered one of many similar mishaps that occurred during transition onto the new type. (Photo C. Gori)

Sopra: Vista posteriore di 3/4 dello stesso aereo incidentato ai comandi del Tenente Pil. Marco Larker. (Foto C. Gori)

Above: The same accident, shot from the rear. (Photo C. Gori)

In basso a sinistra: Un Macchi MC.200, privo ormai del suo vecchio tettuccio chiuso, appartenente al 1° Stormo C.T., ripreso sul campo di Trapani "Milo". Caratteristica interessante è la presenza del poppino dipinto interamente di bianco, mentre il cappottone dovrebbe essere verniciato di giallo-cromo. (Foto G. Di Giorgio)

Bootom left: A Macchi MC.200 which has had its old-style enclosed canopy removed, and belonged to the 17° Gruppo of 1° Stormo Caccia. The aircraft was photographed at Trapani "Milo" airfield. An interesting feature is the all-white tail cone, while the engine cowling seems to be painted chrome-yellow. (Photo G. Di Giorgio)

In basso a destra: Primi Macchi MC.200 sul fronte dell'Africa settentrionale. Appartengono alla 374ª Squadriglia C.T./153° Gruppo Autonomo C.T., sotto il comando del Maggiore Pilota Andrea Favini, in volo sulla distesa desertica della Marmarica. L'unità giunse dapprima a Castel Benito (Tripoli) nel mese d'aprile del 1941. Notare come il velivolo di centro sia munito di un'insolita ogiva al mozzo dell'elica. (Foto C. Gori)

Bottom right: The first MC.200s to operate on the Libyan front were those of the 374ª Squadriglia of the 153° Gruppo Autonomo C.T., commanded by Squadron Leader Andrea Favini, in flight over the desert of Marmarica. The unit first arrived at Castel Benito (Tripoli) during April 1941. Note the aircraft in the centre, equipped with an unusual propeller hub. (Photo C. Gori)

Sopra: Aeroporto di Gela, sede del 7° Gruppo C.T. (54° Stormo Caccia) fin dal maggio del 1941. Macchi MC.200 in procinto di abbandonare l'area di ricovero, per un volo di guerra. (Foto Arch. dell'Autore)

Top: Gela airfield, base of the 7° Gruppo C.T. (54° Stormo Caccia), until the 25th of May 1941. An MC.200 leaves its dispersal for a mission. (Photo Author's Archive)

Al centro: Uno dei primi Macchi MC.200 assegnato al 18° Gruppo Aut. C.T. Trattasi di un esemplare della 95ª Squadriglia, velivolo N.14. Il reparto del Com.te Ferruccio Vosilla ebbe in carico i "Saetta" nel maggio del 1942, operando essenzialmente sul fronte dell'Africa settentrionale. (Foto C. Lucchini)

Centre: One of the first Macchi MC.200s assigned to the 18° Gruppo Autonomo C.T. This is aircraft No. 14 of the 95ª Squadriglia. The unit, led by Commander Ferruccio Vosilla, received its first "Lightning" in May 1942, and operated mainly over the North African front. (Photo C. Lucchini)

In basso: L'arrivo di un nuovo Macchi MC.200 al 4° Stormo C.T. Controllo armi e congegni di sincronizzazione meccanica per gli Armieri del reparto. (Foto C. Gori)

Bottom: A new Macchi MC.200 is delivered to the 4° Stormo Caccia and the armourers of the unit are checking the syncronisation and serviceability of the machine-guns. (Photo C. Gori)

In alto a sinistra: Un "tocco di femminilità" per una distrazione durante gli eventi bellici! Giovane donna, probabilmente consorte o fidanzata di un pilota del 4° Stormo C.T., posa accanto alla deriva di un Macchi MC.200 del 9° Gruppo C.T. (Foto A. Ghizzardi)

Top left: A welcome feminine distraction from the events of the war! A pilot's wife, or girlfriend, poses next to the tail of an aircraft of the 9° Gruppo C.T. - 4° Stormo Caccia. (Photo A. Ghizzardi)

In alto a destra: Macchi MC.200 del 23° Gruppo Aut. C.T. in atterraggio sull'aeroporto di Trapani "Milo". La pista, costruita dai tedeschi, era perfettamente visibile fino a pochi anni fa, attraversata dall'autostrada che unisce Trapani e Palermo, passando per la... tristissima Capaci! (Foto A. Vigna)

Top right: A Macchi MC.200 of the 23° Gruppo Aut. C.T. about to touch down at Trapani "Milo". The threshold of the runway, constructed by the Germans, was perfectly visible until a few years ago, and is now crossed by the motorway that links Trapani and Palermo... passing by the sad Capaci! (Photo A. Vigna)

Al centro: Un altro MC.200 del 21° Gruppo Aut. C.T. ripreso ancora a Napoli Capodichino. (Foto A. Vigna)

Centre: Another 21° Gruppo Autonomo C.T. MC.200, taken once more at Napoli Capodichino. (Photo A. Vigna)

A fianco: Il S. Tenente Alvaro Querci, famoso pilota del 4° Stormo C.T., ripreso sotto il castello motore del suo Macchi MC.200 a Gorizia. (Foto A. Ghizzardi)

Opposite: S. Tenente Pilota Alvaro Querci, famous pilot of the 4° Stormo C.T., shot by the engine of his Macchi MC.200. (Photo A. Ghizzardi)

In alto e al centro: Aeroporto di Trapani "Milo", riconoscibile dal suo Monte Erice (o Monte S. Giuliano) sullo sfondo. L'aeroporto era base operativa del 23° Gruppo Autonomo C.T., operante con FIAT CR.42, MC.200 e Reggiane RE 2000. Il 19 maggio del 1941 giunsero a Trapani "Milo" gli Junkers Ju 87 del 101° Gruppo Aut. Bombardamento a Tuffo, iniziando ad operare su Malta e su tutta l'area del Mediterraneo centrale. L'immagine ci mostra il Sergente Maggiore Pilota Valentino Zagnoli della 208ª Squadriglia del 101° Gruppo Aut. B. a T. mentre sale a bordo di un MC.200 del 23° Gruppo Aut. C.T., per un classica foto ricordo. (Foto V. Zagnoli)

Top and centre: May 1941, Trapani "Milo" airfield, with Monte Erice (or Monte S. Giuliano) in the background. The airfield was the home of the 23° Gruppo Autonomo C.T., flying with FIAT CR.42, Macchi MC.200 and Reggiane RE 2000. On the 19th of May of the same year, the Junkers Ju 87 of the 101° Gruppo Autonomous B. a T. (101st Dive-bomber Squadron) arrived at the Trapani airbase, commencing operations over Malta and the central Mediterranean area. The picture shows Flight Sergeant Valentino Zagnoli, assigned to the 208ª Squadriglia of the 101st Squadron B. a T., climbing aboard a Macchi MC.200 of the 23° Gruppo Autonomo for a classic souvenir photo. (Photo V. Zagnoli)

In basso: Aeroporto di Catania: 7 settembre 1941. Difficoltoso atterraggio, senza carrello, per un Macchi MC.200 dell'84ª Squadriglia (10° Gruppo C.T./4° Stormo Caccia), pilotato dal M.llo Luigi Bignami. (Foto A. Duma)

Bottom: Catania airfield, 7th of September 1941. A wheels-up landing by a MC.200 of the 84ª Squadriglia (10° Gruppo C.T. – 4° Stormo Caccia). The pilot was Warrant Officer Luigi Bignami. (Photo A. Duma)

In alto a sinistra: Linea di volo di Macchi MC.200 della 372ª Squadiglia (153° Gruppo C.T./53° Stormo Caccia) sull'aeroporto di Sciacca. (Foto A. Vigna)

Top left: Macchi MC.200s of the 372ª Squadriglia (153° Gruppo C.T. / 53° Stormo Caccia) taken at Sciacca airport. (Photo A. Vigna)

In alto a destra: Macchi MC.200 della 72ª Squadriglia (17° Gruppo/1° Stormo Caccia) ripreso a Palermo Boccadifalco. Suggestiva la figura arcigna e spigolosa del Monte Cuccio. (Foto G. Pini/Via C. Shores)

Top right: In front of the steep slopes of Monte Cuccio, a Macchi MC.200 of the 72ª Squadriglia (17° Gruppo C.T. / 1° Stormo Caccia) rests at its Palermo Boccadifalco base (Photo C. Pini/Via C. Shores)

In basso: Alcuni Macchi MC.200 della 91ª Squadriglia (10° Gruppo/4° Stormo Caccia) ripresi a Gorizia prima della loro partenza per la Sicilia. (Foto C. Lucchini)

Bottom: Setting out from Gorizia to Sicily is this 91ª Squadriglia (10° Gruppo C.T./4° Stormo Caccia Macchi MC.200. (Photo C. Lucchini)

46

A destra: Particolare delle due mitragliatrici Breda Avio Modello SAFAT da 12,7 mm, installate in caccia tra i banchi del motore dei MC.200 e dei Macchi MC.202. Le armi erano state disegnate e concepite per sparare attraverso il cerchio descritto dall'elica, mediante sincronizzazione meccanica, capaci di una celerità di tiro pari a 700 colpi il minuto primo, peraltro munite di parafiamma attraverso dei prolungamenti sporgenti dalle bocche da fuoco sulla fusoliera. (Foto C. Lucchini)

Right: The two Breda Avio Model SAFAT 12.7 mm machine guns, installed above the engine compartment of the Macchi MC.200 and MC.202. The weapon was well designed and costructed, capable of delivering 700 rounds per minute, although it was hampered by the enforced propeller synchronisation. Flash deflectors are fitted to the barrels as they emerge from the fuselage. (Photo C. Lucchini)

Al centro: L'umida ed avvilente conca dell'aeroporto di Tirana, sede di molti reparti della Regia Aeronautica, prima, durante e dopo il conflitto con la Grecia. Decentramento di Macchi MC.200 del 22° Gruppo Autonomo C.T. In primo piano un velivolo della 359ª Squadriglia. (Foto A. M.)

Centre: Tirana airfield, located in the humid and debilitating valley, and base for many units of the Regia Aeronautica before, during and after the campaign against Greece. The Macchi MC.200 belonging to the 22° Gruppo Autonomo C.T, with the example in the foreground are from its dependent 359ª Squadriglia. (Photo A. M.)

In basso: Interessante immagine di un Macchi MC.200 del 21° Gruppo Aut. C.T. in atterraggio sulla propria base di Napoli Capodichino. (Foto A. Vigna)

Bottom: An interesting shot of an MC.200 of the 21° Gruppo Autonomo C.T. landing at its Napoli Capodichino base. (Photo A. Vigna)

47

A fianco e in basso: Il giovane Sergente Pilota Antonio Balasso in procinto di salire a bordo di un Macchi MC.200 del suo reparto, il 21° Gruppo Autonomo C.T., dislocato sull'aeroporto di Napoli Capodichino. L'aereo mostra il suo celebre emblema del "Mago Bacù". (Foto Fam. Balasso)

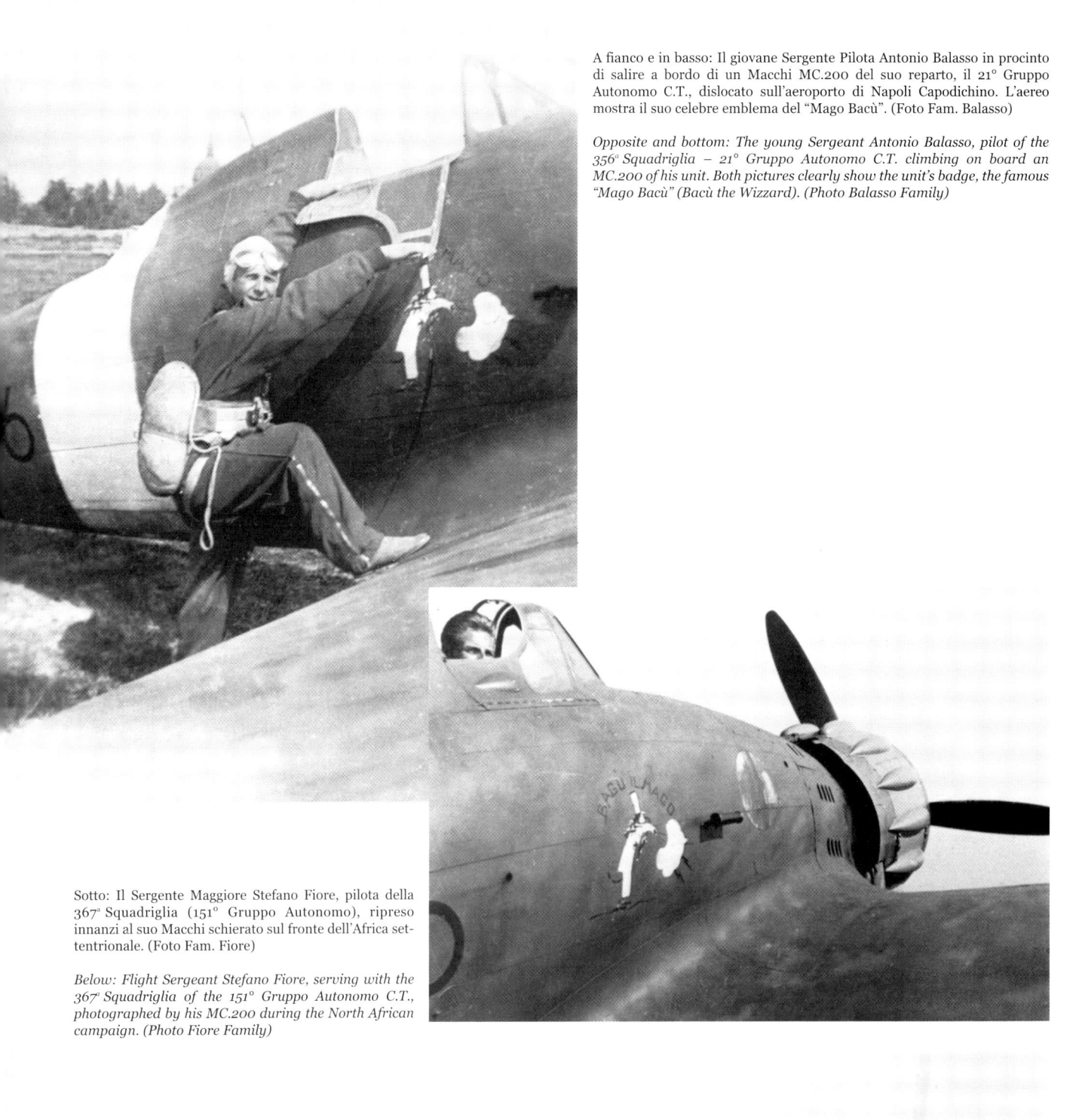

Opposite and bottom: The young Sergeant Antonio Balasso, pilot of the 356ª Squadriglia – 21° Gruppo Autonomo C.T. climbing on board an MC.200 of his unit. Both pictures clearly show the unit's badge, the famous "Mago Bacù" (Bacù the Wizzard). (Photo Balasso Family)

Sotto: Il Sergente Maggiore Stefano Fiore, pilota della 367ª Squadriglia (151° Gruppo Autonomo), ripreso innanzi al suo Macchi schierato sul fronte dell'Africa settentrionale. (Foto Fam. Fiore)

Below: Flight Sergeant Stefano Fiore, serving with the 367ª Squadriglia of the 151° Gruppo Autonomo C.T., photographed by his MC.200 during the North African campaign. (Photo Fiore Family)

In alto a sinistra: Ufficiali della Luftwaffe, del Regio Esercito, della Regia Marina e della Regia Aeronautica, in un incontro di carattere politico-militare sull'aeroporto di Roma Ciampino. Schieramento di Macchi MC.200 e FIAT G.50. (Foto A. M./Via C. Gori)

Top left: Officers of the Regia Aeronautica, Regio Esercito (Royal Army), Regia Marina (Royal Navy) and Luftwaffe in a political and military showpiece meeting at Roma Ciampino. Behind there is a line up of Macchi MC.200s and FIAT G.50s. (Photo A. M./Via C. Gori)

In alto a destra: Macchi MC.200 della 169ª Squadriglia (16° Gruppo/54° Stormo Caccia) ripreso probabilmente sull'aeroporto di Castelvetrano. (Foto G. Pini/Via C. Shores)

Top right: A Macchi MC.200 of the 169ª Squadriglia (16° Gruppo/54° Stormo Caccia) probably photographed at Castelvetrano airfield. (Photo C. Pini/Via C. Shores)

A destra: Un Maresciallo motorista... sorridente e soddisfatto dell'efficienza dei suoi Macchi MC.200, ripreso sotto il gruppo elica del monoplano. (Foto Arch. dell'Autore)

Right: A Maresciallo Motorista (Warrant Officer engine mechanic) smiling and satisfied with the serviceability of "his" Macchi MC.200, photographed by the propeller assembly. (Photo Author's Archive)

In alto e a fianco: Aeroporto di Napoli Capodichino: Macchi MC.200 del 21° Gruppo Autonomo C.T. in servizio d'allarme sulla base partenopea si preparano per una missione esplorativa sul Golfo di Napoli. Notare i fumogeni presenti sul terreno, utili ad indicare la direzione del vento prima del decollo. L'unità italiana fallì ogni azione di contrasto contro le frequenti incursioni dei bombardieri inglesi provenienti da Malta! (Foto A. Vigna)

Top and opposite: "Lightnings" of the 21° Gruppo Autonomo C.T. are preparing to leave Napoli Capodichino for a patrol over the Gulf of Naples. Note the smoke flare used to determine wind direction prior to take off. The Italian unit failed in every raid against enemy bombers coming from Malta! (Photo A. Vigna)

Sopra: Aeroporto di Brindisi: estate del 1941. Uno dei Macchi MC.200 della 396ª Squadriglia (154° Gruppo Autonomo C.T.) decentrato sulla vasta area del campo pugliese. L'aereo è di recentissima assegnazione, perciò ancora privo di codificazioni del reparto. (Foto L. Matelli)

Above: Brindisi airfield: summer 1941. One of the Macchi MC.200s of the 396° Squadriglia (154° Gruppo Autonomo C.T.) stationed on the vast area of the Puglian airbase. The aircraft, recently delivered, has yet to receive unit codes. (Photo L. Matelli)

Sopra: Aeroporto di Venegono: piloti del 13° Gruppo (2° Stormo C.T.) ripresi sul campo lombardo accanto ad un Macchi MC.200 della 82ª Squadriglia. In quel tempo il Comando di Stormo era stato fissato a Torino Caselle, ma le tre unità dipendenti avevano assunto la difesa del capoluogo piemontese, il porto di Genova e la città di Milano, decentrando sezioni d'allarme di MC.200 e FIAT CR.42 a Caselle, Venegono e Savona.... fallendo ogni impegno difensivo, soprattutto in occasione del bombardamento navale della flotta inglese su Genova e la costa ligure, avvenuto il 9 febbraio 1941! (Foto Arch. dell'Autore)

Above: Pilots of the 13° Gruppo C.T. (2° Stormo Caccia) at Venegono airfield in Lombardy alongside an aircraft of the 82ª Squadriglia. During this period, the Command of the Wing was established at Caselle (Torino), but its dependent units were assigned to the defence of Torino, Genova (harbour!) and Milano, and thus Sections of MC.200 and FIAT CR.42s were detached to Caselle, Venegono and Savona... failing every mission of defence (!), above all during heavy English naval bombing against Genova and the Ligurian coastline on the 9th of February 1941! (Photo Author's Archive)

Al centro: Un Macchi MC.200 della 84ª Squadriglia (10° Gruppo/4° Stormo Caccia) polverizzato nel suo effimero ricovero di travi, terriccio e cannicci, durante un attacco aereo di bombardieri della RAF, provenienti da Malta durante la notte del 9 ottobre 1941. (Foto Arch. dell'Autore)

Centre: The rudimental wood and netting shelter failed to protect this 84ª Squadriglia (10° Gruppo / 4° Stormo Caccia) Macchi MC.200 from the attention of Malta-based RAF night bombers... during the night of 8th-9th of October 1941! (Photo Author's Archive)

Un fiammante Macchi MC.200 della Scuola Volo di Grosseto ripreso durante il 1941. (Foto Fam. Pettazzoni)

A brand-new Macchi MC.200 of the Flight School of Grosseto, photographed during 1941. (Photo Pettazzoni Family)

51

In alto e a fianco: Linea di Macchi MC.200 della 372ª Squadriglia (153° Gruppo/53° Stormo Caccia "Asso di Bastoni"), ripresa sull'aeroporto di Santo Pietro di Caltagirone. (Foto A. M.)

Top and opposite: Line-up of MC.200s of the 372ª Squadriglia (153° Gruppo C.T./53° Stormo Caccia "Asso di Bastoni" (Ace of Clubs) photographed at the airfield of Santo Pietro of Caltagirone. (Photo A. M.)

Sopra: Atmosfera invernale per gli uomini e le macchine del 22° Gruppo Aut. C.T. Un Macchi MC.200 della 371ª quadriglia sommariamente riparato per la probabile rottura della deriva, che l'immagine ci mostra ancora priva del braccio sinistro della Croce Sabauda! (Foto F. Ghergo)

Above: Winter has arrived for the men and machines of the 22° Gruppo Aut. C.T. This Macchi MC.200 of the 371ª Squadriglia has had its fin repaired, with an arm of the Croce Sabauda still missing! (Photo F. Ghergo)

A sinistra: Aeroporto di Bucarest: agosto 1941. I Macchi MC.200 del 22° Gruppo Autonomo C.T. del Com.te Giovanni Borzoni sostano per qualche giorno sul campo rumeno, un po' perché ostacolati dalle avverse condizioni meteorologiche, lungo la rotta per la base sovietica loro assegnata ed un po' per provvedere alla nuova tinteggiatura dei cappottoni motori, verniciati in giallo-cromo, così come fu necessario per la fascia ottica di riconoscimento, che ebbe lo stesso colore, mentre sul profilo delle ali fu tracciato un altro segno importante: un triangolo col vertice verso il retro, per una più chiara ed immediata identificazione dal basso e dall'alto durante il volo. (Foto G. Borzoni)

Left: Bucharest: August 1941. Where the Macchi MC.200s of the 22° Gruppo Autonomo C.T., commanded by Giovanni Borzoni, stopped off for a few days during their journey to Russia. Bad weather en route delayed their arrival at their new Russian airfield, but the opportunity was also taken to add to their visual recognition markings. The engine cowling was painted in chrome-yellow, and the fuselage band was changed to the same colour, while on the leading edges of both wings a triangle, with the apex to the rear, was painted on the upper and lower surface. (Photo G. Borzoni)

A destra: Tre Allievi piloti della Scuola Volo di Grosseto in addestramento sul Macchi MC.200. Il terzo a sx è l'Allievo Giorgio Pettazzoni di Bologna, assegnato subito dopo alla 74ª Squadriglia (23° Gruppo C.T./3° Stormo C.T.), il reparto del Comandante Tito Falconi, operante sul fronte egiziano, per poi ritirarsi in Tripolitania, saltare di là dei confini, in Tunisia, per combattere contro la RAF e l'USAAF. Il giovanissimo Serg. Pilota Giorgio Pettazzoni fu abbattuto in combattimento l'8 gennaio 1943. (Foto Fam. Pettazzoni)

Right: Three student pilots of the Flight School of Grosseto training with MC.200s. The third from the left is the student Giorgio Pettazzoni of Bologna, assigned after the School to 74ª Squadriglia/23° Gruppo C.T./3° Stormo Caccia, commanded by Colonel Tito Falconi, operating in the Egyptian theatre, after drawing back to Tripolitania and then immediately to Tunisia. The very young Sergeant Giorgio Pettazzoni was shot down on the 8th of January 1943. A Silver Medal, for Military Valour, together with one of Bronze was awarded in his memory. (Photo Pettazzoni Family)

In basso: Aeroporto di Kriwoj-Rog (Ucraina), sede iniziale operativa del 22° Gruppo Autonomo C.T. del Com.te Giovanni Borzoni, inserito nell'unità del CSIR. Messa al campo fra lo schieramento d'alcuni Macchi MC.200 della 369ª Squadriglia. (Foto G. Cervellin)

Bottom: Kriwoj-Rog airfield (Ukraine) was the initial operational base of Borzoni's 22° Gruppo Aut. C.T., operative in support of the Corpo di Spedizione in Russia (CSIR). Mass is celebrated in front of some of the unit's Macchi MC.200s. (Photo G. Cervellin)

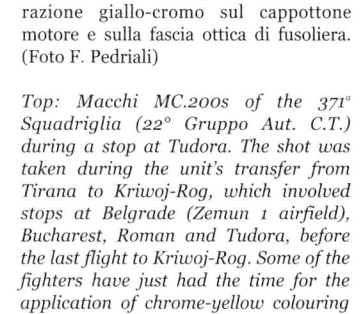

In alto: Macchi MC.200 della 371ª Squadriglia (22° Gruppo Aut. C.T.) in sosta a Tudora. Gli aerei sono stati ripresi durante il loro trasferimento in volo da Tirana a Kriwoj-Rog, attraverso le tappe di Belgrado (campo Zemun 1°), Bucarest, Roman, Tudora... prima dell'ultimo volo per Kriwoj-Rog. Alcuni di questi MC.200 non hanno fatto in tempo a subire la colorazione giallo-cromo sul cappottone motore e sulla fascia ottica di fusoliera. (Foto F. Pedriali)

Top: Macchi MC.200s of the 371ª Squadriglia (22° Gruppo Aut. C.T.) during a stop at Tudora. The shot was taken during the unit's transfer from Tirana to Kriwoj-Rog, which involved stops at Belgrade (Zemun 1 airfield), Bucharest, Roman and Tudora, before the last flight to Kriwoj-Rog. Some of the fighters have just had the time for the application of chrome-yellow colouring to the engine cowling and the fuselage band. (Photo F. Pedriali)

Al centro: Un Macchi MC.200 della 91ª Squadriglia/10° Gruppo C.T./4° Stormo Caccia, fotografato a Boccadifalco, nei pressi di Palermo. Sullo sfondo l'inconfondibile profilo del Monte Cuccio, mentre l'aereo mostra il famoso emblema dell'unità, il celebre "Grifone" dipinto sotto il tettuccio, con la scritta "91ª Squadriglia F. Baracca", su fondo bianco. (Foto Famiglia Sonni)

Centre: A Macchi MC.200 of the 91ª Squadriglia/10° Gruppo C.T./4° Stormo Caccia photographed at Boccadifalco airfield, near Palermo. The unmistakable profile of Monte Cuccio is in the background, while the aircraft carries the famous emblem of the unit, the celebrated "Grifo", under the cockpit with the words "91ª Squadriglia F. Baracca" on a white background. (Photo Sonni's Family)

In basso: L'allora S. Tenente Pilota Giuseppe Biron, sempre "Bepi" per gli amici, ripreso accanto alla fusoliera di un Macchi MC.200 del 22° Gruppo Aut. C.T. dove spicca il celebre emblema dello "Spauracchio", intelligente ideazione dello stesso ufficiale italiano fin da quando il reparto era schierato a Tirana! (Foto G. Biron)

Bottom: Pilot Officer Giuseppe Biron, "Bepi" to his friends, photographed alongside the fuselage of a Macchi MC.200 of the 22° Gruppo Aut. C.T. Prominent is the famous "Spauracchio" (Scarecrow) badge of the unit, which Biron himself designed during his stop at Tirana airfield. (Photo G. Biron)

Sopra: Difficoltoso atterraggio, con l'immancabile "semi-attenti", per un Macchi MC.200 della 98ª Squadriglia (7° Gruppo/54° Stormo C.T.) probabilmente sul campo di Castelvetrano. (Foto Arch. dell'Autore)

Above: A wheels-up landing for an MC.200 of the 98º Squadriglia (7º Gruppo/54º Stormo Caccia). The location is probably Castelvetrano airfield. (Photo Author's Archive)

A destra: Macchi MC.200 del 6° Gruppo Autonomo C.T. ammassati in un hangar dell'aeroporto di Catania Fontanarossa, per le necessarie revisioni ai motori. In massima parte gli aerei appartengono all'88ª Squadriglia. (Foto C. Gori)

Right: Heavy maintenance for three Macchi MC.200s of the 6º Gruppo Autonomo in a hangar at Catania Fontanarossa. The majority of the aircraft belong to the 88ºSquadriglia. (Photo C. Gori)

A sinistra: Aeroporto di Stalino: inverno 1941-42: una sezione d'allarme della 371ª Squadriglia/22° Gruppo Aut. C.T. del Cap. Pil. Enrico Meille. (Foto L. Marcolin)

Left: Stalino airfield: winter 1941-42. The Russian winter has grounded this section of Macchi MC.200s from the 371ªSquadriglia, led by Flight Lieutenant Enrico Meille. (Photo L. Marcolin)

Un'interessante immagine di un Macchi MC.200 aerofotografico della 76ª Squadriglia/7° Gruppo C.T./54° Stormo Caccia... frequente visitatore dei cieli di Malta. L'aereo è stato equipaggiato con una macchina fotoplanimetrica, tipo "Robot", di fabbricazione tedesca, installata sotto la fusoliera. (Foto R. Udiente/G. Taliento)

An interesting shot of a photographic Macchi MC.200 of the 76ª Squadriglia/7° Gruppo C.T./54° Stormo Caccia, frequent visitor of the skies above Malta. The aircraft is equipped with a German – supplied "Robot" camera, installed under the fuselage. (Photo R. Udiente/G. Taliento)

Aeroporto di Stalino (Ucraina). Sezione di Macchi MC.200 della 369ª Squadriglia/22° Gruppo Autonomo C.T. pronta al decollo dalla pista in cemento dell'attrezzato campo sovietico. Immagine rara, per la presenza della sottile fascia bianca sul terminale di fusoliera, segno distintivo del Com.te dell'unità, Capitano Pilota Giovanni Borzoni, che tra l'altro aveva codificato il suo "Saetta" con il numero 1. (Foto G. Biron)

Stalino airfield: March 1942. A section of the 369ª Squadriglia (22° Gruppo Autonomo C.T.) ready to depart from the cement runway of a highly equipped Ukraine airfield. This is a rare shot, showing the thin white band around the rear fuselage that identifies the aircraft as that of the unit Commander Giovanni Borzoni, confirmed by the individual code "1". (Photo G. Biron)

La terribile morsa dell'inverno in terra di Russia. Specialisti della 369ª Squadriglia impegnati nella delicata preparazione al volo di un Macchi MC.200. Trattasi del velivolo del Comandante della 369ª Sq., Capitano Pilota Giorgio Iannicelli, codificato con il numero 11, ma con un cerchietto bianco, piuttosto insolito per le fusoliere dei nostri aeroplani. Nella foto precedente abbiamo visto il velivolo del Comandante Borzoni con la sottile fascia bianca sul lato opposto. (Foto G. Cervellin)

Winter bites in the Russian homeland. Groundcrew of the 369ª Squadriglia are engaged in the delicate task of preparing an MC.200. This is the aircraft of the Squadriglia commander, Flight Lieutenant Giorgio Iannicelli, who has adopted a white circle with the code "11". In the first photo we see the aircraft of Commander Borzoni with the little white band on the fuselage. (Photo G. Cervellin)

56

In alto a sinistra: Il Colonnello Werner Moelders fotografato a bordo di un Macchi MC.200 del 22° Gruppo Aut. C.T. durante l'estate del 1941. Molders era giunto in Russia alla testa dello Jagdgeschwader 51 (51° Stormo della Luftwaffe), accreditato di 100 vittorie. Egli in Russia fu nominato Ispettore della Caccia, un incarico che dopo la sua morte, avvenuta il 22 novembre a bordo di un He 111, venne assunto dal Tenente Generale Adolfo Galland. (Foto G. Cervellin)

Top left: Oberst Werner Moelders photographed on board a Macchi MC.200 of the 22° Gruppo Autonomo C.T. during summer 1941. Moelders had arrived in Russia at the head of Jagdgeschawader 51, being credited with 100 victories. He would archive 114 before his death. The German High Command promoted him to Inspector of Fighters, in Russia, a duty which, after his death on the 22nd of November 1941 on board a He 111, was assumed by Lieutenant General Adolf Galland. (Photo G. Cervellin)

Sotto: Aeroporto di Trapani "Milo": novembre 1941. Vittorio Emanuele III, Re d'Italia, è in visita ai reparti dislocati in Sicilia. L'immagine mostra l'illustre ospite ed alcuni velivoli del 23° Gruppo Autonomo C.T. del Com.te Tito Falconi. Il Macchi MC.200 sulla destra, interamente dipinto di nero, veniva utilizzato, in compagnia di un aereo similare, dal Magg. Falconi e dal Cap. Pil. Claudio Solaro, per svolgere servizio di "caccia notturna" sulla città di Palermo... iniziativa che non diede purtroppo alcun risultato concreto! (Foto fam. Carmello)

Below: Trapani "Milo" airfield: November 1941. Vittorio Emanuele III, King of Italy, is visiting units based in Sicily. The image shows the distinguished guest and some aircraft of the 23° Gruppo Aut. C.T. commanded by Sq/Ldr Tito Falconi. The Macchi MC.200 on the right is entirely finished in black and was used, together with a similar example by Sq/Ldr Tito Falconi and Flight Lieutenant Claudio Solaro (Commander of the 70ª Squadriglia) in an attempt to mount a rudimentary "night fighter" operation over Palermo... an initiative that had no positive results. (Photo Carmello Family)

In alto a destra: Il celebre ed originale distintivo dello "Spauracchio". Il disegno originale era stato conservato presso l'ex 22° Gruppo C.I. del 51° Stormo d'Istrana, dono personale del Colonnello Pil. Giuseppe Biron al 22° Gruppo C.I. L'emblema era stato ideato dall'allora S. Ten. Pil. Giuseppe Biron a Tirana, nel luglio 1941. (Foto ex Comando 22° Gruppo C.I.)

Top right: The famous and original "Spauracchio" (Scarecrow) badge. The original drawing of which was preserved in the Command of the ex 22° Gruppo C.I./51° Stormo of Istrana, personal gift of Colonel Giuseppe Biron. The emblem was conceived by Pilot Officer Giuseppe Biron in Tirana airfield in July 1941. (Photo ex Command of 22° Gruppo C.I.)

Sopra: Aeroporto di Sciacca. Un Macchi MC.200 del 54° Stormo Caccia pronto al decollo sull'ampia spianata del campo siciliano. Ben visibili i caratteristici contrafforti montuosi che cingono quello che un tempo era un aeroporto di guerra, allora molto frequentato. (Foto A. M.)

Above: Ready for take-off from the Sicilian airfield of Sciacca is a Macchi MC.200 of the 54° Stormo C.T. The surrounding mountains were a characteristic of its highly used and important Regia Aeronautica base. (Photo A. M.)

In alto al centro: Un Macchi MC.200 della 86ª Sdquadriglia/7° Gruppo/54° Stormo Caccia in sosta sull'aeroporto di Còmiso. Accanto al "Saetta" sono visibili alcuni Reggiane RE 2000 del 23° Gruppo Aut. C.T. (Foto C. Raso)

Top centre: A Macchi MC.200 of the 86° Squadriglia (7° Gruppo/54° Stormo Caccia) at rest on Còmiso airfield. Together with the "Lightning" are some Reggiane RE 2000s of the 23° Gruppo Aut. C.T. (Photo C. Raso)

A destra e in basso: Macchi MC.200 della 384ª Squadriglia (17° Gruppo/1° Stormo Caccia) in volo di vigilanza lungo le coste siciliane. (Foto B. Spadaro)

Right and bottom: Macchi MC.200s of the 384ª Squadriglia (157° Gruppo C.T./1° Stormo Caccia) on a patrol along the Sicilian coastline. (Photo B. Spadaro)

Al centro: Due Macchi MC.200 della Scuola Volo di Rimini. In mezzo a loro i soliti fusti di carburante della Regia Aeronautica (200 litri), per il rifornimento a mano. (Foto M. & L. Ganz)

Centre: A pair of Macchi MC.202s of the Flight School of Rimini. Between the "Saetta" the usual standard fuel drums of the Regia Aeronautica (200 litres), for refuelling by hand. (Photo G. Ganz)

In alto a destra: Oasi di Sorman: un Macchi MC.200 della 367ª Squadriglia/151° Gruppo Autonomo C.T. in sosta sul campo libico. Il pilota ripreso innanzi è il Serg. Magg. Stefano Fiore. (Foto Fam. Fiore)

Top right: Sorman oasis: A Macchi MC.200 of the 367ª Squadriglia (151° Gruppo Aut. C.T.) at the Libyan airfield, with Flight sergeant Stefano Fiore. (Photo Fiore Family)

Al centro: Macchi MC.200 della 363ª Squadriglia/150° Gruppo Aut. C.T. ripreso sul campo di Tirana. (Foto R. Udiente)

Centre: A Macchi MC.200 of the 363ª Squadriglia, 150° Gruppo Autonomo C.T., photographed in Sicily. (Photo R. Udiente)

In basso: Un Macchi MC.200 della 90ª Squadriglia (10° Gruppo/4° Stormo Caccia) costretto ad un rovinoso atterraggio sulle pietraie vulcaniche dell'isola di Pantelleria. (Foto Arch. dell'Autore)

Bottom: A ruinous forced landing on the volcanic slopes of Pantelleria island for this MC.200 of the 90ª Squadriglia (10° Gruppo C.T./4° Stormo Caccia). (Photo Author's Archive)

In alto a sinistra: Aeroporto di Rimini: l'Allievo Sott.le Pilota Italo Rossini, appena rientrato da un volo addestrativo, illustra al proprio istruttore le fasi di quanto appena concluso. (Foto I. Rossini)

Top left: Rimini airport: the student pilot Italo Rossini is demonstrating his knowledge of combat techniques to his instructor. (Photo I. Rossini)

In alto a destra: Scuola Volo di Foggia. Allievi Piloti ripresi innanzi a un Macchi MC.200 della sede pugliese. Sullo sfondo la presenza di un FIAT CR.30 protetto da una cappotta di tela impermeabile. (Foto Arch. dell'Autore)

Top right: Three student pilots at the Flying School at Foggia. Behind the Macchi MC 200 is a FIAT CR.30, with bits of engine covered by a tarpaulin. (Photo Author's Archive)

Sotto: Il Sergente Luigi Gorrini, al tempo pilota del 18° Gruppo Aut. C.T., futura Medaglia d'Oro al V.M. - "a vivente" – tuttora in vita. (Foto A. M.)

Below: The young Flight Sergeant Luigi Gorrini, at the time in service with the 18° Gruppo C.T., seated on the wing of his MC.200. Gorrini was one of the few Italian pilots awarded with a Gold Medal for Military Valour to survive the war. (Photo A. M.)

In basso: Macchi MC.200 del 12° Gruppo Aut. C.T. ai margini del campo di Sciacca. (Foto A. Vigna)

Bottom: A photo of a Macchi MC.200 of the 12° Gruppo Autonomo C.T. taken at a Sicilian airfield, probably Sciacca. (Photo A. Vigna)

A sinistra: Macchi MC.200 del 17° Gruppo C.T./1° Stormo Caccia in rullaggio sulla pista dell'aeroporto siciliano di Palermo Boccadifalco. (Foto C. Pini/Via C. Shores)

Left: A Macchi MC.200 of the 17° Gruppo C.T. (1° Stormo Caccia) taxiing on Boccadifalco airfield in Sicily. (Photo C. Pini/Via C. Shores)

A destra: Un altro rovinoso atterraggio per un Macchi MC.200 del 18° Gruppo Aut. C.T., pilotato dal M.llo Giordano. Causa dell'incidente la mancata fuoriuscita del carrello. (Foto C. Lucchini)

Right: Another 18° Gruppo Aut. C.T. M.C.200 after a forced landing following undercarriage failure. The pilot was Warrant Officer Giordano. (Photo E. Concesi/Via C. Lucchini)

A sinistra: Schieramento di Macchi MC.200 della 374ª Squadriglia/153° Gruppo/53° Stormo Caccia, ripresi probabilmente a Sciacca. L'aereo in primo piano mostra una originale carenatura al ruotino di coda, una caratteristica non descritta nei manuali tecnici, ritenendo come fosse presente in un limitato numero di esemplari. (Foto C. Lucchini)

Left: A line of Macchi MC.200s belonging to the 374ª Squadriglia of the 53° Gruppo C.T. (53° Stormo Caccia) probably taken at Sciacca airport, near Agrigento. The plane in the foreground shows an original fairing of the tail wheel, a feature – not described in technical manuals – which was present in a limited number of aircraft. (Photo C. Lucchini)

A destra: Un Macchi MC.200 con livrea a chiazze fitte, ripreso su un campo siciliano. Avieri di manovra ritratti sull'aereo per una foto ricordo! (Foto A. Vigna)

Right: A Macchi MC.200, with original camouflage, probably with three colours, green and brown over yellow. Ground crew of an unknown Squadron photographed sitting on the fuselage. (Photo A. Vigna)

Particolare ravvicinato dell'emblema della "Gigi tre Osei", impresso sulla fascia ottica di fusoliera. (Foto A. M.)

Close up of the famous insignia of the 363ª Squadriglia the "Gigi Tre Osei", painted on the white band of recognition. (Photo A. M.)

Un nuovo Macchi MC.200 assegnato al 23° Gruppo Autonomo C.T. L'aereo è ancora privo dei contrassegni numerici del reparto. (Foto Fam. Rigatti)

A new MC.200 assigned to the 23° Gruppo Aut. C.T. The aircraft has yet to receive a unit badge and codes. (Photo Rigatti Family)

Particolare ravvicinato del cappottone motore di un Macchi MC.200, dove si evidenziano le caratteristiche "bugne". (Foto C. Shores)

Close up of the bulging engine cowling of an MC.200. (Photo C. Shores)

Fervente attività sull'aeroporto di Trapani "Milo", sede del 23° Gruppo Aut. C.T. durante il 1941. In primo piano il Sergente Magg. Pilota William Dusi della 70ª Squadriglia. (Foto W. Dusi)

Fervent activity at the airfield of Trapani "Milo", base of the 23° Gruppo Autonomo C.T. during 1941. In the foreground Flight Sergeant William Dusi, pilot of the 70° Squadriglia. (Photo W. Dusi)

Schieramento un po' alla rinfusa per Macchi MC.200 della 370ª Squadriglia ed alcuni della 372ª Squadriglia sull'aeroporto di Brindisi. La 370ª Squadriglia, quale unità autonoma, era schierata sull'aeroporto di Grottaglie, prima di essere assorbita dal 3° Gruppo Aut. C.T., che a sua volta la cedette al 24°. (Foto Arch. dell'Autore)

Line up, in jumbled confusion, of MC.200s of the 370ª and some of the 372ª Squadriglia at Brindisi airport. The 370° Squadriglia, at first was present at the base of Grottaglie, before then being assigned to the 3° Gruppo Autonomo C.T., which in its turn passed it onto the 24° Gruppo Autonomo C.T. (Photo Author's Archive)

Aeroporto di Palermo Boccadifalco (o Castelevetrano?): Macchi MC.200 della 167ª Squadriglia/16° Gruppo/54° Stormo Caccia con piloti del reparto in servizio d'allarme. (Foto A. Rigoli)

The "alarm section" at Castelvetrano airfield. The Macchi MC.200 belongs to the 167ª Squadriglia (16° Gruppo C.T./54° Stormo Caccia). (Photo A. Rigoli)

Scuola Volo dell'aeroporto di Rimini Miramare: due Allievi Piloti, fra questi (a dx) il giovane marchigiano Italo Rossini, sostano innanzi ad un Macchi MC.200. (Foto I. Rossini)

Flight School of Rimini Miramare: two student pilots, with local boy Italo Rossini on the right. (Photo I. Rossini)

Macchi MC.200 della 362ª Squadriglia del Com.te Germano La Ferla (22° Gruppo Aut. C.T.) ripresi su una base sovietica. Alla sinistra un S.75 dell'Ala Littorio, la nostra Società Aerea di bandiera del tempo, più volte impegnata in voli di collegamento e trasporto fra l'Italia e l'Ucraina. (Foto Arch. dell'Autore)

Macchi MC.200s of the 362ª Squadriglia of Commander Germano La Ferla (22° Gruppo Aut. C.T.) in Russia. On the left is an S.75 of Ala Littorio, our national airline at the time, which was frequently involved in liaison and transport missions between Italy and the Ukraine. (Photo Author's Archive)

Si decolla! Sezione di Macchi MC.200 del 54° Stormo C.T. in procinto di decollare dalla spianata dell'aeroporto di Sciacca. Il classico monte, detto più comunemente "mammellone", in realtà è il promontorio di Rocca Nadora. (Foto A. M.)

A section of MC.200s of the 54° Stormo Caccia about to take-off from Sciacca. The flat expanse around the airfield was known as the "piana grande"(large plain), while the rocky outcrop, typical of the terrain, was called "Rocca Nadora". (Photo A. M.)

In alto a sinistra: Un pilota del 54° Stormo C.T., il Serg. Mariotti, ripreso a bordo del suo Macchi MC.200, sulla cui fiancata anteriore di fusoliera spicca l'emblema del reparto, la "Tigre Ruggente"! (Foto A. Mauri)

Top left: A photo of Sergeant Mariotti of the 54° Stormo C.T. taken aboard his Macchi MC.200 which features the splendid "Tiger" badge of the unit. (Photo A. Mauri)

In alto a destra: Armieri di Macchi MC.200 impegnati nel controllo della sincronizzazione meccanica delle armi di bordo. (Foto A. Vigna)

Top right: Close up of the engine and muzzle installation of the Macchi MC.200. The two syncronised Breda Avio Model SAFAT 12.7 mm machine guns feature flash masking, and carry some 370 rounds each. (Photo A. Vigna)

Sopra: Fronte libico-egiziano: estate del 1942. Un Macchi MC.200 della 85ª Squadriglia/18° Gruppo Autonomo C.T. rientra alla base dopo un'azione d'attacco al suolo su autocolonne nemiche. Trattasi di un "Saetta" bombe alari, intuibile dal travetto presente sotto la superficie dell'ala sinistra. L'aereo è dotato di filtro antisabbia, più che necessario sulle lande africane. (Foto C. Lucchini)

Above: Libyan-Egyptian front, summer 1942. A Macchi MC.200 of the 85ª Squadriglia/18° Gruppo Aut. C.T., is returning to base after a bombing attack on an enemy column. This variant features underwing points capable of carrying bombs, recognisable under the port wing, and has a sand filter, an essential tool for operations over the North African desert. (Photo C. Lucchini)

Sopra: Aeroporto di Ciampino Sud: primavera del 1942: Macchi MC.200 del 51° Stormo C.T. pronto a decollare per una esercitazione di volo notturno per il servizio di sorveglianza dello spazio aereo della Capitale. Il reparto del "Gatto Nero", al pari di tanti altri, non dimostrò mai di possedere una spiccata abilità al volo notturno... pecca dei "piloti" della Regia Aeronautica! (Foto G. Ambrosio)

Above: Ciampino South airfield: summer 1942. A Macchi MC.200 of the 51° Stormo C.T. is ready to depart on a night fighter training exercise over the city of Rome. The "Gatto Nero" (Black Cat) unit was waiting for its new aircraft, the Macchi MC.200, which it would take to another theatre. (Photo G. Ambrosio)

A sinistra: Il giovane Allievo Pilota Ferruccio Serafini pronto a partire con un Macchi MC.200 della Scuola Volo di Rimini per un volo addestrativo. (Foto G. Ganz)

Left: The young student pilot Ferruccio Serafini is ready to depart for a training flight with a Macchi MC.200 of the Flight School of Rimini. (Photo G. Ganz)

A destra: Primavera del 1942: due Allievi piloti della Scuola Volo di Rimini Miramare. Il giovane con i pantaloni della tuta bianca è l'Allievo Ferruccio Serafini. (Foto G. Ganz)

Right: Spring of 1942: two student pilots of the Flight School of Rimini. The young man with the white trousers is the student Ferruccio Serafini, future posthumous Medaglia d'Oro al V. M. (Photo G. Ganz)

A sinistra: Delicata operazione di caricamento cartucce a bordo di un Macchi MC.200. Le cassette di bordo dei "Saetta" potevano contenere 370 colpi per arma. (Foto A. M.)

Left: Re-arming the guns of a Macchi MC.200. The box of the "Lightning" contains 370 rounds per gun. (Photo A. M.)

A destra: Equipaggiamento da volo per un pilota da caccia della Regia Aeronautica. (Foto Arch. dell'Autore)

Right: Standard flying kit for a Regia Aeronautica fighter pilot. (Photo Author's Archive)

A fianco: Un'altra immagine di velivoli della Scuola Volo di Rimini. Macchi MC.200 e FIAT G.50 ripresi sul campo romagnolo durante il 1942. (Foto I. Rossini)

Opposite: Rimini Miramare Flying School, with a Macchi MC.200 and a FIAT G.50 "bis" in 1942, parked at the Romagna airfield. (Photo I. Rossini)

Prova motore per un Macchi MC.200 d'unità sconosciuta, probabilmente in Sicilia. E' interessante osservare come accanto al velivolo vi siano alcuni militari della Luftwaffe, probabilmente incuriositi dal piacevole evento! (Foto A. Vigna)

Typical engine test for an MC.200 of an unknown unit, probably in Sicily. It is interesting to see some Luftwaffe airmen near the Italian fighter. (Photo A. Vigna)

In alto: Un Macchi MC.200 aerofotografico appena rientrato alla base dopo una ricognizione su Malta. Lo specialista, categoria fotografo, estrae la bobina dalla cinemitragliatrice. (Foto R. Udiente)

Top: A Recce Macchi MC.200 has just returned to its airfield after a reconnaissance mission over Malta. The ground-crew, photographer, is pulling out the photographic bobbin from the camera. (Photo R. Udiente)

Al centro: Macchi MC.200, probabilmente del 12° Gruppo Aut. C.T. ripresi sull'aeroporto di Sciacca. (Foto A. Vigna)

Centre: A line-up of MC.200s, probably of the 12° Gruppo Aut. C.T. at Sciacca airfield. (Photo A. Vigna)

In basso: Piloti del 54° Stormo C.T. studiano le carte di volo prima di prepararsi al decollo per un'azione di guerra sul Mediterraneo centrale. (Foto A. Rigoli)

Bottom: Pilots of the 167ª Squadriglia/16° Gruppo C.T./54° Stormo Caccia, are checking their maps before take-off from their Sicilian base at Castelvetrano. (Photo AFI/Via A. Rigoli)

Sotto: Un bel Macchi MC.200 della 95ª Squadriglia/18° Gruppo C.T., probabilmente ripreso a Torino Caselle. L'unità, insieme al 23° Gruppo C.T., concorse a ricostituire il 15 maggio 1942 il 3° Stormo Caccia, inviato immediatamente sul fronte egiziano. (Foto F. Longhi/Via C. Lucchini)

Below: A nice shot of a Macchi MC.200 of the 95ª Squadriglia/18° Gruppo C.T., probably taken at Torino Caselle. The unit, together with the 23° Gruppo C.T., was part of the re-formation of the 3° Stormo Caccia on the 15th of May 1942 and was immediately sent to the Egyptian front. (Photo F. Longhi/Via C. Lucchini)

A sinistra e in basso: Scuola Volo dell'aeroporto di Rimini Miramare. Il Serg. Pil. Aldo Orsucci in piena fase addestrativa con i Macchi MC.200 dell'Ente romagnolo. (Foto A. Orsucci)

Left and bottom: Sergeant Aldo Orsucci photographed during training at Rimini Miramare airfield. (Photo S. Orsucci)

In alto a sinistra: Il Tenente Generale Adolfo Gallant, grande asso della Luftwaffe, visita l'interno di un Macchi MC.200 italiano sul fronte russo. (Foto A. M./Via C. Gori)

Top left: Lieutenant General Adolf Galland, the celebrated Luftwaffe ace, inspects the cockpit of an Italian MC.200 on the Russian front. (Photo A. M./Via C. Gori)

In alto a destra: Macchi MC.200 della 374ª Squadriglia ripresi sul fronte africano della Libia. Gli aerei, insieme ad altri di differenti reparti della Regia Aeronautica e della Luftwaffe, concorsero all'assedio della piazzaforte di Tobruk e alla riconquista della Cirenaica. (Foto A. M./Via C. Gori)

Top right: A photo of some Macchi MC.200s of the 374ª Squadriglia shot on the Libyan front. These aircraft, with others from the Regia Aeronautica and the Luftwaffe, participated in the siege of Tobruk and the re-conquest of Cyrenaica. (Photo A. M./Via C. Gori)

In basso: Interessante veduta di un Macchi MC.200 osservato dalla parte poppiera. Si possono notare con chiarezza le indicazioni del Peso a Vuoto (P a V. Kg. 1940) e del Carico Utile (P.U. 490). (Foto A. M.)

Bottom: The tail end of an MC.200, clearly showing the weight data painted on the tail, P. a V. signifies "Peso a Vuoto" (empty weight), fixed at 1,940 kg while C. U. is "Carico Utile", or payload, fixed at 490 kg. (Photo A. M.)

In alto a sinistra: Interessante particolare della cabina di pilotaggio di un Macchi MC.200 "vista" dall'alto, con abitacolo completamente chiuso dai due famosi sportellini ribaltabili sui fianchi della fusoliera, che all'apparenza sembravano raccordarsi con un'insolita calotta posta sul tagliavento. In effetti trattasi di un velivolo della VII Serie in avanti. (Foto C. Gori)

Top left: Interesting close-up of the cockpit of a Macchi MC.200, illustrating the two side-opening semi glazed panels that were preferred to an enclosed canopy, built from the VI Series onwards. (Photo C. Gori)

In alto a destra: Fitto schieramento di Macchi MC.200 della 373ª Squadriglia/153° Gruppo/53° Stormo C.T. ripresi sull'aeroporto di Santo Pietro di Caltagirone, appena giunti nel settembre del 1942 dalla base di Torino Caselle. (Foto R. Udiente)

Top right: Line-up of MC.200s of the 273ª Squadriglia/153° Gruppo C.T./53° Stormo Caccia taken at Santo Pietro di Caltagirone airfield, having just come from Torino Caselle in September 1942. (Photo R. Udiente)

Al centro a sinistra: Fitto schieramento di Macchi MC.200 del 54° Stormo C.T. sul campo di Castelvetrano. (Foto Ist. Luce/Via A. Rigoli)

Centre left: 54° Stormo C.T. Macchi MC.200s at Castelvetrano. (Photo Ist. Luce/Via A. Rigoli)

Al centro a destra: Macchi MC.200 della 272ª Squadriglia/153° Gruppo/53° Stormo Caccia ripreso innanzi all'ingresso del famoso hangar sotterraneo dell'isola di Pantelleria. (Foto C. Lucchini)

Centre right: A Macchi MC.200 of the 372ª Squadriglia photographed outside the entrance to the famous underground hangar of Pantelleria. (Photo C. Lucchini)

A destra: Macchi MC.200 del 21° Gruppo Autonomo C.T. colpito ad uno dei cilindri del motore da un proiettile da 37 mm durante un attacco su postazioni sovietiche, presso Jagodnj. Protagonista il Sergente Pilota Evaristo Bernardini della 382ª Squadriglia. (Foto E. Bernardini)

Right: A Macchi MC.200 of the 21° Gruppo Aut.C.T. hit on the engine cylinder by a 37 mm shell during an attack on Russian targets at Jagodnj. Protagonist of the Flight was Sergeant Evaristo Bernardini of the 382ª Squadriglia. (Photo E. Bernardini)

71

A sinistra: Rovinoso atterraggio per un Macchi MC.200 del 1° Stormo C.T. probabilmente sul campo di Catania Fontanarossa. (Foto A. Vigna)

Left: A ruinous forced landing for an MC.200 probably at Catania Fontanarossa airfield. (Photo A. Vigna)

A destra: Fronte dell'Africa settentrionale: estate del 1942. Macchi MC.200 della 273ª Squadriglia. L'aereo, contrassegnato dal "guidoncino" di Comandante di Settore, (riquadro azzurro con stella rossa posto più innanzi del posto di pilotaggio), apparteneva al Generale di Brigata Aerea Ferdinando Raffaelli. (Foto Bundesarchiv/Via C. Gori)

Right: North Africa: summer of 1942. This MC.200 of the 373ª Squadriglia carries the pennant of the Commander of the Air Sector (a blue square with a red star in the centre). It is the personal aircraft of Generale di Brigata Aerea (Air Commodore) Ferdinando Raffaelli. (Photo Bundesarchiv/Via C. Gori)

In basso: Macchi MC.200 del 23° Gruppo Aut. C.T., con mimetica "notturna", transita innanzi alla linea di volo del reparto. (Foto Fam. Papini)

Bottom: Macchi MC.200s of the 23° Gruppo Autonomo C.T., with night camouflage, taxiing behind the flight line of the unit at Còmiso airfield. (Photo Papini Family)

Sopra: Piloti del 23° Gruppo Autonomo C.T. ripresi accanto ad un Macchi MC.200 del loro reparto. (Foto W. Dusi)

Above: Pilots of the 23° Gruppo Aut. C.T. next to a Macchi MC. 200 of the unit. (Photo W. Dusi)

Sotto: Un istruttore di una Scuola di Volo dà alla voce gli ultimi consigli all'Allievo Pilota prima del decollo. Dopo questa fase sarebbe stato nominato Pilota Militare. (Foto F. Pedriali)

Below: An instructor at a Scuola Caccia (Fighter School) is passing on his final words of advice to a student just prior to departure. After this phase the cadet will be designated as a qualified "Pilota Militare" (Military Pilot). (Photo F. Pedriali)

In alto: Un fiammante Macchi MC.200, con una bella mimetica detta ad "anelli di fumo" o "amebe", appena giunto sull'aeroporto di Trapani "Milo" ed assegnato al 23° Gruppo Aut. C.T. (Foto Arch. dell'Autore)

Top: This new Macchi MC.200, with a nice camouflage called "smoke ring" or "amoeba", has just been delivered to Trapani "Milo" airfield for use with the 23° Gruppo Autonomo C.T. (Photo Author's Archive)

Al centro: maggio del 1942. Il 21° Gruppo Autonomo C.T. avvicenda il 22° sul fronte ucraino, operando con gli stessi aeroplani da caccia, i logori Macchi MC.200 ceduti dallo stesso reparto. I piloti ripresi a Stalino sono i seguenti: da dx a sx: Cap. Bruno Mondini, Com/te della 386ª Squadriglia, Cap. Enrico Candio, Com/te della 382ª, Magg. Ettore Foschini, Com/te del 21° Gruppo Aut. C.T., il Tenente Arrigo Bagajoli. (Foto Arch. dell'Autore)

Centre: May 1942. The 21° Gruppo Autonomo C.T. replaces the 22° Gruppo on the Russian front, and takes over from the worn out MC.200s of the latter unit. From left to right in the photo are Flight Lieutenant Bruno Mondini, Commander of the 386ª Squadriglia, Flight Lieutenant Enrico Candio, Commander of the 382ª Squadriglia, Squadron Leader Ettore Foschini, Commander of the 21° Gruppo Aut. C.T., and Flying Officer Arrigo Bagajoli. (Photo Author's Archive)

In basso: La visione delle prime autobotti lungo le linee di volo dei reparti della Regia Aeronautica, dove per anni erano state utilizzate le famose "Pompe Emanuel", purtroppo sopravvissute fino agli inizi degli anni cinquanta, per faticosissimi rifornimenti a mano! (Foto A. M.)

Bottom: A glimpse of the first motorised fuel tankers to serve on the flight lines of the Regia Aeronautica. For years, the service was forced to use the notorious "Emanuel Pump", requiring arduous manual pumping and which survived until the beginning of the fifties. (Photo A. M.)

In alto: Aeroporto di Còmiso: 10 agosto 1941. Un Macchi MC.200 (M.M.5206) dell'86ª Squadriglia (7° Gruppo C.T./54° Stormo Caccia), pilotato dal S. Ten. Carlo Sacramoso, durante un maldestro atterraggio sulla base del ragusano, investe e distrugge un Reggiane RE 2000 "bis" – M.M.78062 – del 23° Gruppo Aut. C.T. (Foto Arch. dell'Autore)

Top: Còmiso airfield: 10 August 1941. A Macchi MC.200 – M.M.5206 – of the 86ªSquadriglia/7° Gruppo C.T./54° Stormo Caccia, piloted by Pilot Officer Carlo Sacramoso, has, during a badly executed landing, run into an RE 2000 "bis" M.M.8062 of the 23° Gruppo Gruppo Aut. C.T. (Photo Autho'r Archive)

Al centro: Fronte ucraino: primavera/estate del 1942. Uno dei Macchi MC.200 del 21° Gruppo Aut. C.T. del Comandante Ettore Foschini ripreso su un campo avanzato sovietico. Interessante l'emblema del reparto, che raffigura un "Centauro" nell'atto di scagliare una freccia... eterno simbolo della caccia italiana. (Foto Bundesarchiv)

Centre: Ukrainian front, spring/summer 1942. One of the Macchi MC.200s of the 21° Gruppo Aut. C.T., now commanded by Ettore Foschini, photographed at a front-line Soviet airfield. The badge of the unit – a "Centauro" (Centaur) about to release an arrow from a bow – is the classic badge of the Italian fighter speciality. (Photo Bundesarchiv)

In basso: Tre piloti del 21° Gruppo Aut. C.T. in Russia. Da sx a dx: S. Ten. Alberto Mainini (a bordo dell'MC.200 del reparto), Cap. Virginio Teucci, quest'ultimo Com/te della 356ª Squadriglia, abbattuto il 27 luglio 1942 insieme al suo gregario, S. Ten. Carlo Ricci, ripreso alla destra. (Foto A. M.)

Bottom: Three pilots of the 21° Gruppo Autonomo C.T. service in Russia. From left to right are Pilot Officer Alberto Mainini (sitting on an MC.200 of the unit), Flight Lieutenant Virginio Teucci, Commander of the 356ª Squadriglia, who was shot down on the 27ᵗʰ of July 1942, together with his wingman, the pilot on the right, Pilot Officer Carlo Ricci. (Photo A. M.)

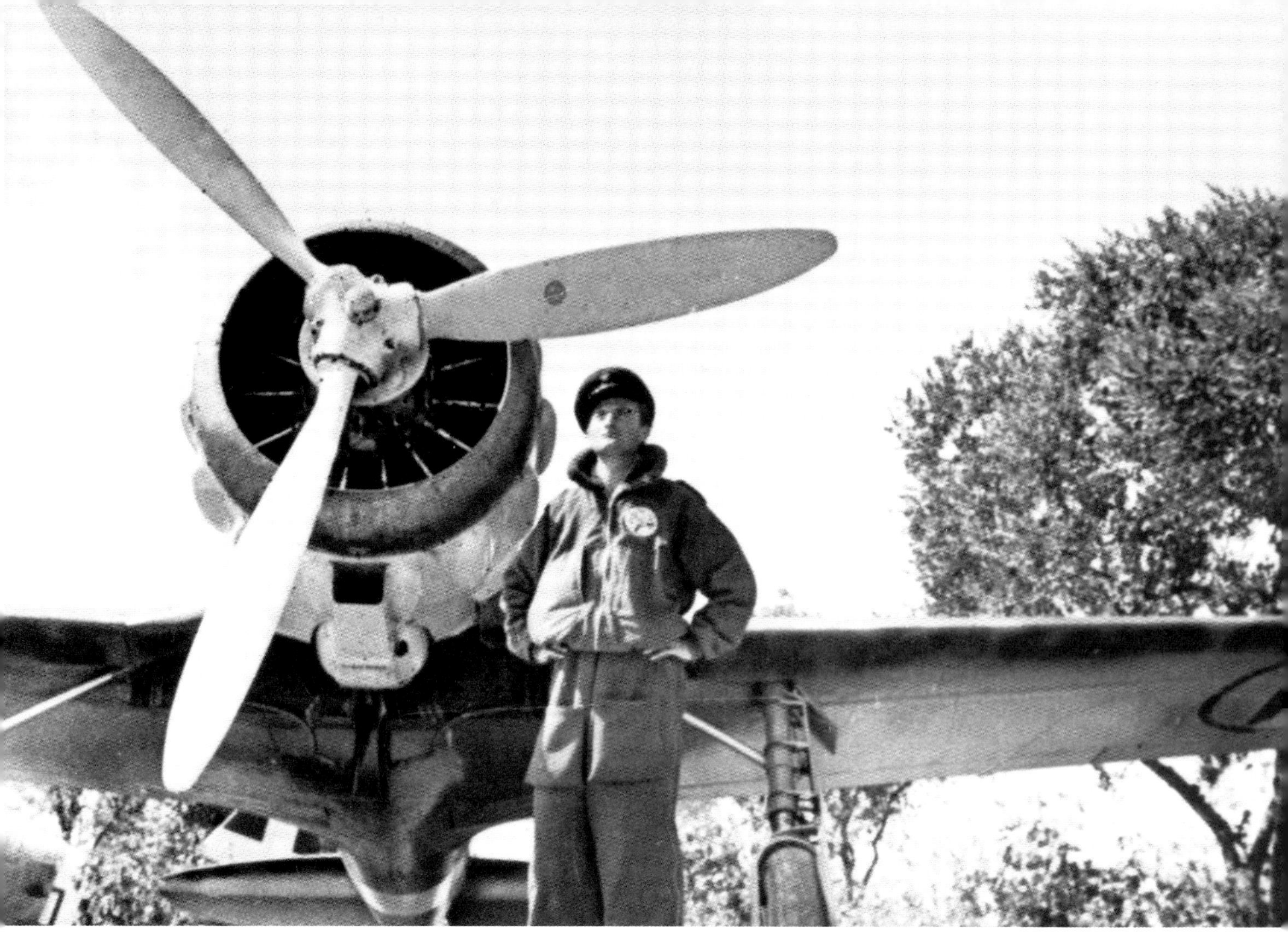

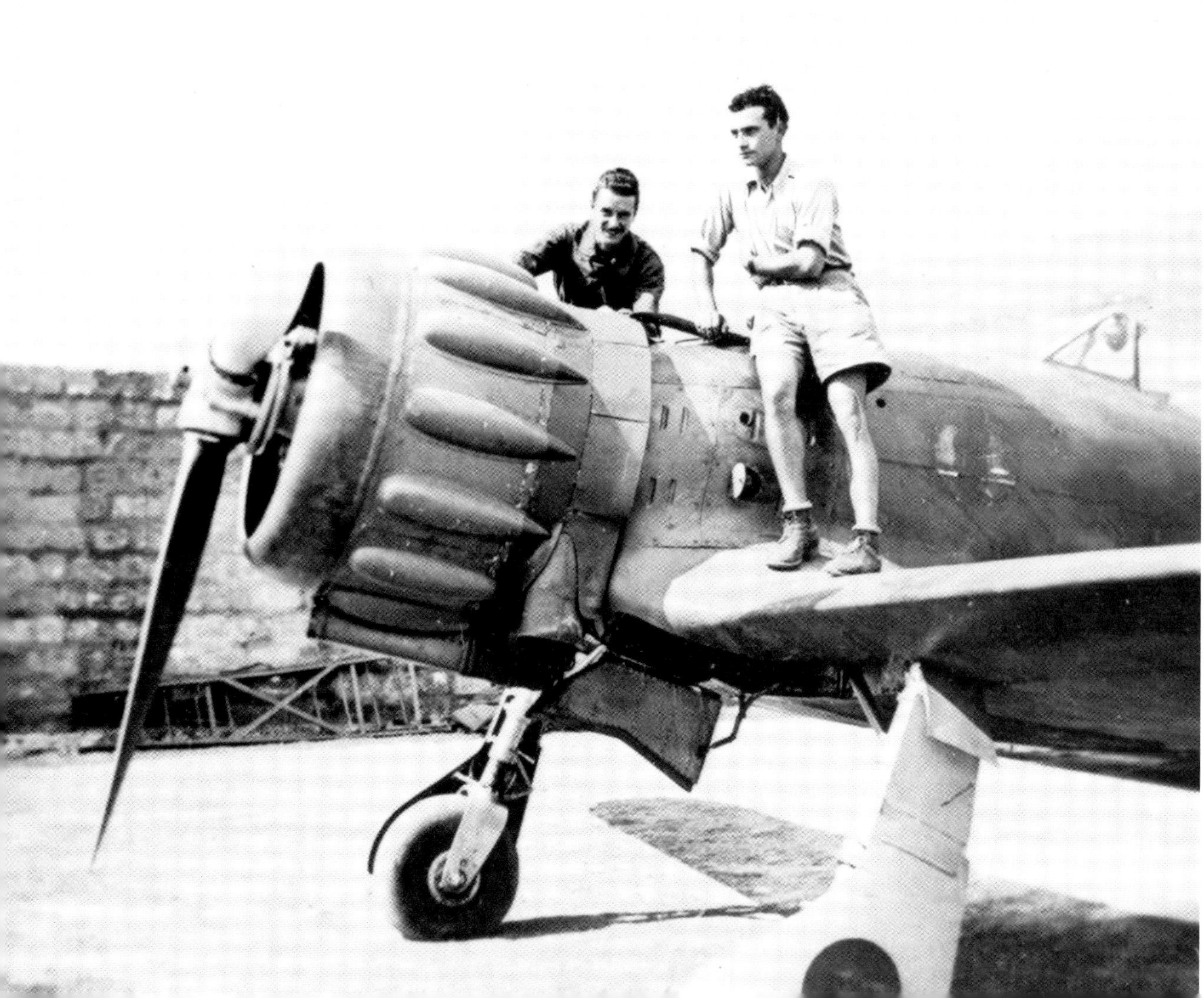

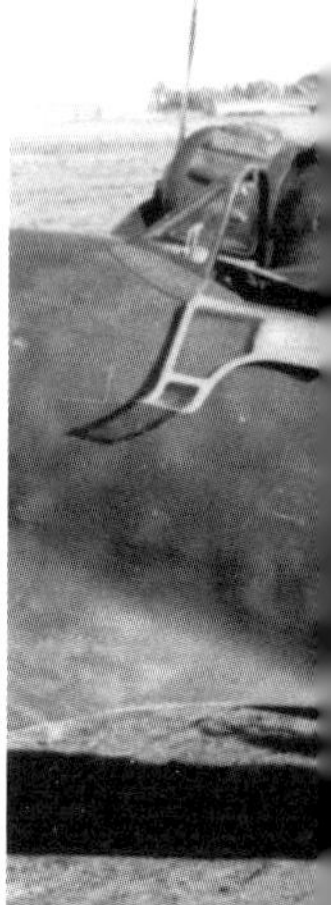

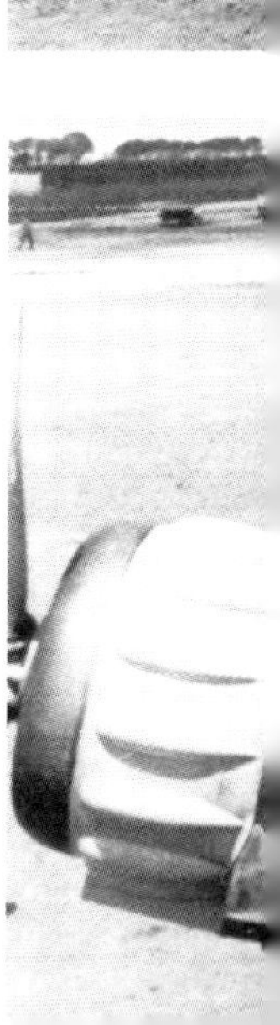

Pagina a fianco - in alto: Bel frontale di un Macchi MC.200 della 396ª Squadriglia (154° Gruppo Autonomo C.T.) ripreso sull'aeroporto di Brindisi. Il pilota in primo piano è il Tenente Luigi Matelli. (Foto L. Matelli)

Opposite page - top: A nice frontal shot of a Macchi MC.200 of the 396ª Squadriglia (154° Gruppo Aut. C.T.) taken at Brindisi. In the foreground is Flying Officer Luigi Matelli. (Photo L. Matelli)

Pagina a fianco - in basso: Aeroporto di Trapani "Milo". Specialisti Armieri del 23° Gruppo Aut. C.T. impegnati nella manutenzione delle armi di bordo per un Macchi MC.200 del reparto, al riparo di un paraschegge della base. (Foto A. Vigna)

Opposite page - bottom: Open air maintenance for two Armourers of the 23° Gruppo Aut. C.T. regarding an MC.200 at Trapani "Milo" shelter. (Photo A. Vigna)

In questa pagina - in alto: Uno dei "Saetta" basato in Grecia danneggiatosi all'ala destra e ad una pala dell'elica durante un difficoltoso atterraggio. (Photo C. Lucchini)

This page - top: One of the Greek-based 18° Gruppo "Lightnings" has suffered damage to the starboard wing and one of its propeller blades during a difficult landing. (Photo C. Lucchini)

In questa pagina - a sinistra: Macchi MC.200 della 372ª Squadriglia in piena attività operativa. (Foto A. M./Via E. Rosin)

This page - left: Line ups of MC.200s from the 372ª Squadriglia Aut. C.T. commanded by Flight Lieutenant Armando Farina, photographed at Brindisi during the winter of 1940-41. (Photo A. M./Via E. Rosin)

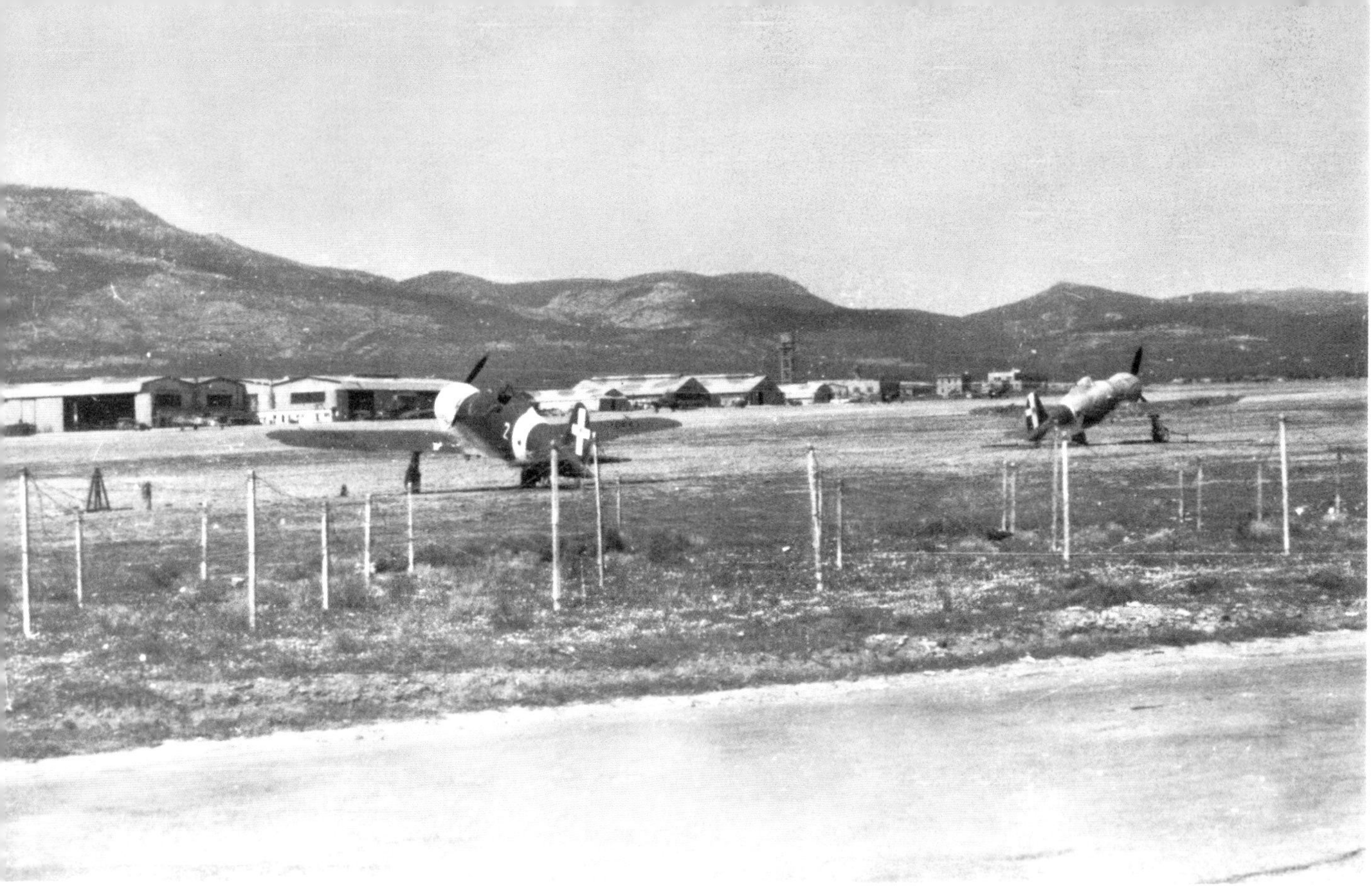
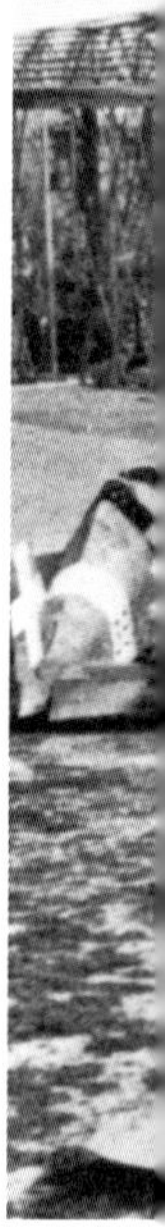
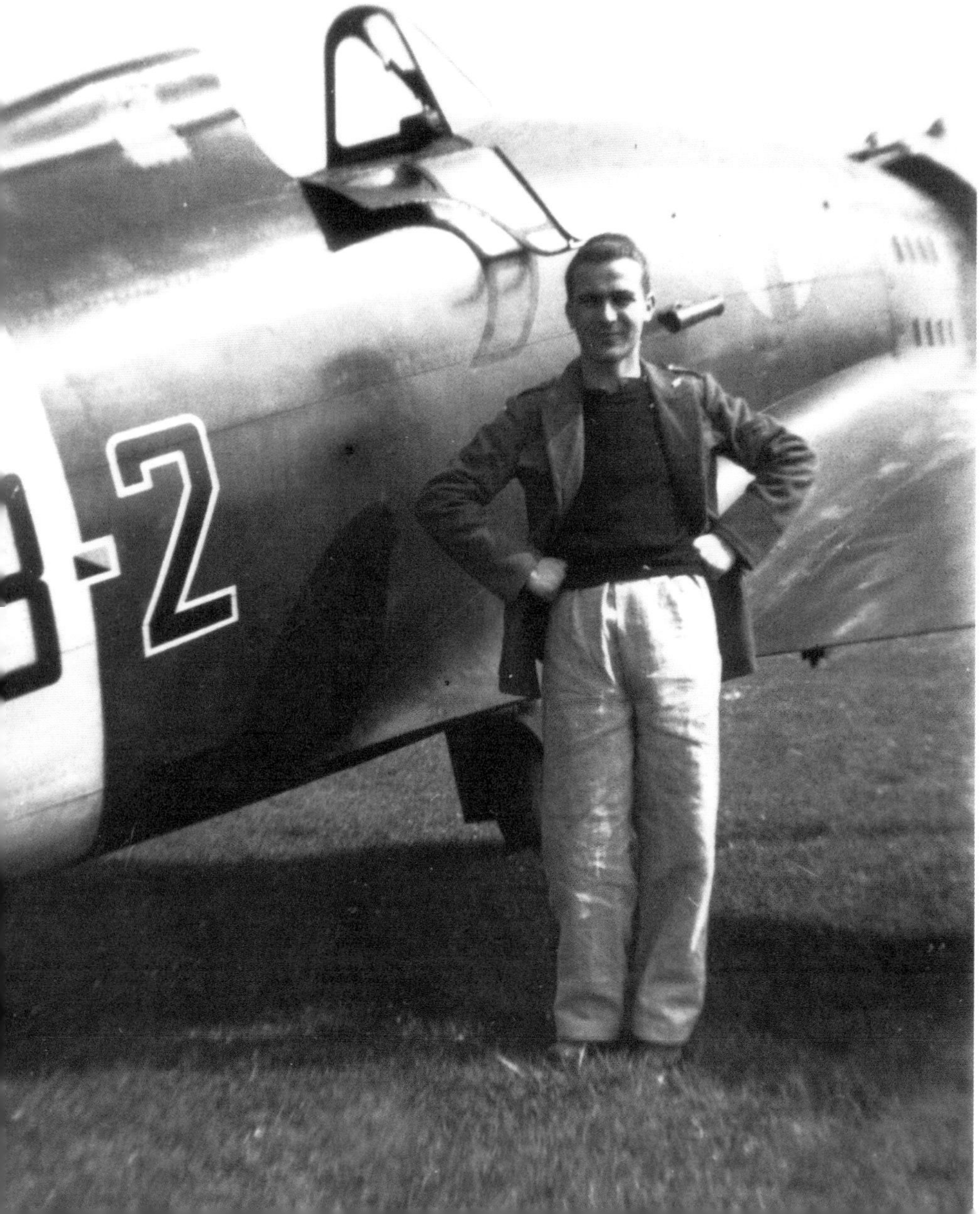
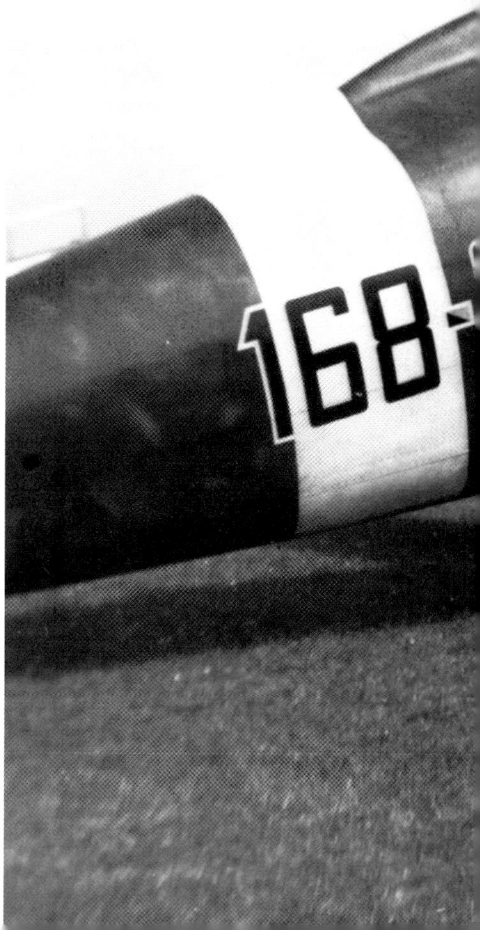

Pagina a fianco - in alto: Aeroporto di Tatoi (Atene): aprile 1942. Alcuni Macchi MC.200 della 95ª Squadriglia del 18° Gruppo Autonomo C.T. ripresi di là della recinzione del campo ellenico. L'unità italiana dimorò su questa base dal 13 gennaio al 15 aprile 1942, disimpegnando aero-cooperazione con unità tedesche, protezione di presidi militari, protezione navale e addestramenti alla finta caccia. L'83ª e l'85ª Squadriglia erano state invece distaccate ad Araxos, fin dal dicembre del 1941. (Foto C. Lucchini)

Opposite page - top: A few Macchi MC.200s of the 95ª Squadriglia (18° Gruppo Aut. C.T.) parked by the fence at Tatoi (Athens) airfield in April 1942. The 95ª was detached from the Greek airfield between the 23rd of January and the 15th of April 1942, performing air co-operation missions with Luftwaffe units, patrolling Italian garrisons, and training in air combat. The 18° Gruppo's 83ª and 85ª Squadriglia were, on the other hand, detached to Araxos from December 1941. (Photo C. Lucchini)

In questa pagina - in alto: Lo sfacelo dell'aeroporto di Castel Benito (Tripoli), così come fu trovato e fotografato dai reporters di guerra inglesi. Miseri resti di Macchi MC.200, FIAT CR.42 ed MC.202, tra i grovigli di hangar scheletriti, dopo la furia impetuosa degli attacchi aerei degli anglo-americani. (Foto C. Jones/Via C. Gori)

This page - top: The ruins of Castel Benito (Tripoli) airfield as found by British war reporters. Carcasses of Macchi MC.200s, MC.202s and FIAT CR.42s lie amid the skeletons of the hangars destroyed by heavy Anglo-American bombing. (Photo C. Jones/Via C. Gori)

Da sinistra: Un'interessante serie d'immagini di un Macchi MC.200 dalla livrea scura, in realtà un verde oliva, appartenente alla 168ª Squadriglia del 16° Gruppo (54° Stormo Caccia), il volenteroso reparto che operò ancora a lungo nell'area del Mediterraneo centrale e della Sicilia. (Foto C. Gori)

From left to right: A clean Macchi MC.200 wearing a dark green livery, and belonging to the 168ª Squadriglia (16° Gruppo/54° Stormo Caccia). This busy unit operated throughout the Central Mediterranean area and in Siciliy. (Photo C. Gori)

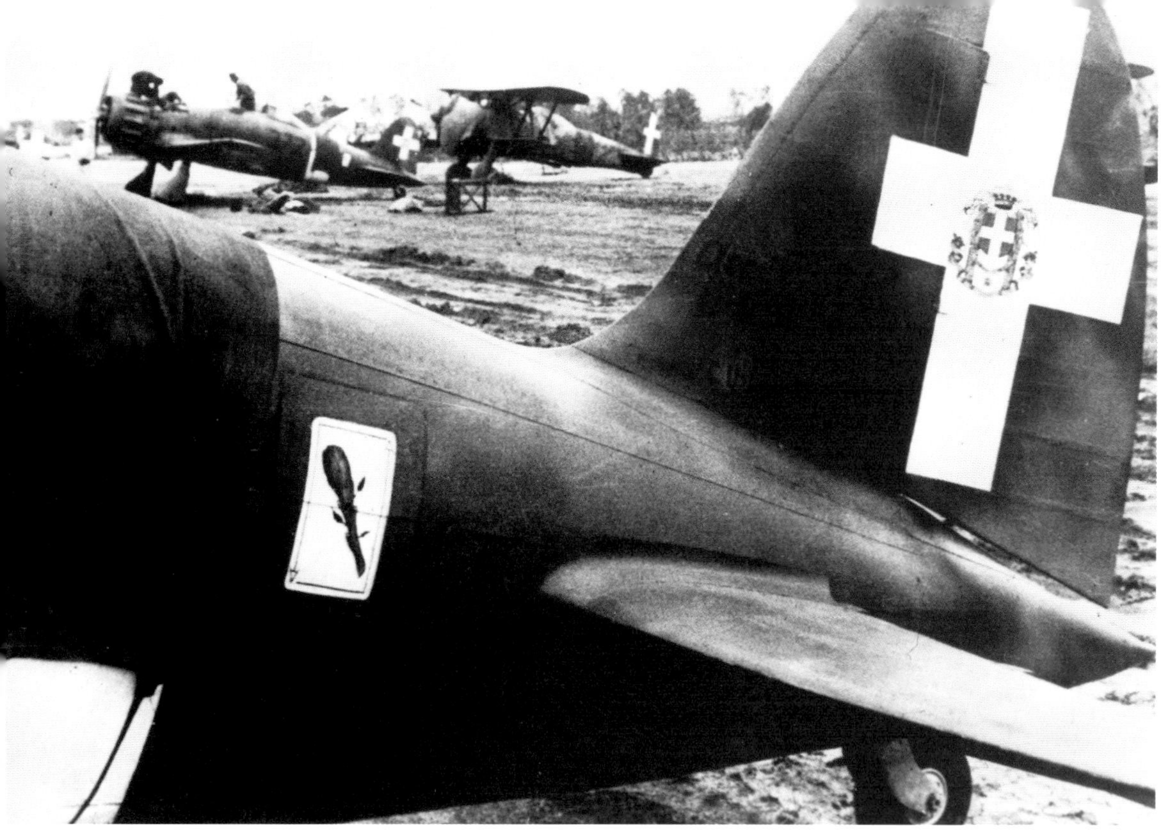

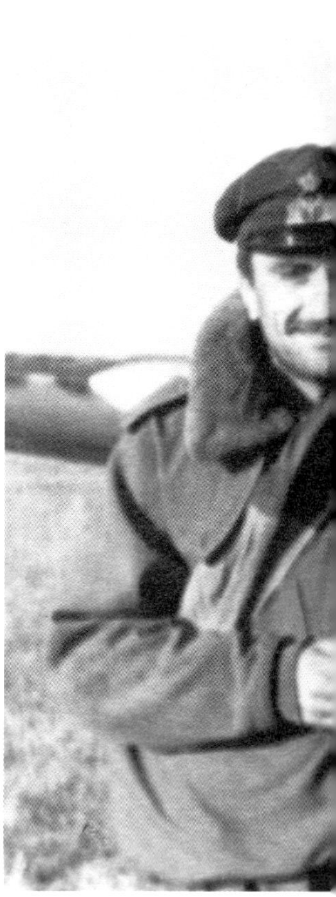

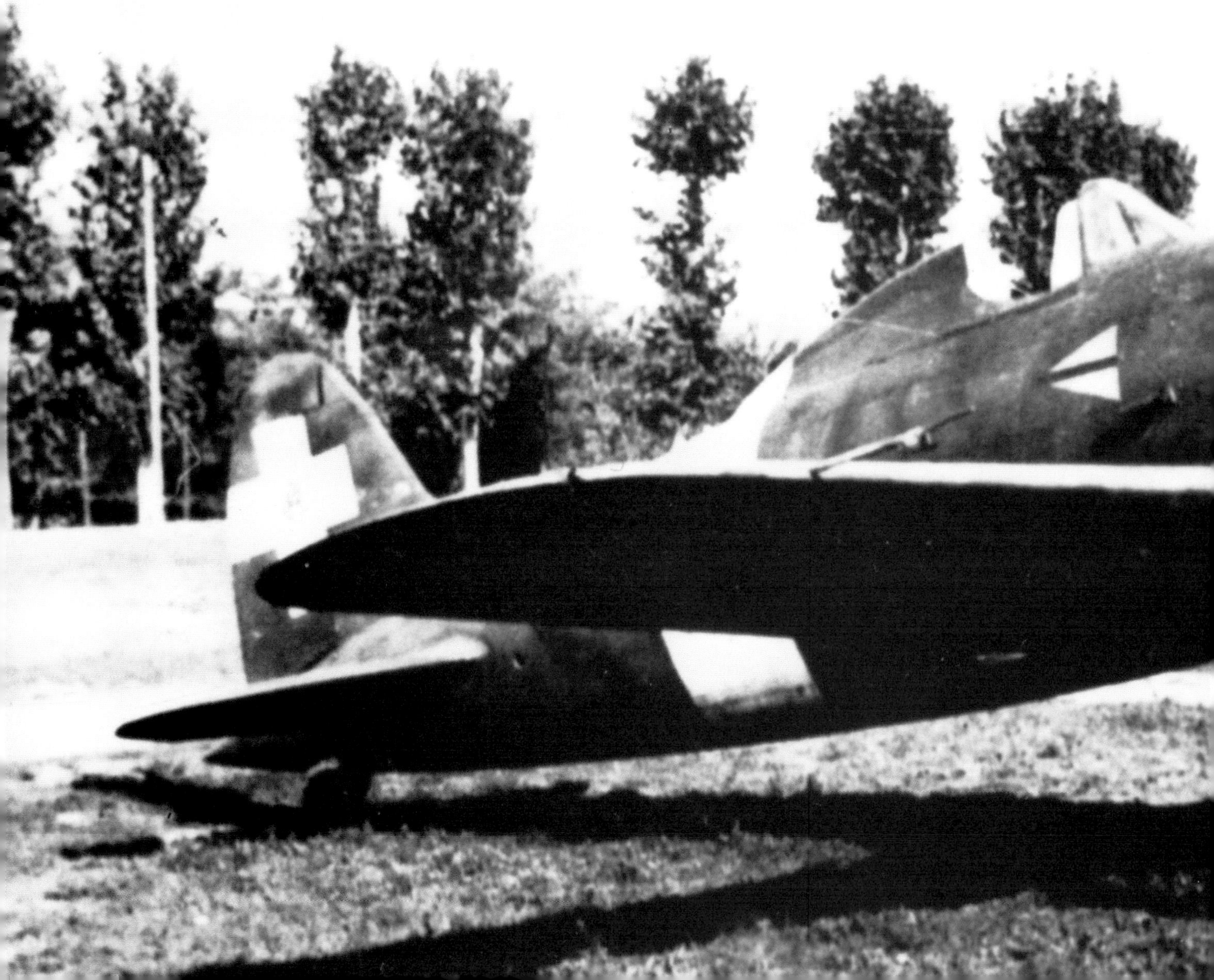

Pagina a fianco - in alto: Macchi MC.200 della 372ª Squadriglia, ormai riunita al completo con il 153º Gruppo del ricostituito 53º Stormo Caccia "Asso di Bastoni", ripresi sul campo di Santo Pietro di Caltagirone, dove il Comando di Stormo e il dipendente Gruppo si erano trasferiti fin dai primi di Settembre del 1942. (Foto A. M.)

Opposite page - top: Macchi MC.200s of the 372ª Squadriglia, by now incorporated into the 153º Gruppo C.T. of the re-formed 53º Stormo Caccia "Asso di Bastoni". The photograph was taken at Santo Pietro di Caltagirone, where the Command of the Wing and its dependent units were transferred in early September 1942. (Photo A. M.)

A sinistra: Tre Sottufficiali Piloti del 21º Gruppo Aut. C.T. ripresi innanzi ad un Macchi MC.200 in Russia. Da sx a dx: Serg. Magg. Evaristo Bernardini, Serg. Magg. Giacomo dell'Acqua, Serg. Magg. Oliviero Sologna. (Foto E. Bernardini)

Left: Three NCO pilots from the 21º Gruppo Autonomo C.T photographed in Russia. From left to right are Flight Sergeants Evaristo Bernardini, Giacomo Dell'Acqua and Oliviero Sologna. (Photo E. Bernardini)

In basso: Altri MC.200 ripresi su un campo Scuola del centro Italia. L'aereo in primo piano appartiene al Comandante d'unità, riconoscibile dal "guidoncino" applicato sulla fiancata anteriore di fusoliera. (Foto G. Di Giorgio)

Bottom: Macchi MC.200s photographed at the base of the Flying School in central Italy. The aircraft in the foreground carries the pennant of the Squadriglia Commander. (Photo G. Di Giorgio)

In alto: Macchi MC.200 della 98ª Squadriglia/7° Gruppo C.T./54° Stormo Caccia ripreso probabilmente a Sciacca. Il pilota sulla sinistra è il Serg. Maggiore Arnaldo Mauri, mentre al suo fianco uno specialista motorista dello stesso reparto. (Foto A. Mauri)

Top: Macchi MC.200s of the 98ª Squadriglia/7° Gruppo C.T./54° Stormo Caccia probably photographed at Sciacca. The pilot on the left is Flight Sergeant Arnaldo Mauri, with a mechanic engineer of the same unit. (Photo A. Mauri)

A sinistra: Interessante frontale di un Macchi MC.200 di probabile reparto schierato in Sicilia. (Foto A. Vigna)

Left: Interesting frontal for an MC.200 probably based in Sicily. (Photo A. Vigna)

Sopra: Difficoltoso atterraggio per un Macchi MC.200 di una Scuola di Volo. (Foto A. Vigna)

Above: Difficult landing for an MC.200 of a Flight School. (Photo A. Vigna)

Sotto: Macchi MC.200 della 356ª Squadriglia del 21° Gruppo Aut. C.T. ripreso su una base avanzata del fronte ucraino. Trattasi di un esemplare munito di bombe alari da 50 kg. Gli specialisti ripresi innanzi al velivolo hanno appena terminato le operazioni di rifornimento carburante, utilizzando le indistruttibili "Pompe Emanuel"! Poco adatti ormai al compito di caccia d'interdizione, i "Saetta" cercavano di assolvere, non senza fatica e difficoltà, il compito degli assaltatori, della scorta convogli (quelli presenti nell'area del Mediterraneo), della protezione alle truppe di terra, ma purtroppo in Russia, in mancanza d'altro, ancor prima che giungessero i pochissimi Macchi MC.202, dovettero affrontare anche il compito della caccia d'interdizione e dell'assalto, avendo spesso la peggio! (Foto A. M.)

Below: A Macchi MC.200 of the 356ª Squadriglia (21° Gruppo Autonomo C.T.) photographed at an advanced base in the Ukrainian theatre. This example is fitted with 50 kg underwing bombs. The ground crew has just finished the refuelling operation, laboriously completed using the "Emanuel" hand pump and fuel drums. Little suited to interceptor and attack missions, the Regia Aeronautica tried to utilise, not without difficulty, the MC.200 in assault, convoy escort in the Mediterranean area, and ground force support missions. However, even before the arrival in Russia of the few Macchi MC.202s, the older type still had to confront opposing fighter and fighter-bombers, often coming off worse. (Photo A. M.)

In alto a destra: Il Macchi MC.201 "prototipo", caratterizzato dalla mancanza della classica gobba, presente sul "Saetta". Fu un proseguimento costruttivo che non diede risultati concreti. (Foto A. M.)

Top right: The prototype Macchi MC.201, characterised by the lack of the classic hunchback of the "Lightning". The logical progression of the design did not enter production. (Photo A. M.)

Al centro: Macchi MC.200 della 93ª Squadriglia dell'8° Gruppo Autonomo in volo di scorta ad un S.79 della 257ª Squadriglia (fuori quadro), che ha simulato un bombardamento su unità navali in navigazione nell'Alto Tirreno. Siamo ormai nell'estate del 1943 e ai comandi di questo indistruttibile "Saetta" vi è il S. Tenente Pilota Adelmo Rigoli. (Foto A. Rigoli)

Centre: Taken from an S.79 of the 257ª Squadriglia A.S. this MC.200 is from the 93ª Squadriglia of the 8° Gruppo Aut. C.T. The "Lightning" had been escorting the S.79 during a practise attack on a warship under way in the Alto Tirreno. It is summer 1943 and at the controls of this indestructible MC.200 is Pilot Officer Adelmo Rigoli. (Photo A. Rigoli)

A sinistra: Attacco di caccia-bombardieri alleati sul campo di Reggio Calabria, dove vengono sorpresi, in perfetto allineamento, molti velivoli italiani e tedeschi, fra questi un buon numero di Macchi MC.200! (Foto I. W. M.)

Left: Allied fighter-bombers strafe the airfield at Reggio Calabria, catching an exposed line up of Italian aircraft, including many Mc.200s. (Photo I. W. M.)

In alto a destra: Altri Macchi MC.200 dell'attivissima 372ª Squadriglia (153° Gruppo/53° Stormo Caccia) "Asso di Bastoni" ripresi su un campo della Libia. Specialisti del reparto impegnati nel rifornimento carburante con l'onnipresente "Pompa Emanuel". (Foto A. M/Via C. Gori)

Top right: Another Macchi MC.200 of the 372ª Squadriglia (153° Gruppo C.T.) photographed on an Libyan airfield. Ground crew of the unit are refuelling the aircraft with the ever-present "Emanuel" hand pump. (Photo A. M./Via C. Gori)

Al centro e in basso: Aeroporto di Pisa: primavera del 1942: il Macchi MC.200 M.M.8191, dotato di un motore "Piaggio P.XIX" da 1.175 CV, di produzione Breda, ripreso in transito per Guidonia, dove effettuerà un ciclo di prove di volo, senza suscitare enormi entusiasmi nei valutatori, soprattutto perché stava per entrare in linea il più promettente Macchi MC.202 "Folgore", caccia di ben altra tempra! (Foto F. Bianchi)

Centre and bottom: A shot of the MC.200, M.M.8191, equipped with the Piaggio P.XIX, passing through Pisa on its way to Guidonia airport during the spring of 1942. The evaluation produced little enthusiasm for the version, as the more promising MC.202 "Folgore" (Thunderbolt) was entering production. (Photo F. Bianchi)

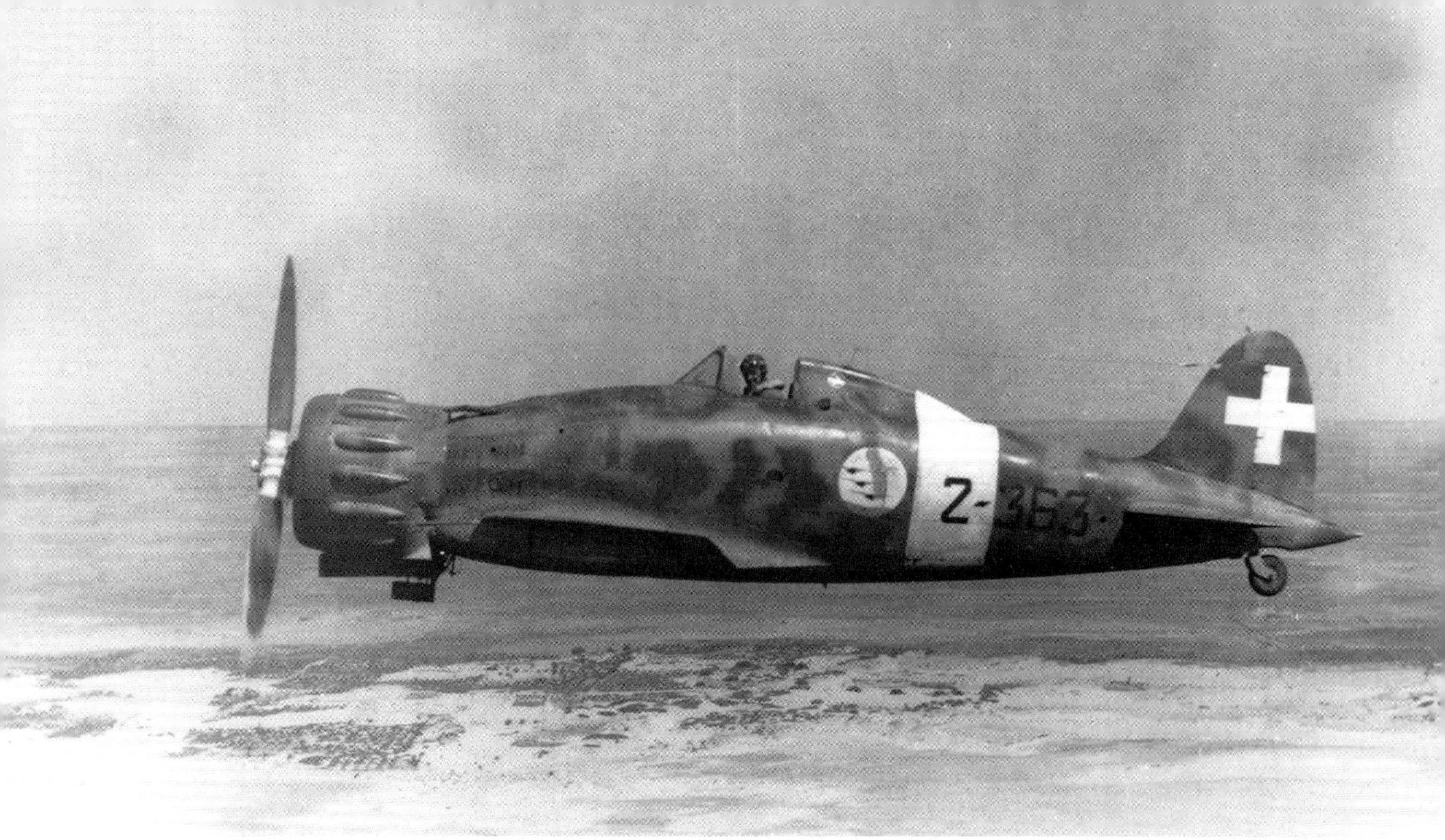
Z-

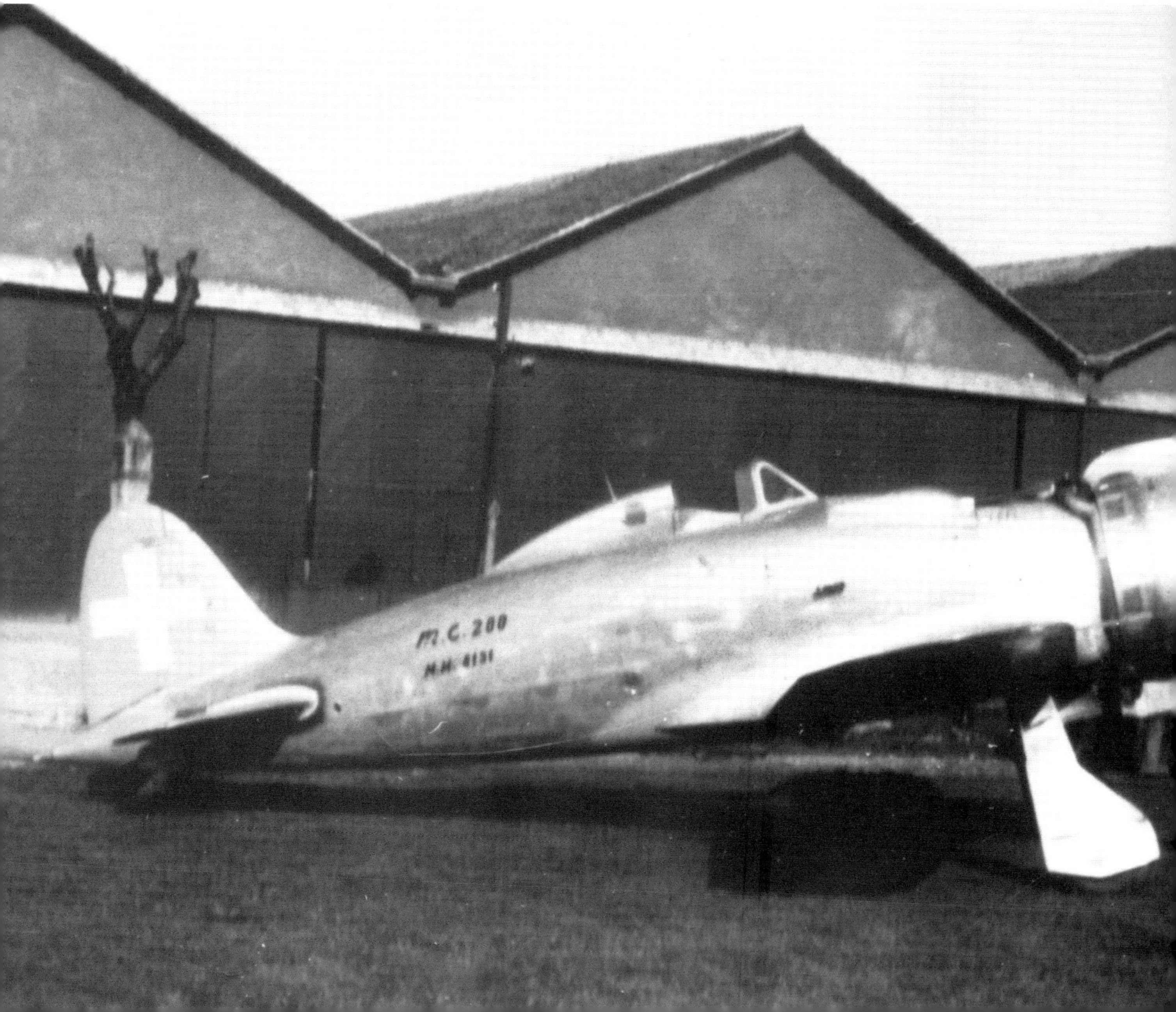
M.C. 200

Nella pagina a fianco - in alto: Interessante immagine di un Macchi MC.200 della 363ª Squadriglia/150° Gruppo Aut. C.T., detto anche il reparto di "Gigi tre Osei", in omaggio alla memoria del S. Tenente Pilota Luigi Canneppele, famoso "aliantista" olimpionico, che portava appuntato sul petto della sua tuta tre aquilette stilizzate. Fu dopo la sua morte che il Comando dell'unità adottò per insegna distintiva il simpatico emblema dello sfortunato pilota trentino. L'aereo sorvola a bassa quota il deserto marmarico. (Foto C. Gori)

Opposite page - top: A beautiful shot of a Macchi MC.200 from the 363ª Squadriglia (150° Gruppo Autonomo C.T.), known as the "Gigi Tre Osei", in the memory of Pilot Officer Luigi Canneppele, the celebrated Olympic glider pilot who always wore the three stylised eagle badge on his jacket. Following his death, the unit adopted as their own the personal emblem of the able pilot from the Trento region. The aircraft is flying low over the Marmaric desert! (Photo C. Gori)

Nella pagina a fianco - in basso: Il prototipo del Macchi MC.200 dotato di motore Piaggio P.XIX ripreso a Lonate Pozzolo. Spropositata la presa d'aria installata sulla cappottatura superiore del motore, che nel secondo esemplare appare sostanzialmente modificata. (Foto A. Ghizzardi)

Opposite page - bottom: The prototype of the Macchi MC.200 equipped with a Piaggio P.XIX engine, is photographed at Lonate Pozzolo. The air intake fitted above the cowling is very prominent, and this feature was substantially modified on the second example. (Photo A. Ghizzardi)

In alto: Isola di Pantelleria: inizio primavera del 1942. Raid Roma Ciampino-Tripoli, per il trasporto di Macchi MC.200 sul fronte africano, dove è iniziata la controffensiva dell'Asse. Guida la formazione dei "Saetta" il Capitano Pilota Ippolito Lalatta, qui ripreso con i piloti di reparti diversi, in sosta forzata sull'isola mediterranea. (Foto G. Ambrosio)

Top: Pantelleria island: early spring 1941. A batch of Macchi MC.200s is being ferried from Rome Ciampino to Tripoli, to support the latest Axis counter-offensive in North Africa. Leading the "Lightning" formation is Flight Lieutenant Ippolito Lalatta, seen here on the Mediterranean island with pilots from different units. (Photo G. Ambrosio)

CAPITOLO II
CHAPTER II

MACCHI MC.202 "Folgore"
MACCHI MC.202 "Thunderbolt"

Il Macchi MC.202 "Folgore"

Dopo circa due anni di guerra, con la Regia Aeronautica impegnata ormai su molteplici fronti, dentro e fuori i confini d'Italia, la situazione militare del nostro paese era notevolmente "critica"! L'Impero dell'Africa orientale era stato perduto, mentre sulle sabbie della Libia e su quelle dell'Egitto, si andava avanti e indietro, ora inseguiti, ora inseguendo, a seconda dell'andamento delle offese e delle contro-offese dell'Asse e delle Armate britanniche; un tira e molla che non ci prospettava nulla di positivo. Costante era solo lo stillicidio di uomini e mezzi, col sacrificio di tanti giovani aviatori.
I Macchi MC.200, insieme agli sconfortanti FIAT G.50 "bis" e agli arcaici FIAT CR.42, non riuscivano in alcun modo ad arginare lo strapotere dei nostri avversari, sempre più agguerriti, sempre più forti e numerosi, dotati di velivoli da caccia e da bombardamento degni di questo nome. Quanti lutti e rovine sui nostri campi di volo, quante battaglie perse nei cieli di guerra, quanta gioventù annullata nel volgere di drammatici istanti di lotta. Quante tragedie sul mare, sul quale invano si affannavano i nostri impotenti caccia incaricati della scorta-convogli, incapaci – purtroppo – di arginare l'abilità, l'audacia, talvolta anche la fortuna, dell'Aviazione e della Marina di Sua Maestà britannica!
Come fermare i pochi ma agguerriti Flight presenti sulle basi di Malta, sempre pronti, sempre abili, puntuali ad annullare la presenza, spesso massiccia, dell'aviazione italo-tedesca, grazie anche all'utilizzo del Radar e a quel congegno che in epoca più moderna abbiamo appreso come fosse stato in tanti casi determinante e sconvolgente? Come non sconfortarci nell'aver appreso, da poco meno di un ventennio, la

The Macchi MC.202 "Thunderbolt"

After two years of war, with the Regia Aeronautica involved on a multiplicity of fronts, both at home and abroad, the military situation of the Italian nation was decidedly catastrophic! The Empire in East Africa had been lost. While in the sands of Libya and Egypt, the tides of war ebbed and flowed, following the various offensive and counter-offensives launched by the Axis and the British Army. Hunter became hunter, and vice versa, and no positive outcome was in sight; the only constant was the unremitting loss of men and machines, with the sacrifice of many young airmen of both sides.
The Macchi MC.200, together with the unsatisfactory FIAT G.50 "bis" and the archaic FIAT CR.42, were never able to

presenza dell'Ultra Secret presso Bletchley Park, l'occhio occulto delle nostre disgrazie?

Con la presenza degli Hawker Hurricane Mk.1 & 2, quest'ultimi della versione "C", vale a dire armati con ben 4 cannoncini alari, del tipo "Hoerlikon" da 20 mm, gli scontri con i nostri modesti Macchi MC.200 e con i modestissimi FIAT CR.42, erano diventati delle autentiche quotidiane tragedie.

Sorretti dall'orgoglio e dalla disperazione e perché no, lo ripetiamo, soprattutto dall'utilizzo del Radar, i piloti della R.A.F. infliggevano pesanti sconfitte alle formazioni italiane, un po' meno a quelle tedesche, data la presenza, nelle file del X C.A.T., prima, e del II dopo, di ben altri tipi di aeroplani, come l'ottimo Bf 109F, ed in seguito la versione G.

L'Aermacchi di Varese, ditta italiana sempre di estrema serietà, non s'era fermata alla soluzione iniziale del Macchi MC.200, risultato ben presto inferiore all'Hurricane e al Curtiss P-40, tanto quello della versione "Tomahawk", che "Kittyhawk", perciò l'Ing. Mario Castoldi aveva continuato nell'impostazione e nello sviluppo di un caccia ancora più valido e più prestante.

Scartata l'idea di creare il Macchi MC.201, al quale era destinato un motore in linea, un FIAT A.76 da 1.000 CV, non ancora omologato, si tentò di usare lo stesso radiale del "200", con i risultati facilmente

match the fighters and bombers of the Allies, whose overwhelming military and industrial power was always increasing. The effort of the Italian pilots, valiantly struggling to make some impression on their adversary, were never but aggressive Flights based in Malta were always ready to cancel out the effort of Italian and German air forces, thanks above all to the use of a radar system, and to the ability to intercept Axis messages via the ULTRA decoding facility at Bletchley Park. The instrument that was believed to have made such a significant and decisive contribution to the outcome of so many battles.

With the introduction of the Hawker Hurricane Mk.I and II, the latter in its "C" version, heavily armed with four wing-mounted Oerlikon 20 mm cannons, the encounters with the modest Macchi MC.200 and outdated FIAT CR.42 became authentic daily tragedies. The RAF pilots inflicted heavy damage on the Italian formations, but slightly less on the Luftwaffe, as the latter force could count on the Messerschmitt Bf 109F (after G version) serving with the X C.A.T. and later II C.A.T.

Aermacchi of Varese, arguably the only serious Italian manufacturer of aircraft, had not stopped at the initial technical configuration of the MC.200 which quickly revealed itself as inferior to the Hur-

Lonate Pozzolo (Varese): estate del 1940. Il primo esemplare prototipo del Macchi MC.202 – M.M.445 – pronto per compiere i previsti voli di collaudo ai comandi di Guido Cartestiato. Evento che avverrà per la prima volta il 10 agosto dello stesso anno. (Foto Aermacchi/Via G. Apostolo)

The prototype Macchi MC.202 photographed at Lonate Pozzolo (Varese). The aircraft has yet to be painted, and awaits its first flight. (Photo Aermacchi/Via G. Apostolo)

Sopra: Vista posteriore dell'esemplare prototipo del Macchi MC.202 con mimetica standard e le insegne distintive della Regia Aeronautica. (Foto A. M.)

Above: The Macchi MC.202 prototype shot from the rear at Lonate Pozzolo, with standard camouflage and with Regia Aeronautica's insignias. (Pho-to A. M.)

In basso: Un'altra immagine dell'esemplare prototipo - M.M.445 - ripreso alla Malpensa durante l'estate del 1940. (Foto Aermacchi Via G. Apostolo)

Bottom: Another view of the Macchi MC.202 prototype – M.M.445 – shot at Malpensa in the summer 1940. (Photo Aermacchi/Via G. Apostolo)

immaginabili. Da qui la necessità di passare ad un modello nuovo, anzi due, il Macchi MC.202 ed il Macchi MC.204. A quest'ultimo, progetto ambizioso, era prevista l'installazione di un motore Isotta Fraschini "Asso" L.121, che non offrì grandi vantaggi, mentre il paventato L.122 pare addirittura che non ebbe alcuno sviluppo concreto. La FIAT propose allora un promettente lineare a 16 cilindri rovesciati, siglato A.38 da 1.200 CV, ma anche questa soluzione, avviata con buona volontà, naufragò ben presto nel nulla! A tal punto al Ministero della Regia Aeronautica non rimase altra scelta che orientarsi su un propulsore di

ricane and Curtiss P-40, especially in its Tomahawk and Kittyhawk version. Ing. Mario Castoldi continued to design and develop a more powerful and valid fighter. Having discarded the plan to create a Macchi MC.201, intended to be powered by a FIAT A.76 in line 1000 hp engine, which had yet to be certified. It was decided to try and use the same radial engine as the MC.200, with easily imaginable failure. The latter, an ambitious design, was based on the installation of an Isotta Fraschini "Asso" L.121 engine, which did not offer great advantages, while its development the L.122, seems to have had no

fabbricazione germanica, il famoso ed ottimo Daimler Benz DB 601 da 1.175 CV, presente già sui superbi ed ormai collaudati caccia della Luftwaffe.
La sigla di riferimento per il "DB" tedesco in Italia acquistò quella di "RA-1000", poi battezzato "Monsone", mentre la licenza di produzione fu appannaggio dell'Alfa Romeo, ma prima che la ditta italiana fosse in grado di produrre tali propulsori, i primi Daimler Benz DB 601 presenti in Italia furono acquistati direttamente dalla Germania, nel numero di 419 esemplari.
L'Alfa Romeo, creando, infatti – ex novo – uno stabilimento a Pomigliano d'Arco (Napoli), diede inizio all'assemblaggio di elementi tedeschi, riuscendo a concretizzare la prima consegna degli RA-1000 soltanto nel corso dell'estate del 1941, definiti propulsori di produzione "pre-serie", mentre quelli successivi, di serie, furono pronti nel 1942.
Il primo volo di collaudo del Macchi MC.202 – M.M.445 – avvenne a Lonate Pozzolo il 10 agosto 1940, ai comandi di un grande, abile pilota italiano, Guido Carestiato, il papà del futuro, magnifico e ben riuscito "Folgore".
Le valutazioni tecniche tratte da Carestiato fin dal primo volo di collaudo furono esaltanti e non si perse altro tempo prezioso

concrete development prospects. FIAT at the time was proposing a promising 16 cylinder inverted in-line engine, the 1,200 hp A.38, but soon, although offered in good faith, nothing was seen of the solution. At this point the Ministero of Regia Aeronautica was faced with no other solution that to turn to a German-designed engine, the excellent and famous 1,175 hp Daimler Benz DB 601, already well proven in the Luftwaffe's fighter aircraft.
The designation for the Italian-built DB 601 was "RA-1000", and the engine was later named "Monsone", licence production being contracted to Alfa Romeo. However, before the Italian company was able to launch series production of the engine, the first Daimler Benz DB 601 engine to arrive in Italy was bought directly in Germany, some 419 examples being purchased. Alfa Romeo, who to initiate assembly of German-supplied engines created from new a factory at Pomigliano d'Arco (Naples), were only able to deliver the first RA-1000 during summer 1941, these being classified pre-series engines. Deliveries of full production Italian-built RA-1000 commenced in 1942.
The first test flight of the Macchi MC.202 (M.M.445 – Serial Number) was on 10 August 1940 at Lonate Pozzolo. At the controls was Guido Carestiato, an able and accomplished Italian pilot who was destined to become the "father" of the "Folgore" programme. Carestiato's evaluation of the aircraft was so positive, even during the first flight, that no time was lost in sending the aircraft to the Centro Spe-

Sopra: Aeroporto di Gorizia: estate del 1941. Questo è uno dei primi Macchi MC.202 assegnati ad un reparto operativo della Regia Aeronautica, il 9° Gruppo C.T./4° Stormo Caccia. Esemplare della 97ª Squadriglia C.T. Durante i mesi di giugno e luglio dello stesso anno il Comando del 4° Stormo Caccia distaccava alcuni piloti e specialisti a Lonate Pozzolo, per iniziare la transizione sul velivolo. I primi tre esemplari giunsero a Gorizia alla fine del mese di giugno del 1941, portati in volo dal Cap. Pil. Larsimont Pergameni, dal Tenente Pil. Frigerio e dal M.llo Pil. Damiani. Notare la posizione del numero "97" in fusoliera (in nero) all'altezza della cabina di pilotaggio. (Foto C. Lucchini)

Above: Gorizia airfield: summer 1941: These are one of the first Macchi MC.202s assigned to an operational unit of the Regia Aeronautica, the 9° Gruppo C.T. of the 4° Stormo Caccia, example of the 97ª Squadriglia C.T. In June and July of the same year the Command of the Stormo detached several pilots and technicians to Lonate Pozzolo to commence transition onto the type. The first three examples arrived at Gorizia at the end of June 1941, flown by Flying Officer Larsimont Pergameni, Pilot Officer Frigerio and Warrant Officer Damiani. It's worth noting the position of the code number on the fuselage (black) near the cockpit. (Photo C. Lucchini)

In basso: L'elegante figura di un Macchi MC.202 con colorazione verde mimetico, muso probabilmente giallo, esemplare con M.M.7762, III Serie, produzione Aermacchi, del maggio 1941/aprile 1942. (Foto A. M.)

Bottom: The elegant figure of a Macchi MC.202 with green camouflage. Nose probably yellow, an example with Serial Number M.M.7762, III Series, production May 1941/April 1942. (Photo A. M.)

A destra: Aeroporto di Gorizia. Sezioni di Macchi MC.202 del 9° Gruppo C.T. schierate ai margini del campo. Ultimi preparativi prima della partenza per il Sud. (Foto A. Duma)

Right: A section of Macchi MC.202s from the 9° Gruppo C.T. parked at the edge of Gorizia airfield during final preparation for deployment to the South. (Photo A. Duma)

In basso: Una fitta linea dell'intero 9° Gruppo C.T. A Gorizia nel settembre del 1941. L'unità è già completamente riequipaggiata con i Macchi MC.202, aspettando l'ordine di raggiungere la zona d'operazioni. (Foto Arch. dell'Autore)

Bottom: A full line up of the entire 9° Gruppo C.T. at Gorizia in September 1941. The unit is now completely re-equipped with Macchi MC.202s, and awaits the order to deploy to the combat zone. (Photo Author's Archive)

per inviare il velivolo presso il Centro Sperimentale di Guidonia, per le necessarie accettazioni e valutazioni militari.

L'Ing. Mario Castoldi aveva creato una macchina dalla linea architettonica efficiente, ridisegnando di sana pianta la cellula del predecessore MC.200, allo scopo di offrire la possibilità d'installare il motore in linea, dando così all'aereo un profilo elegante e aerodinamicamente perfetto.

Per aumentare la produzione di quello che apparve subito uno dei più efficaci aerei da caccia italiani del momento, l'Aermacchi concesse la catena di montaggio del "202" anche alla ditta Breda e alla SAI Ambrosini. Il primo ordinativo, da parte della Regia Aeronautica, fu di ben 150 esemplari, costruiti fra il maggio del 1941 e l'aprile del 1942.

Primi reparti della Regia Aeronautica ad essere equipaggiati con i Macchi MC.202 "Folgore", furono il 1° ed il 4° Stormo C.T., schierati rispettivamente sull'aeroporto di Campoformido e Gorizia. Era il mese di

rimentale at Guidonia (Rome) for military acceptance trials and operational evaluation.

Ingegnere Mario Castoldi had created an aircraft with an efficient design architecture, sensibly developing the airframe of the preceding MC.200 to enable the installation of an in-line engine, while giving the aircraft an elegant and aerodynamically perfect profile. In order to increase production of what quickly proved to be one of the most efficient Italian fighters, Aermacchi licensed the establishment of production lines at the factories of Breda and S.A.I. Ambrosini. The first order of the Regia Aeronautica was for 150 examples, all built between May 1941 and April 1942.

maggio del 1941 quando le prime macchine furono prese in carico dal 17° Gruppo Caccia e poco più tardi dal 6° Gruppo Caccia, entrambi ovviamente del 1° Stormo C.T.

Nel mese di giugno del 1941 il 9° Gruppo C.T. (Comandante Ten. Col. Pil. Marco Plinio Paulello) del 4° Stormo Caccia riceveva i suoi primi esemplari, assegnandoli inizialmente alla 97ª Squadriglia del Cap. Pil. Larsimont Pergameni, i cui piloti si erano recati a Lonate Pozzolo, insieme con alcuni specialisti del reparto, per iniziare, gli uni e gli altri la prevista transizione e conoscenza del velivolo. Altri specialisti si portavano a Pomigliano d'Arco, motoristi e montatori soprattutto, per apprendere le necessarie nozioni con le componenti meccaniche del velivolo. Il 29 di luglio del 1941 i primi tre Macchi MC.202 della

The first units of the Regia Aeronautica to be issued the Macchi MC.202 "Thunderbolt" were the 1° and 4° Stormo, based respectively at Gorizia and Campoformido airfields (North-East of Italy). During May 1941 the 17° Gruppo Caccia took delivery of its first "Thunderbolt" followed by the 6° Gruppo Caccia, both these units being under the control of the 1° Stormo Caccia Terrestre.

During June 1941 the 9° Gruppo C.T. (Commanded by Ten. Col. Pil. Marco Plinio Paulello) of 4° Stormo Caccia received its first MC.202s, initially assigning them to the 97ª Squadriglia, commanded by Flight Lieutenant Larsimont Pergameni. The pilots of the Squadriglia were posted to Lonate Pozzolo for type transition, together with some technicians from the unit, who undertook type familiarisation with the manufacturer. Other mechanics were sent to Pomigliano d'Arco, mainly engine technicians and airframe engineers, to familiarise themselves with the mechanical parts and the engine system. On 29th July 1941 the first three Macchi MC.202s of the 97ª Squadriglia returned to Gorizia airfield. For the remainder of the summer, the unit trained intensively in its new mount, and deliveries brought the Gruppo up to full establishment. Once training on the new aircraft had been completed, on 27th September 1941 the entire 9° Gruppo C.T.,

In alto: Un frontale dell'elegante figura di un Macchi MC.202 del 9° Gruppo C.T., al Comando del Ten. Col. Pil. Marco Minio Paulello, fotografato a Gorizia durante l'estate del 1941. La tenuta mimetica è quella utilizzata nel primo periodo presso le officine Aermacchi: superfici superiori e laterali in verde oliva scuro, con distribuzione di chiazze in nocciola chiaro. Le superfici inferiori erano invece in grigio azzurro chiaro. (Foto A. Duma)

Top: A frontal view of the elegant MC.202 of the Squadron Leader Marco Minio Paulello (9° Gruppo C.T.), photographed at Gorizia in summer 1941. The colour-scheme is one of the early styles used by Aermacchi, featuring dark olive green upper surfaces covered in clear nut (in Italian "nocciola") – blotches. The undersurfaces are finished in clear blue grey. (Photo A. Duma)

93

In questa pagina: Tre particolari ravvicinati per un Macchi MC.202 della 73ª Squadriglia/9° Gruppo C.T./4° Stormo Caccia. (Foto C. Lucchini)

This page: Three close ups of a Macchi MC.202 of the 73ª Squadriglia (9° Gruppo Caccia), 4° Stormo C.T. (Photo C. Lucchini)

97ª Squadriglia atterravano a Gorizia.

Per tutta l'estate di quell'anno l'addestramento dei piloti e degli specialisti sulla nuova macchina fu pressante e continuo, mentre l'intero 9° Gruppo C.T. andava completando la sua consistenza di linea.

Concluso l'addestramento sul nuovo velivolo, il 27 settembre del 1941 il 9° Gruppo C.T., accompagnato dal Comandante del 4° Stormo Caccia, Ten. Col. Pil. Eugenio Leotta, e dal Comandante di Gruppo e dei Comandanti delle tre Squadriglie (73ª, 96ª, 97ª), lasciava al completo l'aeroporto di Gorizia, per puntare al Sud, chiaro segno della sua attività di guerra sul fronte del Mediterraneo centrale e particolarmente su Malta. Fermatosi al completo sull'aeroporto di Ciampino, il giorno 9 settembre il reparto veniva passato in rassegna dal Capo del Governo, Benito Mussolini, che si fermò a conversare con il Comandante e con gli uomini del "nono", non senza aver espresso il desiderio di visitare l'interno cabina di uno dei Macchi MC.202.

Dopo la festosa rassegna, il 9° Gruppo C.T. decollava compatto per il Sud, eseguendo un passaggio di saluto, in formazione, sul campo romano; poi effettuava uno scalo tecnico a Napoli Capodichino e da qui, in un sol balzo, raggiungeva un aeroporto del

under the commander of the 4° Stormo Caccia, Wing Commander Eugenio Leotta, with the Squadron Leader of the 9° Gruppo C.T. and the Commanders of three Squadriglie (73ª, 96ª, 97ª), left Gorizia airfield and flew south to Sicily, more specifically to Còmiso airfield. This move placed the unit at the centre of operations over the central Mediterranean, and especially

In alto: Aeroporto di Gorizia: 27 settembre 1941. Tipico schieramento a "V" dei Macchi MC.202 del 9° Gruppo C.T. per l'imminente decollo. Primo scalo tecnico l'aeroporto di Ciampino (Roma). (Foto Arch. dell'Autore)

Top: The 9° Gruppo C.T. is preparing to depart en masse in "V" formation from Gorizia on the 27th of September 1941: first stop will be Ciampino airfield. (Photo Author's Archive)

In basso: Aeroporto di Ciampino: 29 settembre 1941. Benito Mussolini, accompagnato dal Capo di Stato Maggiore Gen. S. A. Francesco Pricolo e da alti Ufficiali della Regia Aeronautica, passa in rassegna lo schieramento dei fiammanti Macchi MC.202 del 9° Gruppo C.T., fermandosi innanzi ai Comandanti delle unità. In uniforme e in tuta da volo, sulla sinistra del Duce, il Ten. Col. Pil. Eugenio Leotta ed il Ten. Col. Pil. Marco Minio Paulello, l'uno Com.te del 4° Stormo Caccia, l'altro del 9° Gruppo C.T. (Foto A. Duma)

Bottom: The Macchi MC.202s of the 9° Gruppo C.T. are being inspected by Benito Mussolini at Ciampino on the 29th of September 1941. Mussolini is accompanied by the Regia Aeronautica Capo di Stato Maggiore (Chief of Staff), Air Marshall Francesco Pricolo, and some officers from his staff. Wearing uniform and the flying suits, alongside their MC.202, are the Commander of the 4° Stormo C.T., Wing Commander Eugenio Leotta and Wing Commander Marco Minio Paulello, Squadron Leader of 9° Gruppo C.T. (Photo A. Duma)

ragusano: Còmiso, nella splendida Sicilia.
Il battesimo del fuoco per il Macchi MC.202 spettava, fatalmente, come era da prevedersi, al 9° Gruppo C.T., che il 30 settembre 1941 sollecitava, nel pomeriggio, una partenza su allarme reale per tre velivoli della 97ª Squadriglia, per rintuzzare l'attacco di cinque Hurricane Mk.IIc del Fighter Squadron 185, provenienti dalla base maltese di Hal Far, scortati da altri sei velivoli della stessa unità, rimasti in quota di copertura. Fu il Macchi MC.202 del Ten. Pilota Jacopo Frigerio ad intercettare ed abbattere uno degli incursori, l'aereo contrassegnato con il Serial Number Z5265, pilotato dal Pilot Officer D.W. Lintern che fu costretto a lanciarsi lungo la rotta di rientro, scendendo a Nord dell'isolotto di

over Malta. During a transit stop at Roma Ciampino airfield, on 29th September, the unit was received by the Head of Government, Benito Mussolini, who stopped to talk with the commander, and asked to inspect the cockpit of an MC.202. After this celebratory review, the unit departed as a single element, and flew a formation flypast over the Roma airfield. The 9° Gruppo flew on to Naples Capodichino, from where they flew in one hop to Còmiso, near Ragusa, in the splendid Sicily. The baptism of fire for the Macchi MC.202 inevitably arrived for the 9° Gruppo C.T. on the 30th of September 1941. During the afternoon, three aircraft of the 97ª Squadriglia C.T. were scrambled to intercept an attack by five Hurricane IIcs

In alto: L'arrivo a Gorizia di un nuovo Macchi MC.202 per il 4° Stormo Caccia. (Foto A. Duma)

Top: The arrival at Gorizia for another MC.202 assigned to 4° Stormo Caccia. (Photo A. Duma)

In basso: La possente ed elegante linea del Macchi MC.202, un velivolo da caccia finalmente degno di questo nome per la Regia Aeronautica, anche se ancora scarsamente armato, data la presenza delle due solite mitragliatrici in caccia, sincronizzate, sparanti attraverso il cerchio dell'elica, le pur affidabilissime Breda Avio Modello SAFAT cal. 12,7 mm. Dalla VII Serie in poi il "Folgore" fu dotato di due mitragliatrici similari, ma di calibro inferiore – 7,7 mm – installate sulle ali, con tiro fuori del cerchio descritto dall'elica. (Foto A. M.)

Bottom: The imposing and elegant lines of the Macchi MC.202, the type which finally offered the Regia Aeronautica a capable fighter, albeit hampered by the sparse armament comprising two Breda Avio Model SAFAT 12.7 mm machine guns firing through the propeller disk. From the VII production series, "Thunderbolts" were equipped with an additional two similar guns, but of 7.7 mm calibre mounted in the wing, and firing outside the propeller disk. (Photo A. M.)

Gozo. Poco più tardi, al largo di Capo Scalambri, altra vittoria italiana, quando furono gli inglesi di Malta ad attaccare un nostro Cant-Z 506S "Sanitario", inviato sul tratto di mare ove si presumeva si fosse lanciato il S. Tenente Lintern. Ma i Macchi MC.202 di scorta del 9° Gruppo C.T. dovettero intervenire per contro-attaccare altri cinque Hurricane IIc, sempre dello stesso Squadron 185, incaricati della scorta di un Fulmar del Rescue Flight di Kalafrana, ai comandi del Lt. Eyres e del Sub/Lt. Furlong, inviato per localizzare il loro compagno abbattuto dagli italiani. A colpire il Fulmar inglese furono il Tenente Pilota Luigi Tessari ed il Serg. Pilota Raffaello Novelli.

Il giorno dopo altra trionfale vittoria per i piloti del 9° Gruppo C.T. nei confronti degli

of 185 (Fighter) Squadron, inbound from the Maltese base of Hal Far, with another six aircraft of the same type flying top cover. The Macchi MC.202 of Flying Officer Jacopo Frigerio intercepted and downed one of attackers, Hurricane Z5265 flown by Pilot Officer D.W. Lintern who bailed out on the return leg, just north of the Island of Gozo. A little later, over the bay of Capo Scalambri (Sicily), the British from Malta attacked an Italian Cant-Z 506S "Sanitario" (rescue/ambulance seaplane) which had been dispatched to the area where Pilot Officer Lintern had been seen to go down. The escorting Macchi MC.202s of the 9° Gruppo C.T. had to intervene in defence of the Cant-Z 506 under attack from another five Hurricanes of 185th Squadron, which

avversari maltesi. Era il tardo mattino, per l'appunto del 1° ottobre 1941, quando sette Macchi MC.202 del reparto di Leotta, guidati in volo dal Cap. Pilota Mario Pluda, si presentarono sulla verticale dell'isola di Malta, per "stuzzicare" l'orgoglio britannico. Erano le 11.15 quando otto Hurricane IIc, appartenenti ancora una volta al Fighter Squadron 185, decollavano su "scramble" dalla base di Hal Far, per intercettare i nostri Macchi MC.202 a 24.000 piedi. Scontro rabbioso e nuova vittoria italiana. A circa trenta miglia a Nord-Est dell'isola, dove si era sviluppato lo scontro, veniva colpito, precipitando in fiamme, l'Hurricane IIc del Comandante l'unità inglese, lo Squadron Leader F.B. "Baby" Mould, un pilota pluridecorato. Gli inglesi, a loro volta, colpirono uno dei serbatoi del Macchi MC.202 del Cap. Carlos Ivaldi che fu costretto a compiere un fortunoso atterraggio sulla spiaggia di Pozzallo, località del ragusano.

Ai Macchi MC.202 del 1° Stormo C.T. toccò invece il fronte dell'Africa settentrionale. I primi esemplari del 17° Gruppo C.T. giunsero in Libia nel mese di ottobre del 1941, mentre il 6° Gruppo C.T. completò lo schieramento del reparto dell'Incocca – Tende – Scaglia (il famoso emblema del 1° Stormo C.T.), nel successivo mese di novembre.

were escorting a Fulmar of the Kalafrana Rescue Flight, flown by Lieutenant Eyre and Sub/Lieutenant Furlong, itself tasked with the identical mission as the Z.506. The British Fulmar was shot down by Flying Officer Luigi Tessari and Sergeant Raffaello Novelli.
On the following day, the pilot of the 9° Gruppo Caccia archived another victory over their "Maltese" adversaries. It was late on of the morning of the 1st of October 1941, when a flight of seven Macchi MC.202s of the unit, led by Flight Lieutenant Mario Pluda, arrived overhead Malta, intent on disturbing the British phlegm. At 11.50 eight Hurricane IIcs of 185th Squadron scrambled to intercept the Macchis at 24.000 feet. A bitter dogfight ensued, which brought a new Italian victory. About thirty miles north east of the island, where the combat had developed, the Hurricane of the Unit Commander, Squadron Leader P.W. "Baby" Mould, a highly decorated pilot, was hit, and went down in flames. The British hit the fuel tank of the Macchi MC.202 flown by Flight Lieutenant Carlo Ivaldi, who completed a successful forced landing on the beach of Pozzallo, near Ragusa. The Macchi MC.202 of the 1° Stormo C.T. operated, on the contrary, over the North

Sotto: La sede operativa per i primi Macchi MC.202 del 9° Gruppo C.T. fu l'aeroporto di Còmiso. Nell'immagine un esemplare del reparto al riparo di un paraschegge... "made Sicilia", costruiti con blocchi forati fatti di ghiaia e cemento o di tufo, tuttora presenti in qualche vecchia base di guerra siciliana! (Foto Arch. dell'Autore)

Below: The operational base of the first Macchi MC.202s of the 9° Gruppo C.T. was Còmiso airfield. The photograph shows one of the unit's aircraft parked in the airfield blast pens, constructed from blocks made from gravel and cement. These pens are still visible today on some former Sicilian airfields. (Photo Author's Archive)

In alto: Il Sergente W. D. Greenhalgh, pilota del 126 Fighter Squadron, dalla faccia impaurita, in mezzo ai suoi catturatori, interrogato con l'aiuto di un Aviere interprete, dal Gen. D. A. Renato Mazzucco, Comandante dell'Aeronautica della Sicilia! (Foto Archivio dell'Autore)

Top: Sergeant W. S. Greenhaalgh, pilot of the 126 (Fighter) Squadron, with a frightened face, among his captors, under interrogation from General Renato Mazzucco, Commander of Aeronautica della Sicilia, with the help of an interpreter airman! (Photo Author's Archive)

In basso: Aeroporto di Còmiso: 24 novembre 1941. Durante un attacco a bassa quota da parte di cinque Hurricane Mk.1 del 126 Fighter Squadron, l'aereo del Sergente W. D. Greenhalgh (Z2491 – HA-D) era costretto ad un forzato atterraggio. Hurricane danneggiato, pilota prigioniero. Un Macchi MC.202 del 9° Gruppo Caccia si posiziona immediatamente dietro. (Foto C. Gori)

Bottom: Còmiso airfield: 24th of November 1941, and during a low level attack on the Sicilian airfield by five Hurricane Mk.1s of 126 (Fighter) Squadron, the aircraft of Sergeant W. D. Greenhalgh (Z2491 – HA-D) was brought down; he crash landed and became a prisoner. An MC.202 of the 9° Gruppo C.T. is immediately behind it! (Photo C. Gori)

Seguirono le assegnazioni di Macchi MC.202 al 3° e al 51° Stormo C.T., concretizzatesi nella primavera del 1942.
Anche per i "Folgore" i campi di lotta furono numerosi. Oltre ad operare sul territorio metropolitano, furono presenti sui campi dell'Egeo e delle nostre isole più importanti, Sicilia e Sardegna, poi finanche, sia pure in numero limitato, sul fronte ucraino, in seno al 21° Gruppo Autonomo C.T., per poi essere, insieme ai "205", gli ultimi difensori dei cieli italiani durante la tragica estate del 1943.
Ma al di là di questa data finirono per essere presenti, dopo il fatidico 8 settembre 1943, nelle due diverse Aviazioni italiane, quella del Sud, cobelligerante con gli Alleati e quella del Nord, in seno all'Aeronautica Nazionale Repubblicana.

Africa front. The first examples from the 17° Gruppo C.T. arrived in Libya during October 1941, while the 6° Gruppo C.T. completed the deployment of the "Incocca" - Tende - Scaglia (famous badge of 1° Stormo C.T.) in Libya during the following November. Other units to receive the Macchi MC.202 were the 3° and 51° Stormo C.T., which were re-equipped by spring-summer 1942. The Macchi MC.202s "Thunderbolt" operated over many fronts. Besides defending home territory, they flew over the Aegean and over the major Italian islands (Sicily and Sardinia), and while serving with the 21° Gruppo Autonomo C.T., a limited number fought on the Ukrainian front. Later, together with the MC.205, they were the final defenders of the Italian skies during the tragic summer of 1943. After the chaos of the Armistice of the 8th of September 1943, the surviving MC.202s flew both with the Co-Belligerent Regia Aeronautica in the South and with the Aeronautica Nazionale Repubblicana in the North.

In alto a sinistra: Un cacciatore del 1° Stormo C.T. viene salutato da due piloti della Luftwaffe, prima di decollare per una missione di guerra a bordo di un Macchi MC.202. (Foto Bunderarchiv/Via C. Shores)

Top left: A fighter of the 1° Stormo C.T. is greeted by two Luftwaffe pilots before taking off for a war mission with a Macchi MC.202. (Photo Bundesarchiv/Via C. Shores)

In alto a destra: Uno specialista italiano dipinge sulla deriva di un Macchi MC.202 le sagome di due velivoli avversari abbattuti dai cacciatori della Regia Aeronautica. Talvolta, in quel tempo... "sognare" non era un peccato! (Foto Archivio dell'Autore)

Top right: An Italian member of the ground crew paints on the rudder of the Macchi MC.202 the silhouettes of two enemy aircraft shot down by the fighters of the Regia Aeronautica. Sometimes, at that time... "to dream" was not a fault! (Photo Author's Archive)

In alto e al centro: Autunno del 1941: Macchi MC.202 del 9° Gruppo C.T. al riparo dei soliti muretti paraschegge, completate da reti mimetiche per nasconderli all'osservazione aerea della RAF... un'iniziativa superflua, data la presenza dell'Ultra Secret britannico! Il 4° Stormo C.T. perderà il proprio Comandante su Malta alla data del 25 ottobre 1941, Ten. Col. Pil. Eugenio Leotta, abbattuto dal Sergeant Hunton del combattivo 185° Squadron. All'eroico Ufficiale italiano sarà conferita la Medaglia d'Oro al V. M. alla "memoria". In questo primo ciclo su Malta il reparto perse 4 piloti ed altrettanti MC.202. (Foto A. Duma)

Top and centre: Macchi MC.202s of the 9° Gruppo C.T. in their shelters at Còmiso in autumn of 1941, complete with camouflage netting hiding the Folgore from the prying eyes of the RAF... reconnaissance missions! The 4° Stormo Caccia lost its Wing Commander Eugenio Leotta over Malta on the 25th of October 1941, shot down by Sergeant Hunton of the aggressive 185th Squadron. The Italian officer was posthumously awarded the Medaglia d'Oro (Gold Medal). During this first cycle over Malta the 9° Gruppo C.T. lost four pilots and as many MC.202s. (Photo A. Duma)

Reparti della Regia Aeronautica equipaggiati con Macchi MC.202 "Folgore"

Units of the Regia Aeronautica equipped with the Macchi MC.202 "Thunderbolt"

1941
1° Stormo C.T.
6° Gruppo (79ª, 81ª, 88ª Squadriglia)
17° Gruppo (71ª, 72ª, 80ª Squadriglia)

4° Stormo C.T.
9° Gruppo (73ª, 96ª, 97ª Squadriglia)
10° Gruppo (84ª, 90ª, 91ª Squadriglia)

1942
1° Stormo C.T.
6° Gruppo (79ª, 81ª, 88ª Squadriglia)
17° Gruppo (71ª, 72ª, 80ª Squadriglia)

2° Stormo C.T.
13° Gruppo (77ª, 78ª, 82ª Squadriglia)

3° Stormo C.T.
18° Gruppo (83ª, 85ª, 95ª Squadriglia)
23° Gruppo (70ª, 74ª, 75ª Squadriglia)

51° Stormo C.T.
20° Gruppo (151ª, 352ª, 353ª Squadriglia)
155° Gruppo (351ª, 360ª, 378ª Squadriglia)

54° Gruppo C.T.
7° Gruppo (76ª, 86ª, 98ª Squadriglia)
16° Gruppo (167ª, 168ª, 169ª Squadriglia)

21° Gruppo Autonomo C.T. (356ª, 361ª, 382ª, 386ª Squadriglia)

Questo Gruppo veniva rinforzato con 4 Squadriglie durante le operazioni sul fronte russo. Quando il reparto rientrò in Italia, nella primavera del 1943, la 382ª Squadriglia fu disciolta, ma nell'estate ritornò ad essere operativa.
This Gruppo was reinforced to comprise of four Squadriglie when on the Russian front. When the unit returned to Italy, in spring 1943, the 382nd Squadriglia was disbanded, but by the summer it returned to operations.

24° Gruppo Autonomo C.T. (354ª, 355ª, 370ª Squadriglia)

153° Gruppo Autonomo C.T. (372ª, 373ª, 374ª Squadriglia)

161° Gruppo Autonomo C.T. (162ª, 163ª, 164ª Squadriglia)

153ª Squadriglia C.T. (3° Gruppo C.T. "Diavoli Rossi" – "Red Devil")

377ª Squadriglia Autonoma C.T.

1943
1° Stormo C.T.
6° Gruppo (79ª, 81ª, 88ª Squadriglia)
17° Gruppo (71ª, 72ª, 80ª Squadriglia)

2° Stormo C.T.
13° Gruppo (77ª, 78ª, 82ª Squadriglia)

3° Stormo C.T.
18° Gruppo (83ª, 85ª, 95ª Squadriglia)
23° Gruppo (70ª, 74ª, 75ª Squadriglia)

4° Stormo C.T.
9° Gruppo (73ª, 96ª, 97ª Squadriglia)
10° Gruppo (84ª, 90ª, 91ª Squadriglia)

51° Stormo C.T.
20° Gruppo (151ª, 352ª, 353ª Squadriglia)
155° Gruppo (351ª, 360ª, 378ª Squadriglia)

53° Stormo C.T.
151° Gruppo (366ª, 367ª, 368ª Squadriglia)
153° Gruppo (372ª, 373ª, 374ª Squadriglia)

54° Stormo C.T.
7° Gruppo (76ª, 86ª, 98ª Squasdriglia)
16° Gruppo (167ª, 168ª, 169ª Squadriglia)

3° Gruppo Autonomo C.T. (153ª, 154ª, 155ª Squadriglia)

21° Gruppo Autonomo C.T. (356ª, 361ª, 382ª, 386ª Squadriglia)

22° Gruppo Autonomo C.T. (359ª, 362ª, 369ª Squadriglia)

24° Gruppo Autonomo C.T. (354ª, 355ª, 370ª Squadriglia)

154° Gruppo Autonomo C.T. (395ª, 396ª Squadriglia)

161° Gruppo Autonomo C.T. (162ª, 163ª, 371ª Squadriglia)

167° Gruppo Autonomo C.T. (303ª Squadriglia)

377ª Squadriglia Autonoma C.T.

Vari Gruppi Complementari designati "Gruppi C"
Various "Gruppi Complementari" – designated with letter "C"

1944
5° Stormo C.T.
8° Gruppo (92ª, 93ª, 94ª Squadriglia)
101° Gruppo (208ª, 238ª Squadriglia)
102° Gruppo (209ª, 239ª Squadriglia)

51° Stormo C.T.
21° Gruppo (351ª, 386ª Squadriglia)

Il 51° Stormo C.T. incorporava anche il 20° ed il 155° Gruppo C.T. equipaggiati con Macchi MC. 205/V III Serie
In addition the 20° and 155° Gruppo C.T. were flying with Macchi MC.205s/V Series III

1945
5° Stormo C.T.
8° Gruppo (92ª, 93ª, 94ª Squadriglia)
101° Gruppo (208ª, 238ª Squadriglia)
102° Gruppo (309ª, 239ª Squadriglia)

1946
5° Stormo C.T.
8° Gruppo (92ª, 93ª, 94ª Squadriglia)
101° Gruppo (208ª, 238ª Squadriglia)
102° Gruppo (209ª, 239ª Squadriglia)

Aeronautica Nazionale Repubblicana

3° Gruppo C.T. (7ª, 8ª, 9ª Squadriglia)

Scuole di Volo = diversi velivoli recuperati dopo l'Armistizio dell'8 settembre 1943.
Flying School = several aircraft recovered after the Armistice of the 8th of September 1943.

1950-51
Alcuni esemplari furono presenti presso le Scuole di Volo pugliesi, aeroporti di Leverano e Galatina di Lecce.
Some examples were present at the Flight School in Puglia, airfields of Leverano and Galatina di Lecce.

Ultimi consigli da parte di un tecnico di Ditta italiana, per un pilota che si accinge a compiere un volo di collaudo a bordo di un nuovo Macchi MC.202. (Foto A. Vigna)
The last words of advice from a technician from an Italian Factory for a pilot ready for a test flight on board a new Macchi MC.202. (Photo A. Vigna)

Produzione e Serie di Macchi MC.202 "Folgore"

Macchi MC.202 "Thunderbolt" - Production and Serials

Macchi prototipo
Macchi prototype

M.M.445 – Primo volo il 10 agosto 1940 a Lonate Pozzolo (Varese), ai comandi del collaudatore Guido Cartestiato
M.M.445 – Flew for the first time on the 10th of August 1940 from Lonate Pozzolo (Varese), with test pilot Guido Carestiato at the controls.

Produzione di Serie
Series Production

M.M.7859 – M.M.7958 – 100 MC.202 Serie I, di costruzione Breda/luglio 1941/marzo 1942
M.M.7859 – M.M.7958 – 100 MC.202 Series I, built by Breda, July 1941/March 1942

M.M.7709 – M.M.7718 – 10 MC.202 Serie II, di costruzione Aermacchi, maggio 1941/aprile 1942 – primo lotto di produzione
M.M.7709 – M.M.7718 – 10 MC.202 Series II, built by Aermacchi, May 1941/April 1942 – first production batch

M.M.7719 – M.M.7858 – 140 MC.202 Serie III, di costruzione Aermacchi, maggio 1941/aprile 1942 – primo lotto di produzione
M.M.7719 – M.M.7858 – 140 MC.202 Series III, built by Aermacchi, May 1941/April 1942 – first production batch

M.M.7409 – M.M.7458 – 50 MC.202 Serie IV, di costruzione SAI Ambrosini, novembre 1941/marzo 1942
M.M.7409 – M.M.7458 – 50 MC.202 Series IV, built by SAI Ambrosini, November 1941/May 1942

M.M.7959 – M.M.8008 – 50 MC.202 Serie V, di costruzione SAI Ambrosini, maggio/luglio 1942
M.M.7959 – M.M.8008 – 50 MC.202, Series V, built by SAI Ambrosini, May/July 1942

M.M.8081 – M.M.8130 – 50 MC.202 Serie VI** di costruzione Breda, Primavera 1942*
*M.M.8081 – M.M.8130 – 50 MC.202 Series VI, built by Breda, Spring 1942**

M.M.9023 – M.M.9122 – 100 MC.202 Serie VII di costruzione Aermacchi, aprile/luglio 1942
*M.M.9023 – M.M.9122 – 100 MC.202 Series VII ** built by Aeromacchi, April/July 1942*

M.M.8339 – M.M.8388 – 50 MC.202 Serie VIII di costruzione Breda, marzo/aprile 1942
M.M.8339 – M.M.8388 – 50 MC.202 Series VIII built by Breda, March/April 1942

M.M.9389 – M.M.9490 – 100 MC.202 Serie IX di costruzione Aermacchi, settembre 1941/febbraio 1942
M.M.9389 – M.M.9490 – 100 MC.202 Series IX, built by Aermacchi, September 1941/February 1942

M.M.9500 – M.M.9601 – 100 MC.202 Serie X, di costruzione Breda, luglio/settembre 1942
M.M.9500 – M.M.9601 – 100 MC.202 Series X, built by Breda, July/September 1942

M.M.9602 – M.M.9753 – 50 MC.202 Serie XI, di costruzione Breda, novembre 1942/aprile 1943
M.M.9602 – M.M.9753 – 50 MC.202 Series XI, built by Breda, November 1942/April 1943

M.M.91803 – M.M.91952 – 150 MC.202 Serie XII, di costruzione Breda, maggio/agosto 1943
M.M.91803 – M.M.91952 – 150 MC.202 Series XII, build by Breda, May/August 1943

M.M.91953 – M.M.92002 – 50 MC.202 Serie XIII, di costruzione Aermacchi, aprile/agosto 1943
M.M.91953 – M.M.92002 – 50 MC.202 Series XII, built by Aermacchi, April/August 1943

M.M.92003 – M.M.92052 – 50 MC.202 Serie XIV di costruzione SAI Ambrosini ***
M.M.92003 – M.M.92052 – 50 MC.202 Series XIV, built by SAI Ambrosini ***

M.M.92053 – M.M.92152 – 100 MC.202 Serie XV di costruzione Breda ***
M.M.92053 – M.M.92152 – 100 MC.202 Series XV built by Breda ***

M.M.95950 – M.M.96099 – 150 MC.202 Serie XVI di costruzione Breda ***
M.M.95950 – M.M.96099 – 150 MC.202 Series XVI, built by Breda ***

* Date incerte
* *Dates uncertain*

** Dalla VII Serie i Macchi MC.202 erano equipaggiati con due armi alari supplementari, del tipo Breda Avio Modello SAFAT cal. 7,7 = (non sincronizzate)
From Series VII MC.202s were fitted with two extra 7.7 mm (0.303-inch) Breda Av. Modello SAFAT machine guns in the wings (not syncronised)

*** Dati incerti
***Dates uncertain

Un altro Macchi MC.202 del 10° Gruppo C.T. ripreso a Campoformido. (Foto Arch. dell'Autore)
Another MC.202 of the 10° Gruppo C.T. shot at Campoformido airfield. (Photo Author's Archive)

Dimensioni e prestazioni del Macchi MC.202 "Folgore"

Macchi MC.202 "Thunderbolt" - Dimensions and Performance

Lunghezza	8,850 mt	*Climb to 6,560 ft*	*idem*
Length	*29.035 ft*	Salita a 3.000 mt	2'28"
Altezza	3,036 mt	*Climb to 9,840 ft*	*idem*
Height	*11.450 ft*	Salita a 4.000 mt	3'32"
Apertura alare	10,580 mt	*Climb to 13,120 ft*	*idem*
Wing span	*34.710 ft*	Salita a 5.000 mt	4'40"
Superficie alare	16,800 m2	*Climb to 16,400 ft*	*idem*
Wing area	*180.384 sq.ft*	Salita a 6.000 mt	5'55"
Peso a vuoto (P. a V.)	2,350 kg	*Climb to 19,685 ft*	*idem*
Empty weight	*5,491 lb*	Tangenza pratica	11.500 mt
Peso totale al decollo	2,930 kg	*Service ceiling*	*37,740 ft*
Take-off weight	*6,459 lb*	Autonomia a 430 km/h	765 km
Carico utile (C.U.)	580 kg	*Range at 268 mph*	*478 miles*
Useful load	*968 lb*	Elica tripala a passo variabile in volo (Diametro)	
Velocità max a 5.600 mt	599 km/h		3,050 mt
Maximum speed at 18,370 ft	*3373 mph*	*Tri-propeller diameter*	*9.87 ft*
Salita a 2.800 mt	1'28"	Motore originale	Daimler Benz DB 601 da 1175 CV

In questa pagina e in quella a fianco: Aeroporto di Ciampino Sud: maggio 1942. La consegna ufficiale dei primi Macchi MC.202 al 51° Stormo C.T. del Com.te Aldo Remondino. Primo reparto del "Gatto Nero" a ricevere i "Folgore" fu il 155° Gruppo C.T. del Magg. Pil. Duilio Fanali, che alla data del 29 maggio venne trasferito in Sicilia, occupando la base di Gela, dove il 10° Gruppo C.T. del 4° Stormo Caccia vi aveva dimorato in precedenza, prima di essere trasferito d'urgenza sul fronte libico-egiziano. (Foto G. Ambrosio)

This page and the opposite: Ciampino South airfield, Roma, spring 1942. The first Macchi MC.202 "Folgore" to be assigned to the 51° Stormo led by Wing Commander Aldo Remondino. The first "Gatto Nero" (Black Cat) unit to receive the "Folgores" was the 155° Gruppo C.T. led by Squadron Leader Duilio Fanali, which was soon sent to Gela airfield in Sicily, where the 10° Gruppo C.T. of the 4° Stormo Caccia had been flying since the 20th of May of the same year, before being urgently sent to the Libyan-Egyptian front. (Photo G. Ambrosio)

Original engine	idem
Motore costruito su licenza Alfa Romeo RA 1000 RC41-1	
Engine built in Italy	idem
Potenza al decollo	1.075 CV
Take-off power	1.075 hp
Potenza a 3.600 metri	1.040 CV
Power at 12,000 ft	1.040 hp

Complesso Radio di bordo installato dall'XI Serie/esemplare con M.M.9691 = Allocchio-Bacchini B30 ad onde corte. Presenza di un radiogoniometro nelle produzioni più recenti.
Complex HF Radio Allocchio-Bacchini B30 transceiver was fitted. A direction finder and a San Giorgio gunsight of a reflector-type were introduced on later production machines.

Le ultime Serie furono dotate anche di radiogoniometro sub-ventrale
The last Series were equipped with ventral direction-finder

Armamento di lancio: due mitragliatrici Breda Avio Modello SAFAT da 12,7 mm installate nei banchi del motore, con sincronizzazione meccanica per il tiro attraverso il cerchio descritto dall'elica. Capacità di carico 400 colpi per arma.
Armament on board: two Breda Avio Model SAFAT caliber 2.7 mm (0.50 inch) machine-guns, installed in the upper engine cowling and syncronised to fire through the airscrew disc. For the first series 360 rounds per gun. Successively 400 rounds.

Celerità normale dell'arma da 12,7 mm: 700 colpi il minuto (condizionata ai regimi del motore in combattimento)
Normal rate of fire for the gun caliber 12.7 mm (0.50-inch) = 700 rounds per minute

Velocità iniziale del proiettile sparato da un'arma da 12,7 mm: 760 metri il secondo
Muzzle velocity = 760 mt/second

Dalla VII Serie in avanti il Macchi MC.202 ebbe l'aggiunta di due armi similari da 7,7 mm con 500 colpi per arma.
From VII Series MC.202s were fitted with two extra 7.7 mm (0.303 inch) Breda Avio Model SAFAT machine-guns in the wings (not syncronised) with 500 round for each gun.

Peso totale dell'arma da 12,7 mm: 28,900 kg
Overall weight of 12.7 mm weapon: 14,971 lbs

Peso dell'arma da 7,7 mm: 12,00 kg
Overall weight of 7.7 mm weapon: 5,430 lbs

Celerità di tiro dell'arma da 7,7 mm: 900 colpi il minuto
Muzzle velocity: 900 rounds per minute

Velocità iniziale del proiettile sparato dall'arma da 7,7 mm: 730 metri il secondo
Muzzle velocity (V25): 730 mt/second

Munizionamento per l'arma da 12,7 mm: tracciante/incendiaria/perforante/S.I.P. (S = Speciale con pallottola esplosiva proibita dal Trattato di Ginevra): Incendiarie/Perforante.
Ammunition for the gun of 12.7 mm (0.50 inch): tracer/incendiary/ piercing/S.I.P. (S = Special with explosive bullet prohibited by the Geneva Treaty): Incendiary/Piercing.

Le armi di bordo del Macchi MC.202 erano dotate di riarmi pneumatici e contacolpi in cabina.
The armament installation on MC.202 was completed by typical pneumatic re-arming system and round-counter indicators in the cockpit.

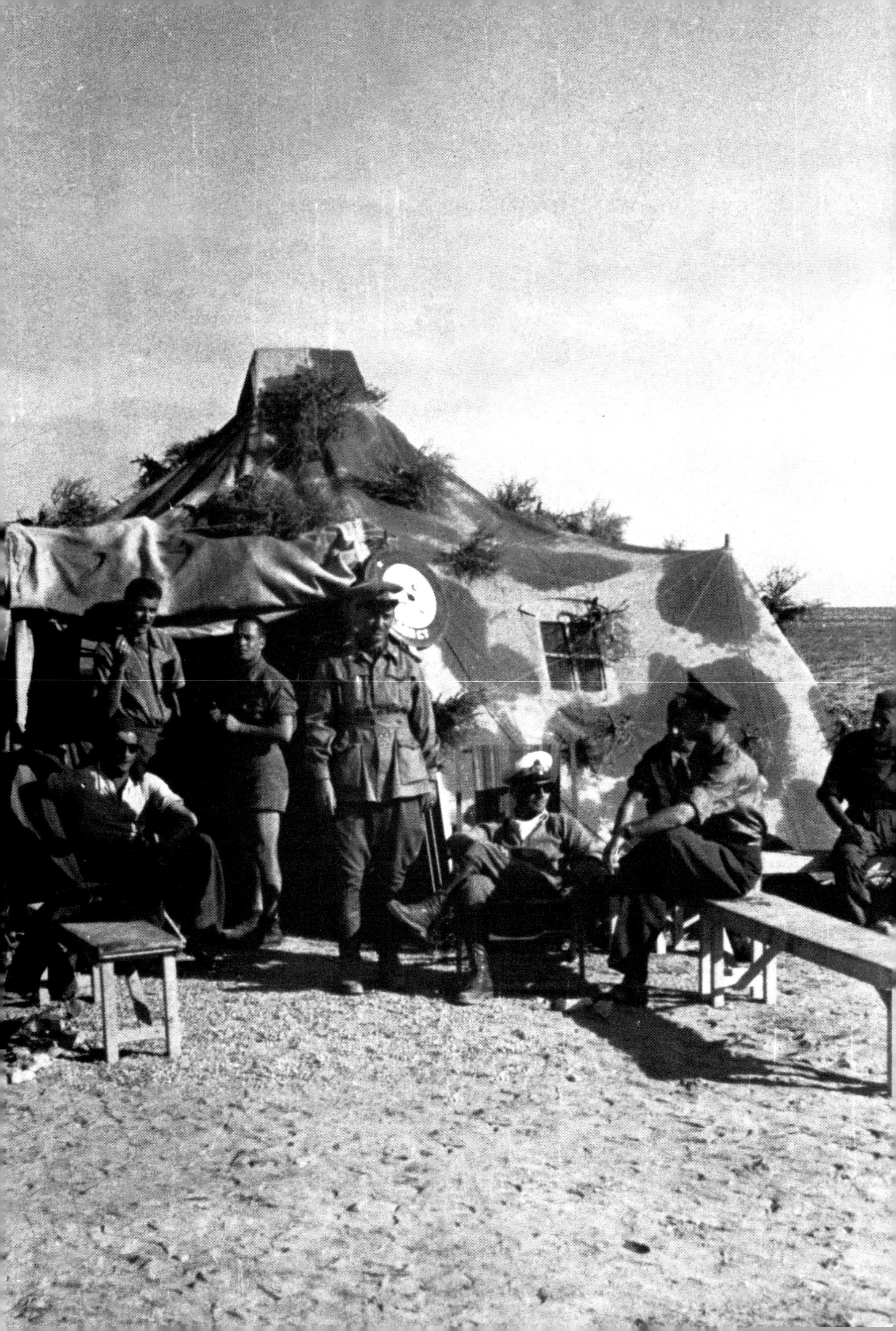

Pagina a fianco: Gli indimenticabili, miserevoli alloggi degli aviatori della Regia Aeronautica su tutti i fronti! Anche su quello africano, unico privilegio le famose tende "Moretti", un confortevole riparo dalla calura di giorno e dall'umidità notturna. (Foto Arch. dell'Autore)

Opposite page: The miserable and unforgettable accommodation available to the aviators of the Regia Aeronautica on the African front! The only comfort was the Moretti tent, which offered protection from both the heat of the day and the night-time humidity. (Photo Author's Archive)

In questa pagina - in alto: Aeroporto di Castel Benito: Macchi MC.202 del 9° Gruppo C.T. (96ª e 97ª Squadriglia) presenti sul fronte dell'Africa settentrionale. Il reparto si mosse per questo fronte il 25 novembre 1941, proveniente da Còmiso, quando era in corso una nuova offensiva britannica lungo la direttrice Bir el Gobi-Sidi Rezegh. La 73ª Squadriglia rimase in Sicilia, aspettando l'arrivo del 10° Gruppo C.T. del Com.te Paolo Maddalena, Squadriglie 84ª, 90ª, 91ª. (Foto A. Duma)

This page - top: Macchi MC.202s of the 9° Gruppo C.T./4° Stormo Caccia in the North Africa theatre. The unit moved to Africa on the 25th of November 1941, coming from Còmiso, coinciding with a new British offensive along the Bir-el Gobi to Sidi Rezegh axis. The 73ª Squadriglia remained in Sicily, awaiting the 10° Gruppo C.T. of Commander Paolo Maddalena, Squadriglie 84ª, 90ª, 91ª. (Photo A. Duma)

Al centro: Aeroporto di Campoformido: autunno del 1941. Dopo la partenza del 4° Stormo Caccia per la zona d'operazioni nel Mediterraneo (Malta e Africa settentrionale), il 1° Stormo Caccia aveva già completato il suo addestramento sui nuovi velivoli, pronto per essere destinato sul suo scacchiere di lotta, che sarà quello dell'Africa settentrionale, dopo una brevissima permanenza in Sicilia (Còmiso). Velivolo della 72ª Squadriglia/17° Gruppo C.T. ripreso sul campo friulano. (Foto Arch. dell'Autore)

Centre: Campoformido airfield – Udine: autumn of 1941. By the time of the departure of the 4° Stormo Caccia for Mediterranean operations (Malta and North Africa), the 1° Stormo Caccia had completed its conversion on to the Macchi MC.202 at Campoformido (Udine), and was ready to be thrown into combat in North Africa, after a short time in Sicily. This aircraft is from the 72ª Squadriglia/17° Gruppo C.T., photographed at the Friulan airfield. (Photo Author's Archive)

In basso: Un'altra interessante e rara immagine di un nuovo esemplare di MC.202 della 72ª Squadriglia appena consegnato a Campoformido. Da Udine l'unità fu inviata in Sicilia (aeroporto di Còmiso), poi subito dopo in Africa. (Foto Arch. dell'Autore)

Bottom: Another interesting and rare shot of a 72ª Squadriglia C.T./17° Gruppo Caccia, Macchi MC.202, photographed just after delivery. From Udine, the unit was sent to Sicily (Còmiso airfield), and from there to the North African front. (Photo Author's Archive)

107

In alto: Perfetta linea di Macchi MC.202 della 91ª Squadriglia/10° Gruppo/4° Stormo Caccia sull'aeroporto di Campoformido. L'assegnazione dei primi esemplari avvenne alla data del 10 dicembre 1941. (Foto Arch. dell'Autore)

Top: A line up of Macchi MC.202s from the 10° Gruppo C.T. of the 4° Stormo Caccia. The unit received its first aircraft on the 10th of December 1941. (Photo Author's Archive)

In basso: Rara immagine di uno sconosciuto reparto dotato di Macchi MC.202 "aerofotografici", il cui compito di "Recce" è individuabile dai due bulbi presenti sui profili delle semi-ali. (Foto M. Barbadoro)

Bottom: A rare shot of an unknown unit equipped with photographic MC.202s, just visible from two "Robot" cameras in both wings. (Photo M. Barbadoro)

In questa pagina: Particolari ravvicinati di Macchi MC.202 del 10° Gruppo Caccia. (Foto C. Lucchini)

This page: Close ups of a Macchi MC.202 of the 10° Gruppo C.T. (Photo C. Lucchini)

A destra: Fronte dell'Africa settentrionale. Il M.llo Gianlino Baschirotto, brillante pilota dell'88ª Squadriglia (6° Gruppo C.T./1° Stormo Caccia), ripreso a bordo del suo Macchi MC. 202. (Foto A. Emiliani)

Right: Warrant Officer Gianlino Baschirotto, a brilliant fighter pilot of the 88ª Squadriglia/6° Gruppo C.T./1° Stormo Caccia, photographed on board of his Macchi MC.202. (Photo A. Emiliani)

In basso: Schieramento di fiammanti Macchi MC.202 del 10° Gruppo C.T. L'esemplare in primo piano, con mimetica a macchie rade, è contrassegnato dalla M.M.7895/I Serie, produzione Breda del luglio 1941/ marzo 1942. (Foto Arch. dell'Autore)

Bottom: A line up of brand-new Macchi MC.200s of the 10° Gruppo C.T. In the foreground the example, with a dispersed camouflage, coded with M.M.7895/I Series, Breda production of July 1941/ March 1942. (Photo Author's Archive)

In alto e al centro: Due interessanti, seppur quasi simili immagini di Macchi MC.202 della 71ª Squadriglia/17° Gruppo C.T./1° Stormo Caccia. Il reparto del Com.te Alfredo Reglieri stava vivendo la meravigliosa avventura con il "Folgore", un velivolo di razza, dopo l'attività svolta con i FIAT CR.42 e con i Macchi MC.200. Uno dei velivoli mostra l'antenna radio nel retro del posto di pilotaggio. (Foto Arch. dell'Autore/A. Emiliani)

Top and centre: Two interesting, almost similar shots, of Macchi MC.202s of the 71ª Squadriglia/17° Gruppo C.T./1° Stormo Caccia. The personnel of the unit, commanded by Alfredo Reglieri, appreciated the performance of the "Thunderbolt", having previously operated the FIAT CR.42 and Macchi MC.200. One of the fighters shows the radio antenna on the rear cockpit. (Photo Author's Archive/A. Emiliani)

A sinistra: Altri Macchi MC.202 della 72ª Squadriglia ripresi a Campoformido. (Foto F. Bozzi)

Left: Other Macchi MC.202s of the 72° Squadriglia photographed at Campoformido. (Photo F. Bozzi)

In alto: Piloti del 51° Stormo C.T., in particolare quelli della 378ª Squadriglia/155° Gruppo C.T., posano per una foto ricordo a Ciampino Sud, prima della loro partenza per Gela. Molti di questi giovani piloti non faranno più ritorno alla loro base: da sx a dx: Serg. Magg. Giovanni Del Fabbro, Serg. Magg. Faliero Gelli, M.llo Lorenzo Serafino, Ten. Manlio Biccolini, Cap. Bruno Tattanelli, Cap. Gianfranco Galbiati, S. Ten. Plinio Sironi, Ten. Giovanni Ambrosio. Accosciati da sx a dx: M.llo Giovanni Gambari, M.llo Roberto Gaucci, M.llo Aldo Buvoli, M.llo Gino Runci, Ten. Manlio Molinelli. (Foto G. Ambrosio)

Top: Pilots of the 51° Stormo C.T. and more specifically of the 378ª Squadriglia are posing for a memento at Ciampino South, prior to their departure for Gela. Many of these young pilots will fail to return. From left to right: Flight Sergeant Giovanni Del Fabbro, Flight Sergeant Faliero Gelli, Warrant Officer Lorenzo Serafino, Flying Officer Manlio Biccolini, Flight Lieutenant Bruno Tattanelli, Flight Lieutenant Gianfranco Galbiati, Pilot Officer Plinio Sironi, Flying Officer Giovanni Ambrosio. At the bottom, from left to right: Warrant Officer Giovanni Gambari, Warrant Officer Roberto Gaucci, Warrant Officer Aldo Buvoli, Warrant Officer Gino Runci, Flying Officer Manlio Molinelli. (Photo G. Ambrosio)

A sinistra: Uno dei perenni cani aeroportuali issato sull'ala destra di questo Macchi MC.202, ritratto nel 1942. La località dell'unità è pressoché sconosciuta. In primo piano uno dei classici fusti di carburante della Regia Aeronautica/Aeronautica Militare, in uso nei reparti italiani fino al 1952. (Foto A. Vigna)

Left: One of the ever-present airfield dogs sits on the wingtip of a Macchi MC.202 in 1942. The location and unit are not identified. In the foreground is one of the standard fuel drums of the Regia Aeronautica/Aeronautica Militare, a vital piece of kit that continued in use until 1952. (Photo A. Vigna)

A destra: Nord Africa. Il Capitano Pilota Carlo Ruspoli, Comandante della 91ª Squadriglia/10° Gruppo C.T./4° Stormo Caccia, appena rientrato alla base dopo una missione sulle linee del fronte. (Foto A. M.)

Right: North African theatre. Flight Lieutenant Carlo Ruspoli, Commander of the 91ª Squadriglia/10° Gruppo C.T./4° Stormo Caccia, has just came back to his airbase after a mission over the front lines. (Photo A. M.)

In alto: Interessante immagine di un Macchi MC.202 dell'88ª Squadriglia/6° Gruppo C.T./1° Stormo Caccia ripreso a Campoformido. (Foto G. Di Bella)

Top: Interesting view of the Macchi MC.202 of the 88° Squadriglia/6° Gruppo C.T./1° Stormo Caccia, photographed at Campoformido. (Photo G. Di Bella)

A sinistra: Macchi MC.202 di reparto non identificato, in partenza da un probabile aeroporto del Sud. La mimetica di questo "Folgore" è piuttosto inusuale, composta di un colore verde di base con strisce longitudinale, probabilmente di color marrone. (Foto A. Vigna)

Left: A Macchi MC.202 of an unidentified unit, departing from an airfield probably in the South of Italy. The colour-scheme carried by the "Thunderbold" is slightly unusual, comprising a green base with longitudinal stripes, probably brown. (Photo A. Vigna)

113

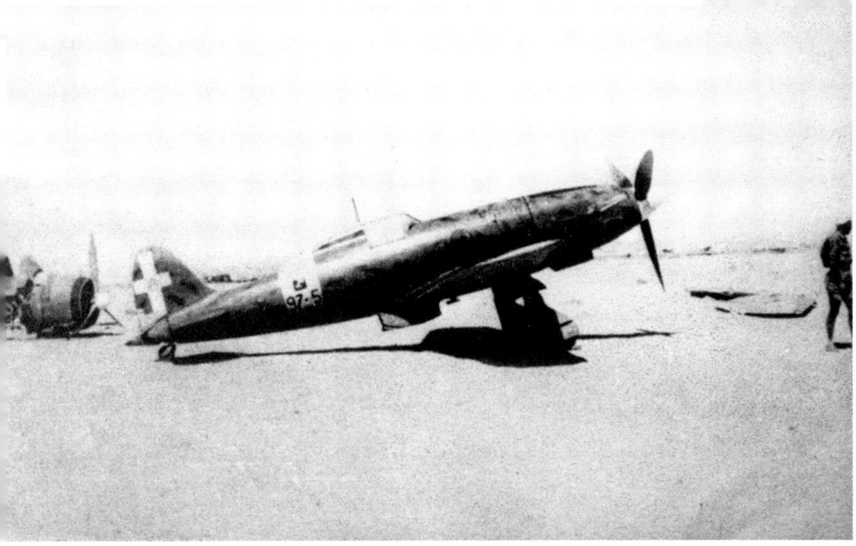
97-5

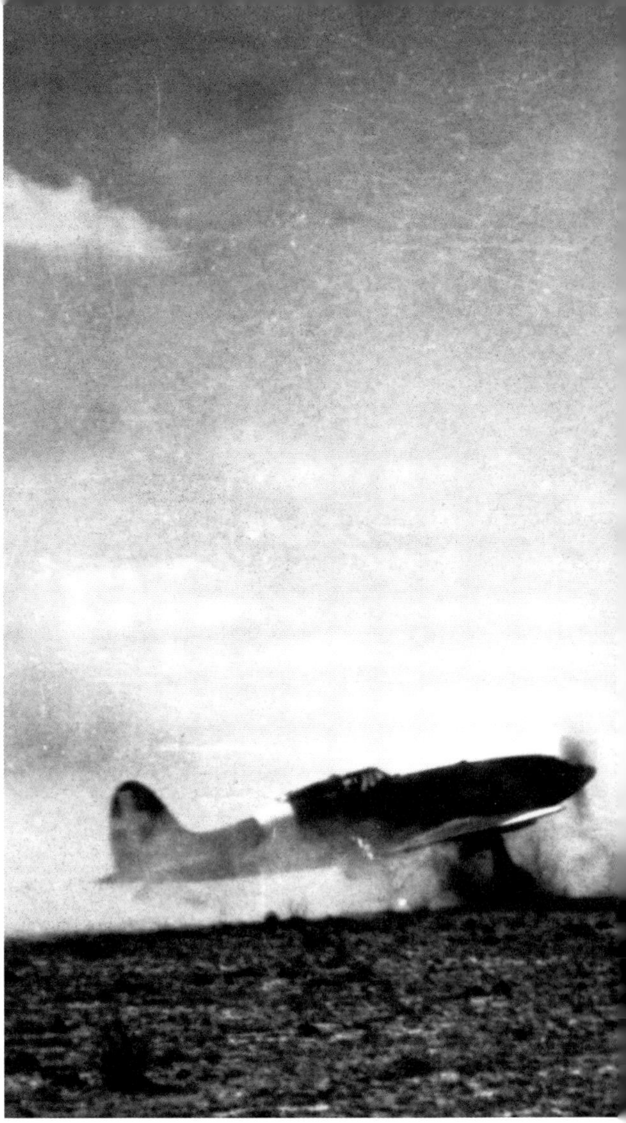

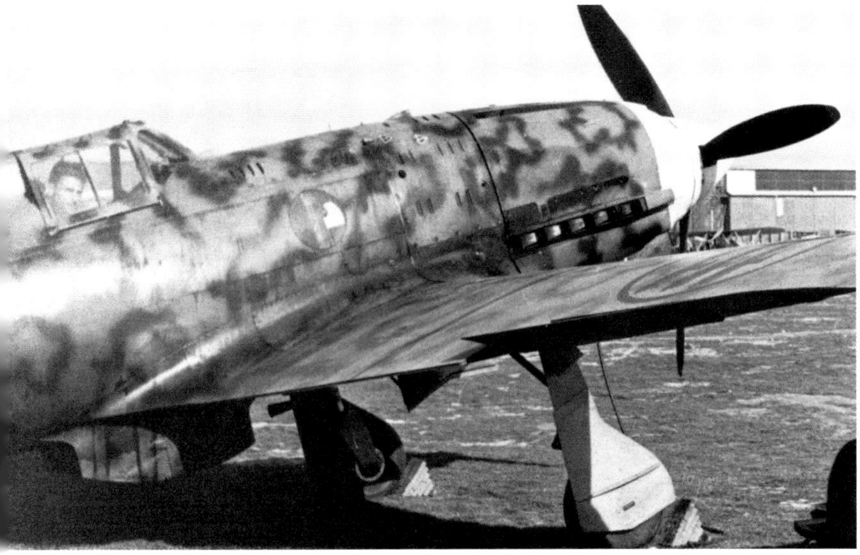

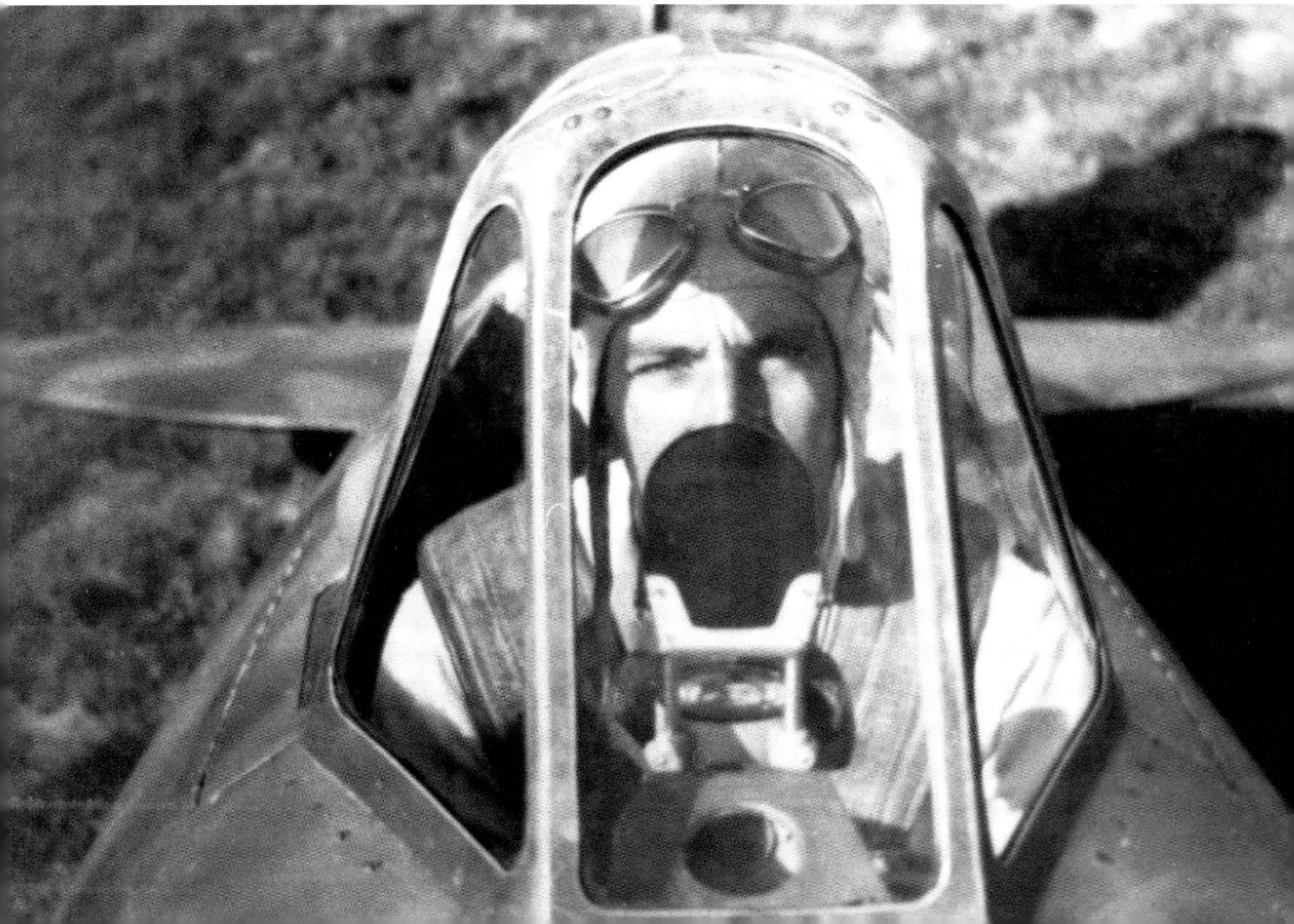

Pagina a fianco - in alto: Un MC.202 della 97ª Squadriglia (9° Gruppo C.T. – 4° Stormo Caccia) atterrato nelle vicinanze di un "Martlet" abbattuto dai cacciatori italiani. (Foto C. Shores)

Opposite page - top: A Macchi MC.202 of the 97ª Squadriglia (9° Gruppo C.T. – 4° Stormo Caccia) landed near a "Martlet" shot down by Italian fighters. (Photo C. Shores)

Pagina a fianco - al centro: Uno specialista ripreso in cabina di un Macchi MC.202 impegnato ad un controllo pre-volo, presso una base del Sud. (Foto A. Vigna)

Opposite page - centre: A technician is checking the equipment in the cockpit of an MC.202 somewhere in southern Italy. (Photo A. Vigna)

Pagina a fianco - in basso: Un frontale che mostra il blindovetro, il complesso del Collimatore "San Giorgio" ed il pilota sistemato in cabina, pronto al decollo. (Foto A. Vigna)

Opposite page - bottom: A frontal shot of the windscreen of an MC.202 offers a clear view of the lens of the "San Giorgio" gunsight, with the pilot in the cockpit, ready for take-off. (Photo A. Vigna)

A sinistra: Una sezione del 23° Gruppo C.T. in decollo su "allarme" dalla spianata del campo di Abu Haggag. (Foto W. Dusi)

Left: A section of the 23° Gruppo C.T. scrambled from the dusty scrub airfield at Abu Haggag. (Photo W. Dusi)

In questa pagina - in basso: Una Sezione di Macchi MC.202 del 1° Stormo Caccia pronta al decollo da una base sul fronte libico-egiziano. (Foto Arch. dell'Autore)

This page - bottom: A Flight of Macchi MC.202s of the 1° Stormo C.T. ready for take-off from an airbase on the Libyan-Egyptian front. (Photo Author's Archive)

Sopra: Fitta linea di Macchi MC.202 della 360ª Squadriglia (155° Gruppo C.T. – 51° Stormo Caccia) ripresa probabilmente a Ciampino Sud. (Foto G. Lazzati)

Above: Line up of MC.202s of the 360ª Squadriglia (155° Gruppo C.T. – 51° Stormo Caccia) probably photographed at Ciampino South. (Photo G. Lazzati)

Sotto: Schieramento di Macchi MC.202 del 10° Gruppo C.T./4° Stormo Caccia. In primo piano l'aereo del Cap. Pilota Mario Pluda, Comandante della 73ª Squadriglia, caratterizzato da una stella bianca impressa sulla prua. L'Ufficiale sarà abbattuto sul Canale di Malta, insieme ad un pilota della 96ª Squadriglia, Serg. Magg. Pil. Luigi Taroni, l'8 novembre 1941 da alcuni Hurricane del 126° Squadron. (Foto C. Lucchini)

Below: Line up of the Macchi MC.202s of the 9° Gruppo C.T./4° Stormo Caccia. In the foreground the aircraft of Flight Lieutenant Mario Pluda, Commander of the 73ª Squadriglia, with a white star on the prow. The Italian officer would be shot down over the Channel of Malta, together with a pilot of the 96ª Squadriglia, Flight Sergeant Luigi Taroni, on the 8th of November 1941, by a Flight of Hurricane IIa & IIbs of the 126th Squadron, scrambled from Tà Kalì. (Photo C. Lucchini)

A sinistra: Aeroporto di Gela: luglio 1942. Il M.llo Aldo Buvoli, pilota della 378ª Squadriglia/155° Gruppo C.T./51° Stormo Caccia, ripreso sul campo siciliano pochi giorni prima di essere abbattuto e fatto prigioniero su Malta. Egli si lanciò dal suo MC.202 (M.M.7849) a circa dieci chilometri a Sud di Gozo, per essere salvato in mare da un'imbarcazione civile inglese. (Foto Fam. Buvoli)

Left: Gela airfield: July 1942. The Warrant Officer Aldo Buvoli, pilot of the 378ª Squadriglia/155° Gruppo C.T./51° Stormo C.T., photographed at a Sicilian base a few days before being shot down and made prisoner over Malta. He bailed out from his MC.202 – M.M.7849 – five miles to the South of Gozo, and was rescued in the sea by an English civilian boat. (Photo Buvoli's Family)

In basso: Armieri di Macchi MC.202 riforniscono con munizionamento da guerra... per un tipo di caccia più che valido, di cui finalmente dispone la Regia Aeronautica, benché l'armamento rimanga sempre ridotto, con la presenza delle due Breda Avio Modello SAFAT da 12,7 mm, sincronizzate, sparanti attraverso la rotazione dell'elica. Dalla VII Serie in avanti il "Folgore" fu equipaggiato con due armi similari, calibro 7,7 mm, installate nelle ali, con tiro al di fuori della rotazione dell'elica. (Foto A. M.)

Bottom: Armourers rearm a Macchi MC.202 with ammunition of war... for a type of fighter which finally offered the Regia Aeronautica a capable fighter, albeit hampered by the sparse armament comprising two Breda Avio Modello SAFAT 12.7 mm machine guns, syncronised, firing through the propeller disk. From the VII production series onwards, "Thunderbolts" were equipped with an additional two similar guns, both of 7.7 mm calibre mounted in the wings, and firing outside the propeller disk. (Photo A. M.)

In alto: Fronte dell'Africa settentrionale: Macchi MC.202 della 91ª Squadriglia probabilmente ripreso sul campo di Martuba. (Foto C. Lucchini)

Top: North African theatre: an MC.202 of the 91ª Squadriglia probably photographed at Martuba. (Photo C. Lucchini)

Al centro: Un Macchi MC.202 della 91ª Squadriglia/10° Gruppo C.T./4° Stormo Caccia sul fronte dell'Africa settentrionale. Il reparto giunse per la seconda volta sullo scacchiere libico, inoltrandosi verso le depressioni egiziane, nel maggio 1942, per sostenere, insieme al 3° Stormo Caccia del Com.te Tito Falconi (18° e 23° Gruppo C.T.), la poderosa e definitiva controffensiva britannica, scatenata dalle armate di Montgomery nell'autunno dello stesso anno. (Foto A. M.)

Centre: A Macchi MC.202 of the 91ª Squadriglia (10° Gruppo C.T. – 4° Stormo Caccia) photographed on the North African front. The unit had re-entered the Libyan carnage, operating from the Egyptian basin, in May 1942, and would confront, together with the 3° Stormo C.T. led by Wing Commander Tito Falconi (18° and 23° Gruppo C.T.), the heavy and definitive counter offensive launched by Montgomery in the autumn of the same year. (Photo A. M.)

In basso: Prova motore per un Macchi MC.202 del 4° Stormo Caccia in transito da Ciampino Sud. La prua dell'aereo mostra il numero dell'unità (4°), seguito dal titolo "F. Baracca", il nome di uno dei più famosi assi italiani della 1ª G.M. Questa tradizione continuò e continua nel tempo, fino ad oggi, pur se la celebre scritta oggi è appannaggio del 9° Stormo di Grazzanise (Caserta), con il quale il 4° di Grosseto divise l'emblema del "Cavallino Rampante" su sfondi di colori diversi. (Foto A. M.)

Bottom: Engine test on a Macchi MC.202 of the 4° Stormo Caccia in transit at Ciampino South. The nose of the aircraft carries the unit number (4°) followed by the titling "F. Baracca", the name of one of Italy's most famous aces of the First World War. The tradition continues through time, even if the famous writing today is the prerogative of the 9° Stormo of Grazzanise (Caserta), that shares with the 4° Stormo of Grosseto the badge of the "Rampant Horse", on different background colours. (Photo A. M.)

A sinistra e in basso: Interessanti immagini di un Macchi MC.202 della 378ª Squadriglia sull'aeroporto di Gela, dove il 155° Gruppo C.T. del 51° Stormo Caccia ha preceduto di poche settimane l'arrivo del 20° Gruppo C.T. del Comandante Gino Callieri. Le due foto mostrano l'aereo del Tenente Pilota Giovanni Ambrosio, in servizio d'allarme. (Foto G. Ambrosio)

Left and bottom: Interesting views for a Macchi MC.202 of the 378ª Squadriglia C.T. at Gela airfield, where the 155° Gruppo C.T. of 51° Stormo Caccia had preceded by a few weeks the arrival of the 20° Gruppo C.T., commanded by Gino Callieri. The two photos show the aircraft of Flying Officer Giovanni Ambrosio, who was on alert readiness. (Servizio d'Allarme). (Photo G. Ambrosio)

Sotto: Immagine ravvicinata della deriva e del timone di direzione di un Macchi MC.202 probabilmente del 51° Stormo Caccia, che mostrano le sagome di alcuni Spitfires abbattuti su Malta! (Foto Archivio dell'Autore)

Below: Close up of the rudder of an MC.202, probably of the 51° Stormo Caccia, which shows the silhouettes of some Spitfires shot down over Malta. (Photo Author's Archive)

In alto a sinistra: Un Macchi MC.202 della 374ª Squadriglia/153° Gruppo/53° Stormo Caccia, reparto che nella prima decade del mese di settembre 1942 sarà trasferito in Sicilia, per occupare la base di Santo Pietro di Caltagirone. Elegante figura di quest'esemplare, con ogiva bianca e mimetica ad amebe. (Foto A. M.)

Top left: A Macchi MC.202 of the 374ª Squadriglia (153° Gruppo C.T. – 53° Stormo). During the first days of September 1942 the unit was transferred to Sicily, occupying the airfield at Santo Pietro di Caltagirone. An elegant shot of this example, with white nose and camouflage with "amoebe". (Photo A. M.)

In alto a destra: Macchi MC.202 del 23° Gruppo C.T. (3° Stormo Caccia) sulla linea di partenza presso l'aeroporto egiziano d'Abu Haggag. Il 23° Gruppo C.T., comandato dal Maggiore Pilota Luigi Filippi, ricevette i suoi primi "Folgore" a Torino Caselle nel maggio del 1942, trasferendosi per Ciampino Sud, da Torino, il giorno 22 del mese, alla guida del comandante del 3° Stormo C.T., Tenente Colonnello Pilota Tito Falconi. (Foto W. Dusi)

Top right: Macchi MC.202s of the 23° Gruppo C.T. (3° Stormo Caccia) lined up for departure at the Abu Haggag airfield in the Egyptian theatre. The 23° Gruppo C.T., commanded by Sq/Ldr Luigi Filippi, received its first "Thunderbolts" at Torino Caselle in May 1942, flown from Ciampino South to Torino on the 22ⁿᵈ of the month by the commander of the 3° Sormo C.T., Wing Commander Tito Falconi. (Photo W. Dusi)

A destra e in basso: Si decolla per una missione di scorta a bombardieri italo-tedeschi in azione su Malta. In alto il Tenente Colonnello Pil. Aldo Remondino, Com.te del 51° Stormo Caccia, sta per sistemarsi nell'abitacolo del suo Macchi MC.202, contrassegnato dal classico "guidoncino" di comando. In basso identica operazione per il Maggiore Pilota Duilio Fanali, Com.te del 155° Gruppo C.T. (Foto G. Franchini)

Right and bottom: Preparing for take off on an Italo-German bomber escort mission over Malta. In the upper photo, Wing Commander of 51° Stormo Caccia, Aldo Remondino, climbs into the cockpit of his MC.202, which wears the classic commander's pennant. Below: the same expression of Duilio Fanali, Squadron Leader of 155° Gruppo C.T. (Photo G. Franchini)

In alto: Altri due piloti d'unità e località sconosciute ripresi innanzi ad un Macchi MC.202 aerofotografico, pronto per una missione su obiettivi nemici. (Foto M. Barbadoro)

Top: Another two pilots of an unknown unit and location, in front of a photographic Macchi MC.202, ready for a mission over enemy targets. (Photo M. Barbadoro)

In basso: Un Macchi MC.202 del 1° Stormo Caccia in partenza da una pista sabbiosa del fronte libico-egiziano. (Foto C. Gori)

Bottom: A Macchi MC.202 of the 1° Stormo C.T. departs from a sandy desert strip on the Libyan-Egyptian front. (Photo C. Gori)

In alto: Il M.llo Pilota Ennio Tarantola, importante gregario del Cap. Pilota Furio Doglio Niclot, Comandante la 151ª Squadriglia/20° Gruppo C.T./51° Stormo Caccia, ripreso accanto al suo Macchi MC 202 a Gela. Notare il simpatico motto "Dai Banana!", stampigliato sul cofano motore del MC.202 "151-2" – M.M.9066 - una simpatica iniziativa intrapresa dagli specialisti dell'unità da caccia. (Foto CMPR Ravenna/Via G. Di Giorgio)

Top: Warrant Officer Ennio Tarantola, valued wingman of Flight Lieutenant Furio Doglio Niclot, Commander of the 151ª Squadriglia/20° Gruppo C.T./51° Stormo Caccia, photographed in front of his Macchi MC.202 at Gela airfield. Note the sympathetic "Dai Banana" (Go Banana!) motto painted on the engine cowling of his MC.202 "151-2" – M.M.9066 – an initiative taken by the units' groundcrews. (Photo CMPR of Ravenna/Via G. Di Giorgio)

Al centro: Macchi MC.202 del 1° Stormo C.T. ripreso su una base avanzata del fronte libico-egiziano. (Foto A. M.)

Centre: A photo of a Macchi MC.202 of the 1° Stormo C.T. taken at the front-line airstrip of the Libyan-Egyptian front. (Photo A. M.)

In basso: Un isolato MC.202 della 366ª Squadriglia/151° Gruppo/53° Stormo Caccia fotografato sull'aeroporto di Sciacca. (Foto A. M.)

Bottom: A single MC.202 of the 366ª Squadriglia/151° Gruppo C.T. /53° Stormo Caccia photographed at Sciacca airfield. (Photo A. M.)

In alto: Un Macchi MC.202 del 1° Stormo Caccia in rullaggio prima del decollo. I due specialisti issati sulle estremità alari aiutano il pilota durante il rullaggio tra le numerose buche prodotte dai ripetuti attacchi della RAF sulle basi avanzate italiane. (Foto C. Gori)

Top: A Macchi MC.202 of the 1° Stormo C.T. taxies before taking off. The two technicians on the wingtips help the taxiing pilot to avoid the numerous bomb craters, produced by the repeated attacks of the RAF on advanced Italian bases. (Photo C. Gori)

In basso: Specialisti della 378ª Squadriglia, 155° Gruppo C.T./51° Stormo Caccia ripresi accanto ad un MC.202 della loro unità sul campo di Gela. (Foto C. Lucchini)

Bottom: A photo of ground crews of the 378ª Squadriglia, 155° Gruppo C.T./51° Stormo Caccia, taken near an MC.202 of their unit at Gela airfield. (Photo C. Lucchini)

Un disegno propagandistico del tempo, probabilmente prodotto dalla Ditta, apparso su numerose pubblicazioni di carattere aeronautico nel corso della guerra. (Disegno Aermacchi/Via G. Marinelli)

A propaganda drawing of the era, probably issued by the manufacturer, which appeared in numerous aviation publications throughout the course of the war. (Drawing Aermacchi/Via G. Marinelli)

In alto a sinistra e a destra: Due Macchi MC.202 con differenti tenute mimetiche, di reparti sconosciuti, ripresi a metà dell'anno 1942. (Foto A. Vigna)

Top left and right: Two MC.202s, with different camouflage, of unknown units, photographed during mid-1942. (Photo A. Vigna)

A sinistra - al centro: Il Tenente Pilota Manlio Golinelli del 51° Stormo C.T. ripreso accanto al suo MC. 202, "378-11" – M.M. 7842 – Il 27 luglio 1942 questo "Folgore", con il Sergente Pilota Faliero Gelli ai comandi, veniva abbattuto sull'isolotto di Gozo (Nord di Malta), dal Sergeant canadese George Beurling. (Foto G. Ambrosio)

Left - centre: The Flying Officer Manlio Golinelli of the 51° Stormo C.T., photographed by his MC.202, "378-11" – M.M.7842 - On the 27ʰ of July 1942 this "Thunderbolt", with Flight Sergeant Faliero Gelli at the controls, was shot down over Gozo island (North of Malta) by Canadian Sergeant George Beurling. (Photo G. Ambrosio)

A sinistra - in basso: Coppia di MC.202 dell'88ª Squadriglia/6° Gruppo C.T./1° Stormo Caccia ripresa su una base del fronte libico-egiziano. L'aereo in primo piano, con il guidoncino di Comandante di Stormo, ha già avviato il motore ed attende l'altro esemplare, sotto assistenza dello specialista del reparto, per decollare alla volta delle linee nemiche. (Foto C. Gori)

Left - bottom: A pair of Macchi MC.202s of the 88° Squadriglia/6° Gruppo C.T./1° Stormo Caccia photographed at a base on the Libyan-Egyptian front. The plane in the foreground, with the guidon of the wing commander, has already had its engine started and is waiting for the other example under the assistance of the unit specialist to take off in its turn from the enemy lines. (Via C. Gori)

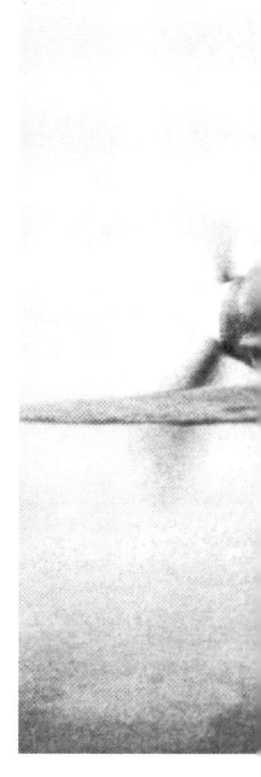

In alto: Un Macchi MC.202 del 4° Stormo Caccia fotografato in un aeroporto libico. (Foto Archivio dell'Autore)

Top: A Macchi MC.202 of the 4° Stormo C.T. photographed on a Libyan airfield. (Photo Author's Archive)

A sinistra: Il Tenente Pilota Danilo Giorgini, da Firenze, un abile istruttore di volo, ripreso nel 1942-43 probabilmente a Castiglione del Lago (Perugia). Nel dopoguerra egli era assegnato al 20° Gruppo Caccia Bombardieri del 51° Stormo a Treviso S. Angelo. Da qui decedeva durante un incidente di volo nei pressi di Viterbo il 4 aprile 1952, mentre era ai comandi di un "scassatissimo" Republic F-47D "Thunderbolt"! (Foto Archivio dell'Autore)

Left: The Flying Pilot Danilo Giorgini, from Florence, a capable flying instructor of the Flying School, photographed in 1942-43, probably at Castiglione del Lago (Perugia). Post war he was assigned to the 20th Squadron Fighter Bomber/51° Stormo at Treviso S. Angelo, and was killed in a crash near Viterbo on the 4th of April 1942 while flying a "worn out" Republic F-47D "Thunderbolt"! (Photo Author's Archive)

In alto: Un Macchi MC.202 dell'83ª Squadriglia/18° Gruppo C.T./3° Stormo Caccia in volo di guerra sul fronte libico-egiziano durante l'estate del 1942. Trattasi di un "Folgore" delle ultime serie, dotato di radiogoniometro sub/ventrale. (Foto G. Specker/Via C. Gori)

Top: An MC.202 of the 83ª Squadriglia/18° Gruppo C.T./ 3° Stormo Caccia in war flight over the Libyan-Egyptian front during the summer of 1942. It is a "Thunderbolt" of the last series, equipped with ventral direction-finder. (Photo G. Specker/Via C. Gori)

Al centro e in basso: Gli effetti impressionanti dei combattimenti sostenuti dai Macchi MC.202 del 51° Stormo C.T. sull'isola di Malta. Velivoli rientrati faticosamente alla base di Gela, con danni in parte gravi su tutta la struttura. Si tratta di un MC.202 della 353ª Squadriglia/20° Gruppo C.T. (M.M.9037) e di uno della 360ª Squadriglia/155° Gruppo C.T., "360-2" – M.M.7952. (Foto Archivio dell'Autore)

Centre and bottom: The impressive effects of air combat damage sustained by the Macchi MC.202 of the 51° Stormo Caccia over Malta. A succession of aircraft struggle back to Gela airfield with serious damage to their structure. They are one MC.202 of the 353ª Squadriglia /20° Gruppo C.T. (M.M. 9037) and one of the 360ª Squadriglia/155° Gruppo C.T., "360-2" – M.M.7952. (Photo Author's Archive)

127

In alto a sinistra: Un MC.202 della 374ª Squadsriglia in volo di ricognizione sulla propria base. (Foto C. Lucchini)

Top left: A Macchi MC.202 of the 374ª Squadriglia flying a patrol over its own base. (Photo C. Lucchini)

In alto al centro: Uno dei primi Macchi MC.202 assegnato al 154° Gruppo Autonomo C.T. di stanza sull'aeroporto di Rodi. Il velivolo, ripreso innanzi al suo ricovero di muretti a forma di "U", appartiene alla 396ª Squadriglia. (Foto G. Benzi)

Top centre: One of the first Macchi MC.202s to be assigned to the 154° Gruppo Autonomo C.T., based at Rodi airfield. The aircraft, which belongs to the 396° Squadriglia, is photographed in front of its "U-shaped" blast pen. (Photo G. Benzi)

Pagina a fianco - In alto: Un'altra immagine del Macchi MC.202 "360-2" – M.M.7952 – del 155° Gruppo C.T., seriamente danneggiato in combattimento sull'isola di Malta. (Foto Archivio dell'Autore)

Opposite page - top: Another shot of MC.202 "360-2" – M.M.7952 – from the 155° Gruppo C.T., seriously damaged over Malta. (Photo Author's Archive)

In basso: Fronte egiziano: 2 luglio 1942. Il Macchi MC.202 pilotato dal Tenente Italo Alessandrini, colpito in combattimento da una sezione di Curtiss P-40 "Kittyhawk" del 2 SAAF Squadron, di scorta ad alcuni "Boston", è costretto a compiere un atterraggio forzato in pieno deserto, dove il pilota viene catturato e fatto prigioniero. La documentazione inglese afferma della presenza di cinque Bf 109G, quando in realtà erano soltanto "cinque" MC.202 del 4° Stormo Caccia, che colsero qualche successo. (Foto I. W. M.)

Bottom: Egyptian front: 2nd of July 1942. The Macchi MC.202 piloted by Flying Officer Italo Alessandrini, damaged in combat by a section of Curtiss P-40 "Kittyhawks" of 2nd Squadron SAAF, which were escorting some "Bostons", is forced to make a wheels up landing in the desert. Alessandrini was captured and became prisoner of war. British documentation affirms that only five Bf 109Gs were involved, but in reality the opponents were five Macchi MC.202s of the 4° Stormo Caccia, which gained some success. (Photo I. W. M.)

A sinistra: Una coppia di Macchi MC.202 del 20° Gruppo C.T./51° Stormo Caccia sul campo di Gela. In primo piano l'aereo del Capitano Pil. Furio Doglio Niclot ("151-1" – M.M.9042), caratterizzato da un segmento a "V" orizzontale (una piccola freccia bianca) pitturata su entrambe le fiancate di fusoliera dallo stesso comandante della 151ª Squadriglia, inequivocabile emblema personale, ben conosciuto dagli inglesi, i quali spesso cercarono d'individuarlo durante i combattimenti sul Malta. (Foto B. Spadaro)

Left: A pair of Macchi MC.202s of the 20° Gruppo/51° Stormo Caccia at Gela airfield. In the foreground the fighter of Flight Lieutenant Furio Doglio Niclot ("151-1"- M.M.9042), with a horizontal "V" segment (a little white arrow), painted on both the fuselage sides by the Commander of the 151ª Squadriglia, and which was an unmistakable emblem, well known to the British, who often tried to identify him during the combats over Malta. (Photo B. Spadaro)

A sinistra - al centro: Aeroporto di Gela: luglio 1942. Una delle ultime immagini del Capitano Pilota Furio Doglio Niclot, ripreso accanto al suo Macchi MC.202 "151-1" – M.M.9042 – con la tipica freccia bianca dipinta su ambedue le fiancate di fusoliera. L'eroico Com.te della 151ª Squadriglia, come già detto fu abbattuto nel cielo di Malta nella mattinata del 27 luglio 1942, per merito del Flight Sergeant George Beurling, che a bordo del suo Spitfire Vc codificato BR301/UF-S, decollato con altri caccia similari dall'aeroporto di Tà Kalì, abbattè un secondo MC.202 del 51° Stormo Caccia, quello dell'accennato Serg. Magg. Pil. Faliero Gelli, questo riuscito a salvarsi, ma fatto prigioniero. All'eroico Ufficiale piemontese, d'origini sarde, sarà concessa la Medaglia d'Oro al V. M. "alla memoria", con il grado postumo di Maggiore pilota. (Foto S. Doglio Niclot)

Left - centre: Gela airfield: July 1942. One of the last pictures of Flight Lieutenant Furio Doglio Niclot, photographed alongside his Macchi MC.202 "151-1" - M.M.9042 – which carries his identifying arrow head on both sides of the fuselage. The heroic Commander of the 151ª Squadriglia was shot down over Malta on the morning of the 27ᵗʰ of July 1942 by Flight Sergeant George Beurling, flying a Spitfire Vc, Code Number BR301/UF-S, part of a formation that had been scrambled from Tà Kalì. He shot down a second MC.202 of the 51° Stormo Caccia, led by Flight Sergeant Faliero Gelli, rescued and became a prisoner of war. The Piemontese officer, originally from Sardinia, was awarded a posthumous Medaglia d'Oro al Valor Militare (Gold Medal for Military Valour) and the rank of Squadron Leader. (Photo S. Doglio Niclot)

A sinistra - in basso: Piloti del 51° Stormo Caccia ripresi sull'aeroporto di Lonate Pozzolo, probabilmente incaricati del ritiro di nuovi velivoli. (Foto Archivio dell'Autore)

Left - bottom: Pilots of the 51° Stormo Caccia probably photographed at Lonate Pozzolo while collecting their new mounts. (Photo Author's Archive)

129

In alto: Personale della 151ª Squadriglia (20° Gruppo C.T.) raggruppato accanto ad un Macchi MC.202 della loro unità. (Foto B. Spadaro)

Top: Personnel of the 151° Gruppo (20° Gruppo C.T.) grouped around an MC.202 of their unit. (Photo B. Spadaro)

A sinistra - al centro e in basso: Lunedì 27 luglio 1942 lungo le pietraie dell'isolotto di Gozo. Giornata luttuosa per il 51° Stormo Caccia schierato sempre sul campo di Gela. In un feroce combattimento sull'isola, il reparto del "Gatto Nero" perdeva, come già detto, il Cap. Pilota Furio Doglio Niclot, colpito e fatto esplodere in volo dall'asso canadese Sergente Maggiore Pil. George Beurling. Lo stesso pilota centrava il Macchi MC.202 "378-11" – M.M.7842 – pilotato dal Serg. Magg. Faliero Gelli, costringendo il nostro pilota a compiere un disperato atterraggio sulle pietraie giallastre dell'isolotto di Gozo, posto a Nord dell'isola principale. Qui il Serg. Magg. Gelli veniva catturato e portato a La Valletta, dove, per ragioni non del tutto chiare, dava false generalità, dichiarando di chiamarsi "Cino Valentini"! Più tardi sarà inviato negli Stati Uniti d'America e internato in un campo di "Prisoner of War". (Foto I. W. M.)

Left - centre and bottom: Monday 27th of July 1942, on the stony wastes of Gozo (Malta). This day was to be tragic for the 51° Stormo Caccia, based at Gela. In a ferocious combat over the British island, the "Gatto Nero" (Black Cat Wing) lost Flying Officer Furio Doglio Niclot, whose aircraft blew up in mid air after being hit by the Canadian ace Flight Sergeant George Beurling. The same pilot also hit Macchi MC.202 "378-11" –M.M.7842 - flown by Flight Sergeant Faliero Gelli, forcing him to make a desperate wheels up landing on Gozo island, just to the north of Malta. Gelli was captured, and taken to La Valletta, where for unknown reasons he gave false personal details, declaming himself to be "Cino Valentini"! He was later sent to the U.S.A. and interned in a Prisoner of War Camp. (Photo I. W. M.)

In alto a sinistra: Il Sergente Maggiore Pilota Gorge "Buzz" Beurling, l'abile pilota canadese, in forza al 249 Squadron, sotto il comando dello Squadron/Leader B. P. Lucas. Nell'immagine il Sottufficiale mostra i "souvenirs" tratti dai rottami del Macchi MC.202 del Serg. Magg. Pil. Faliero Gelli, da lui colpito e fatto atterrare in emergenza sull'isolotto di Gozo. (Foto I. W. M./Via C. Shores)

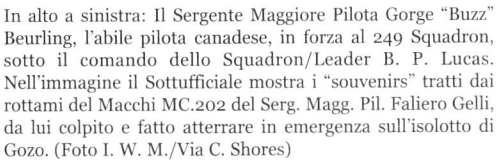

Top left: Flight Sergeant Gorge "Buzz" Beurling, the skillful Canadian pilot who served with 249th (Fighter) Squadron under the command of Squadron Leader B. P. Lucas. In the photo, the N.C.O. shows off the souvenirs culled from the wreck of Flight Sergeant Gelli's Macchi MC.202, hit and forced down on Gozo island. (Photo I. W. M./Via C. Shores)

In basso: Un altra bella foto di un Macchi MC.202 della 374ª Squadriglia in volo di vigilanza sul territorio siciliano. (Foto A. M.)

Bottom: Another nice shot of a Macchi MC.202 of the 374ª Squadriglia on a patrol flight over Sicilian territory. (Photo A. M.)

In alto a destra: Il Macchi MC.202 del Serg. Magg. Pilota Faliero Gelli viene "cannibalizzato" per i trofei di guerra, che lo stesso George Beurling vorrà farsi consegnare e con i quali si fece immortalare in una foto-ricordo del tempo. L'immagine ci mostra l'accurato ritaglio dell'emblema del "Gatto Nero" da parte di uno specialista della RAF. (Foto I. W. M.)

Top right: The Macchi MC.202 of Flight Sergeant Faliero Gelli is stripped of all available souvenirs, some of which were requested by George Beurling himself, and used in a famous photo published at the time. Here, technicians of the RAF, accurately cut out the "Black Cat" emblem of the 51° Stormo Caccia. (Photo I. W. M.)

Sopra: Un gruppo di Ufficiali della RAF, probabilmente addetti all'Intelligence Service, esamina il motore del Macchi MC.202 del Serg. Magg. Pil. Faliero Gelli. (Foto I. W. M.)

Above: An RAF Intelligence team studies the engine area of Flight Sergeant Faliero Gelli's Macchi MC.202. (Photo I. W. M.)

A destra: Un isolato Macchi MC.202 della 71ª Squadriglia/17° Gruppo C.T./1° Stormo Caccia, fotografato su una base avanzata del fronte libico egiziano. (Foto A. Vigna)

Right: An isolated MC.202 of the 71ª Squadriglia/17° Gruppo C.T./1° Stormo Caccia, photographed at an advanced airbase of the Libyan-Egyptian front. (Photo A. Vigna)

In basso: Piloti ed aerei della 73ª Squadriglia C.T. appena giunti sul fronte dell'Africa settentrionale, iniziando il loro "peregrinare", combattendo, su tutta la frontiera libica. In questo primo ciclo del 4° Stormo C.T. le perdite furono di due soli piloti. (Foto A. M.)

Bottom: Pilots and Macchi MC.202s of the 73ª Squadriglia C.T. recently arrived on the North African front begin their nomadic combat tour of the Libyan theatre. In this first cycle only two pilots of the 4ᵗʰ Stormo C.T. were lost. (Photo A. M.)

In alto: Il Macchi MC.202 del S. Tenente Pilota Pietro Menaldi della 151ª Squadriglia/20° Gruppo/51° Stormo Caccia, sul cui cappottone gli amici dell'unità avevano voluto scrivergli una frase d'incoraggiamento ed augurio… "Forza Pierino". Il giovane pilota fu invece abbattuto su Malta il 13 luglio 1942, insieme con un compagno di Squadriglia, il S. Tenente Pil. Rosario Longo. Ad abbattere i due cacciatori del "Gatto Nero" furono alcuni piloti del 126 Squadron di Tà Kalì. (Foto B. Spadaro)

Top: The Macchi MC.202 of Pilot Officer Pietro Menaldi of the 151ª Squadriglia/20° Gruppo C.T./51° Stormo Caccia. Despite his colleagues having painted an encouraging slogan and a greeting on the cowling… "Come on Pierino". The young pilot was shot down over Malta on the 13th of July 1942 together with another pilot from the same unit, Pilot Officer Rosario Longo. Both fighters of the "Black Cat" fell victim to the attack of 126th (Fighter) Squadron of Tà Kalì. (Photo B. Spadaro)

In basso a sinistra: Il Macchi MC.202 "151-2" – M.M.9066 – dell'eroico M.llo Pilota Ennio Tarantola ripreso a Gela (in compagnia di un collega), poco prima di una partenza per il cielo di Malta. (Foto E. Tarantola/Via G. Di Giorgio)

Bottom left: The Macchi MC.202 "151-2" – M.M.9066 – of the heroic Warrant Officer Ennio Tarantola photographed at Gela (with a friend) before taking off for the sky of Malta. (Photo E. Tarantola/Via G. Di Giorgio)

In basso a destra: Fitto schieramento di Macchi MC.202 del 155° Gruppo C.T./51° Stormo Caccia sull'aeroporto di Pantelleria. E' in corso l'"Operazione Harpoon" (Battaglia di Mezzo-agosto del 1942) e tutta l'Aeronautica della Sicilia e della Sardegna, soprattutto i reparti aerosiluranti, sono impegnati a contrastare la navigazione dell'imponente convoglio britannico. La scorta dei nostri caccia ai bombardieri e agli aerosiluranti italo-tedeschi fu molto preziosa. (Foto Bundesarchiv)

Bottom right: A large concentration of Macchi MC.202s of the 155° Gruppo C.T./51° Stormo Caccia at Pantelleria airfield. "The "Operation Harpoon" (mid August 1942) is at its height, and all the assets of the Sicilian and Sardinian air commands are involved in the attacks on the passage of the important British convoy. The missions flown by the fighters, escorting Italian and German bomber and torpedo attacks, were precious. (Photo Bundesarchiv)

In alto: Misera fine di un Macchi MC.202 - M.M.7855 - della 151ª Squadriglia/20° Gruppo C.T./51° Stormo Caccia e del suo pilota, Sergente Gian Luigi Berna, esploso in atterraggio sul campo di Gela il 17 settembre 1942, dopo essere stato colpito su Malta ed aver tentato un disperato rientro alla base siciliana. (Foto Arch. dell'Autore)

Top: The sad remains of a Macchi MC.202 – M.M.7855 – of the 151ª Squadriglia/20° Gruppo C.T./51° Stormo Caccia, damaged over Malta, was nursed back to Gela by Sergeant Gian Luigi Berna, but exploded on landing over Sicilian airbase! Aircraft destroyed, Pilot killed! (Photo Author's Archive)

Al centro: Uno specialista del 51° Stormo Caccia, il M.llo Mot. Edoardo De Santis, Capo Motorista della 353ª Squadriglia/20° Gruppo C.T., ripreso accanto ad un aeroplano della sua unità. (Foto A. Vigna)

Centre: A technician, of the 51° Stormo Caccia, the Warrant Officer Edoardo De Santis (Chief Engine Technician) of the 353ª Squadriglia/20° Gruppo C.T., photographed near by an aircraft of his unit. (Photo A. Vigna)

In basso: Un' interessante immagine di un Macchi MC.202 – M.M.9691 – XI Serie, produzione Breda, con le insegne del 51° Stormo Caccia, appartenente alla 353ª Squadriglia del 20° Gruppo C.T. (Foto A. M.)

Bottom: An interesting shot of MC.202 – M.M.9691 – XI Series, Breda production, with the insignia of the 51° Stormo, assigned to the 353ª Squadriglia of the 20° Gruppo C.T. (Photo A. M.)

A destra: Particolare ravvicinato della fiancata sinistra di un MC.202 della 79ª Squadriglia/6° Gruppo C.T./1° Stormo Caccia presente sul fronte egiziano. L'aereo, codificato "79-9", appartiene al Comandante di Squadriglia, Cap. Pil. Edoardo Baldini, evidenziato dal guidoncino triangolare riportato proprio sotto l'abitacolo. (Foto Bundesarchiv/Via C. Gori)

Right: An interesting image of the left hand side of a Macchi MC.202 of the 79ª Squadriglia/6° Gruppo/1° Stormo Caccia, taken on the Egyptian front. The aircraft, coded "79-9", belongs to the Squadriglia Commander, Flight Lieutenant Edoardo Baldini, as evidenced by the triangular pennant just under the cockpit. (Photo Bundesarchiv/Via C. Gori)

A sinistra: Aeroporto di Sciacca: novembre 1942. E' iniziato dal vasto campo siciliano l'interminabile e diuturno "ponte aereo" con le sponde africane, gli ultimi lembi della Tripolitania e il territorio tunisino, dove, in seguito allo sbarco americano, si tenta di rinfocolare un fronte in continuo fermento. L'immagine ci mostra in primo piano un MC.202 della 372ª Squadriglia/153° Gruppo/53° Stormo Caccia "Asso di Bastoni" e in secondo piano un S.82 da trasporto in fase di decollo. (Foto A. M.)

Left: Sciacca airfield: November 1942: from the vast Sicilian airfield, the interminable and debilitating "air-bride" has been initiated, linking Italy with the last Italian occupied areas of Tripolitania and Tunisia where, following the American invasion, the Italians attempted to support a front which was in continual ferment. In the foreground on the photo is a Macchi MC.202 of the 372ª Squadriglia/153° Gruppo C.T./53° Stormo Caccia "Asso di Bastoni", while in the background a transport SIAI Marchetti S.82 is departing for Africa. (Photo A. M.)

In basso: Il relitto del Macchi MC.202 della 351ª Squadriglia/155° Gruppo C.T./51° Stormo Caccia – M.M.8342 – pilotato dal Tenente Aristide Sarti, costretto ad atterrare in emergenza sull'isola di Pantelleria il 12 agosto 1942. Sullo sfondo s'intravede qualche velivolo e le classiche "guddjie" della splendida isola mediterranea. (Foto G. Franchini)

Bottom: The wreck of the Macchi MC.202 of the 351ª Squadriglia/155° Gruppo C.T./51° Stormo Caccia – example with M.M.8342 - piloted by Flying Officer Aristide Sarti was forced to land on Pantelleria island on the 12th of August 1942. In the background some aircraft and the classic "guddjie" of the splendid Mediterranean island are visible. (Photo G. Franchini)

A sinsitra: Un momento di riposo tra un controllo e l'altro dei loro Macchi MC.202 per gli specialisti del 51° Stormo. Alcuni dei velivoli del reparto sono parcheggiati al di fuori di uno dei miseri hangars presso l'aeroporto di Gela. Gli abili specialisti del Com.te Aldo Remondino hanno costruito un forno per cucinare la pizza ed attendono i loro primi risultati! (Foto G. Ambrosio)

Left: A break from the maintenance of their Macchi MC.202 for some groundcrew of the 51° Stormo. Some of the aircraft of the unit are parked outside one of the miserable hangars of Gela airfield. The capable Specialists of Commader Aldo Remondino have constructed a field pizza oven, and await their first results! (Photo G. Ambrosio)

A destra: Insolite immagini d'alcuni Macchi MC.202 che mostrano uno schema mimetico introdotto nella produzione 1942. Tale schema, designato "Metropolitano", era composto di una tinta verde oliva scura. (Foto A. Vigna)

Right: An unusual picture of some Macchi MC.202s that show a camouflage scheme introduced in the 1942 production. The colour-scheme designated "Metropolitano", was an overall dark olive green colour. (Photo A. Vigna)

In basso: Aeroporto di Gela, tarda estate del 1942. Il Capitano Pil. Carlo Miani (in piedi nell'uniforme da campo), osserva divertito l'armeggiare d'alcuni suoi colleghi attorno ad un "sidecar", costretto a fermarsi per una possibile avaria. Sullo sfondo un Macchi MC.202 della 360ª Squadriglia. (Foto Fam. Miani)

Bottom: Gela airfield: late summer 1942. Flight Lieutenant Carlo Miani (standing wearing field uniform), is watching with amusement a few of his colleagues as they gather round an unserviceable sidecar. In the background a Macchi MC.202 of the 360ªSquadriglia. (Photo Miani's Family)

In alto: Macchi MC.202 del 9° Gruppo al riparo di una serie di muretti paraschegge in cemento. Il battesimo del fuoco per i "Folgore" presenti nell'area siciliana avvenne nel primo pomeriggio del 30 settembre 1941, quando la Sezione d'Allarme della 97ª Squadriglia rintuzzò l'attacco di sette Hurricane Mk.IIc del Fighter Squadron 185, provenienti dall'aeroporto maltese di Hal Far guidato dallo Sq/Ldr P. W. Mould. L'Ultra Secret britannico aveva già captato l'arrivo dei nuovi monoplani italiani in Sicilia! I tre MC.202 d'allarme della 97ª Squadriglia, pilotati da Frigerio, Tessari e Salvadori manovrarono con abilità verso il nemico, colpendo uno dei velivoli inglesi (esemplare Z5265), pilotato dal Pilot Officer D. W. Lintern, costretto a lanciarsi in prossimità dell'isolotto di Gozo, registrando così la prima vittoria per un Macchi MC.202 nel difficile teatro del Mediterraneo. Nello stesso pomeriggio un Fulmar fece la stessa fine. Protagonisti di questo fortunato inizio i Tenenti Piloti Jacopo Frigerio, Luigi Tessari ed il Serg. Pil. Raffaello Novelli. Al mattino dopo vittoria più eclatante nel cielo di Malta, dove i Macchi MC.202 del 9° Gruppo Caccia andarono a sfidare i presuntuosi albionici, abbattendo lo Squadron Leader del Fighter Squadron 185, P. W. "Boy" Mould, un ufficiale della RAF pluridecorato! (Foto A. M.)

Top: Macchi MC.202s of the 9° Gruppo C.T. in their blast pens at Còmiso. The first action involving the Sicilian "Thunderbolts" occurred in the early afternoon of the 30th of September 1941, when the Sezione d'Allarme (Alarm Section) was scrambled to meet a raid comprising seven Hurricane IIcs of the (Fighter) 185th Squadron, coming from the Maltese Hal Far airport, led by their commanding officer Squadron Leader P. W. Mould. The British "Ultra Secret" had intercepted the arrival of new Italian fighters in Sicily! The three MC.202s of the 97° Squadriglia (Frigerio, Tessari and Salvadori) managed to confront their opponents, and Flying Officer Jacopo Frigerio damaged the aircraft of Pilot Officer Lintern (example Z5265), forcing him to bail out just north of Gozo island. This was the first victory for a Macchi MC.202 in the hostile Mediterranean theatre. On the same day, some hours afterwards, there was another victory for the Macchi MC.202 of the 9° Gruppo C.T. when a Fulmar was shot down by Flying Officers Jacopo Frigerio and Luigi Tessari and Sergeant Raffaello Novelli. On the morning of the 1st of October 1941 there was a new important victory over Malta, when Italian MC.202 pilots challenged the British arrogance. In this new battle the Squadron leader of the 185th Squadron, P. W. "Boy" Mould, a highly decorated RAF officer, was shot down and killed. (Photo A. M.)

A sinistra: Foto propagandistica del tempo di guerra. Un pilota del 4° Stormo C.T. in perfetta tenuta da volo, con classica "Marus", caschetto di pelle marrone della stessa ditta, occhialoni "Protector, salvagente personale della "Pirelli" e paracadute "Salvator". Sullo sfondo una linea di MC.202. (Foto Ist. Luce/Via C. Lucchini)

Left: A wartime propaganda photo, showing a pilot of the 4° Stormo C.T. in full flying kit. The flying suit is the classic "Marus", with a maroon leather helmet, made by the same company. The goggles are "Protector", the life-jacket "Pirelli", and the parachute a "Salvator". In the background a line of MC.202s. (Photo Ist. Luce/Via C. Lucchini)

In alto: Aeroporto di Sciacca: Macchi MC.202 della 367ª/368ª Squadriglia/151° Gruppo C.T./53° Stormo Caccia "Asso di Spade" schierati in Sicilia. Più tardi il reparto sarà inviato sull'isola di Pantelleria, dove il Comandante, Capitano Pil. Bernardino Serafini, dovette affrontare seri problemi operativi, assolvendo un impegno più gravoso di quanto la linea di volo del 151° Gruppo Caccia potesse offrire. La supremazia delle forze aeree alleate nel Mediterraneo centrale era tale che nulla avrebbe potuto cambiare una sorte già segnata. (Foto A. M.)

Top: Macchi MC.202s of the 367ª/368ª Squadriglia/151° Gruppo C.T./53° Stormo Caccia "Asso di Spade" parked at Sciacca airfield in Sicily. The unit was later detached to the island of Pantelleria, where the commander, Flight Lieutenant Bernardino Serafini, had to confront serious problems, being required to perform tasks greater than the resources of the 151° Gruppo Caccia could reasonably manage. The supremacy of Allied air-forces in the central Mediterranean had become overwhelming, and no effort could change a destiny that had already been sealed. (Photo A. M.)

Al centro: Una coppia di Macchi MC.202 della 360ª Squadriglia/155° Gruppo C.T./51° Stormo Caccia, ripresi durante una scorta diretta ad una sezione di S.84 del 9° Stormo B.T. in volo per Malta. (Foto G. Massimello)

Centre: A pair of Macchi MC.202s of the 360ª Squadriglia/155° Gruppo C.T./51° Stormo Caccia, during a direct escort for a section of S.84s (9° Stormo B.T.) flying to Malta. (Photo G. Massimello)

In basso: Vistoso squarcio sulla superficie del piano di coda per un MC.202 del 51° Stormo Caccia prodotto da un proiettile da 20 mm sparato da uno Spitfire V di Malta. Il Macchi deve aver subito anche dei danni al motore, intuibile dall'evidente macchia d'olio che ha investito la superficie interna dello stesso piano. (Foto Archivio dell'Autore)

Bottom: The damaged tailplane of a 51° Stormo Caccia MC.202, hit by a 20 mm cannon shell fired by a Spitfire V from Malta. The Macchi also received hits on its engine: oil had leaked, and stained the inner stabiliser area. (Photo Author's Archive)

A destra: Piloti del 51° Stormo C.T. in servizio d'allarme sull'isola di Pantelleria. Momenti di relax per due Ufficiali del "Gatto Nero", muniti di "bandana" alla bucaniera, ripresi accanto alla prua del Macchi MC.202 del Capitano Pil. Giovanni Franchini, dove appare il simbolo di un coniglietto, personale emblema dell'Ufficiale emiliano. (Foto C. Shores)

Right: Pilots of the 51° Stormo C.T. in "Alert Service" at Pantelleria airfield. A moment of relaxation for two officers of the "Black Cat", wearing handkerchief over their heads... like buccaneers, photographed by the Macchi MC.202 of Flight Lieutenant Giovanni Franchini. A small rabbit the personal badge of the Emilian officer, has been painted on the nose of his aircraft. (Photo C. Shores)

Sopra: Tre MC.202 della 151ª Squadriglia/20° Gruppo C.T./51° Stormo Caccia pronti a partire per una ricognizione su Malta. (Foto B. Spadaro)

Above: Three MC.202s of the 151ª Squadriglia/20° Gruppo C.T./51° Stormo Caccia, ready to depart for a patrol over Malta. (Photo B. Spadaro)

139

In alto e al centro: Spiaggia di Scoglitti (Siracusa): 9 settembre 1942: lo Spitfire Vc contrassegnato dal S/N BR112/X, appartenente al Fighter Squadron 185, decollato dall'aeroporto di Hal Far, ai comandi di un giovane Sergente americano, tale Gorge Weaver III, originario dell'Oklaoma, ma al servizio della RAF, abbattuto dal Macchi MC.202 del Ten. Pilota Paolo Damiani della 352ª Squadriglia (20° Gruppo C.T./51° Stormo Caccia). Lo Spitfire Vc, colpito seriamente al motore, fu costretto a compiere un fortunoso atterraggio sul bagnasciuga della spiaggia siciliana, dove il personale del 51° Stormo C., col Com.te Aldo Remondino in testa, andarono a visionarlo. Da questo aereo il Capitano Gari Dante Curcio riuscì a recuperare, intatti, gli apparati IFF. La nota più curiosa fu quando il Sgt. Weaver fu liberato dagli Alleati e ad essi confessò di non essere stato abbattuto, ma di essere stato costretto all'atterraggio forzato per noie al motore! Tornato a combattere, il giovane americano fu probabilmente abbattuto al Nord Italia, da Macchi MC.205 dell'Aeronautica Nazionale Repubblicana. La foto sotto ci mostra i due protagonisti del 9 settembre 1942. A sinistra il Ten. Pil. Paolo Damiani... l'abbattitore, a destra il Sergente Gorge Weaver III... il falso e bugiardo pilota yankee! (Foto Ing. D. Curcio & National War Association Museum of Malta)

Top and centre: The beach at Scoglitti (Siracusa): 9th of September 1942. Spitfire Vc BR112/X of 185th (Fighter) Squadron took off from Hal Far with a young American Sergeant at the controls, George Waver III. Originally from Oklaoma, but serving with the RAF he was forced down by the Macchi MC.202 of Flying Officer Paolo Damiani of the 352ª Squadriglia (20° Gruppo C.T./51° Stormo Caccia). The Spitfire, which suffered strikes on its engine, was forced to land in the surf of the Sicilian beach, and personnel of the 51° Stormo Caccia, with their Commander Aldo Remondino at their head, raced to inspect it. Captain Gari (Engineer) Dante Curcio managed to recover the precious IFF equipment from the aircraft. A curious note is when Weaver was liberated by the advancing Allies, he alleged that he had not been shot down, but had suffered engine problems! Returning to combat, the young American was shot down and killed probably over Northern Italy by a Macchi MC.205/V of the Aeronautica Nazionale Repubblicana. The photos below show the two protagonists of the 9th of September 1942: on the left Flying Officer Paolo Damiani, the winner and on the right the false and lying yankee pilot George Weaver! (Photo Ing. D. Curcio & National War Association Museum of Malta)

In alto: Macchi MC.202 del 151° e del 153° Gruppo C.T., entrambi del 53° Stormo Caccia, con la nuova numerazione in numeri romani sulle fiancate di fusoliera. Differenti gli emblemi del reparto, l'"Asso di Spade" e l'"Asso di Bastoni". (Foto A. M.)

Top: Macchi MC.202s of the 151° and 153° Gruppo C.T., both of the 53° Stormo Caccia, with the new roman code numbers on the fuselage. The insignias of the units: "Ace of Clubs" and "Ace of Spades are different. (Photo A. M.)

Sopra: Macchi MC.202 del 3° Stormo Caccia in ritirata lungo tutta la tormentata fascia del litorale Cirenaico e Tripolitano, dopo aver lasciato il fronte egiziano. (Foto A. Vigna)

Above: Macchi MC.202s of the 3° Stormo Caccia in retreat all along the tormented line of Cyrenaica and Tripolitania, after leaving the Egyptian front. (Photo A. Vigna)

A sinistra: Un Macchi MC.202 del 10° Gruppo C.T., con la sua originale tenuta mimetica. (Foto C. Lucchini)

Left: An MC.202 of the 10° Gruppo C.T., with its original colour-scheme. (Photo C. Lucchini)

141

In alto: Piloti della 395ª Squadriglia/154° Gruppo Autonomo C.T. a Rodi. In cabina del Macchi MC.202 vi è il Tenente Pilota Luigi Matelli. (Foto L. Matelli)

Top: Pilots of the 395ª Squadriglia/154° Gruppo Autonomous at Rodi. In the cockpit is the then Flying Officer Luigi Matelli. (Photo L. Matelli)

A destra: Pronti al decollo! Macchi MC.202 del 3° Stormo C.T. allineati sul deserto africano, prima della loro partenza per una disperata missione contro il nemico! Sono le ultime resistenze degli uomini del Com.te Tito Falconi su questo difficile teatro di guerra. (Foto C. Lucchini)

Right: Ready for take off! Macchi MC.202s of the 3° Stormo C.T. over the African desert, before their departure for a desperate raid against the enemy! They offer the last resistance of the airmen of Commander Tito Falconi in this difficult theatre of war. (Photo C. Lucchini)

A sinistra: Un MC.202 della 378ª Squadriglia/155° Gruppo C.T./51° Stormo Caccia in volo verso Malta. (Foto G. Ambrosio)

Left: An MC.202 of the 378ª Squadriglia en-route to Malta. (Photo G. Ambrosio)

In alto: Una messa in moto con la classica manovella per un MC.202 della 378ª Squadriglia a Gela. (Foto G. Ambrosio)

Top: Engine start, using a classic starter motor handle for an MC.202 of the 378ª Squadriglia at Gela. (Photo G. Ambrosio)

A sinistra: Fronte russo: inverno 1942-43: un MC.202 della 386ª Squadriglia/21° Gruppo Autonomo C.T. si accinge a decollare da un campo avanzato, sulla neve delle steppe d'Ucraina. (Foto A. M.)

Left: Russian front: winter 1942-43. A Macchi MC.202 of the 386ª Squadriglia/21° Gruppo Aut. C.T. is preparing to depart from an advanced airfield in the snowy steppes of the Ukraine. In the background some MC.200s of the same unit. (Photo A. M.)

In basso: Macchi MC.202 del 23° Gruppo C.T. ripresi sulle aride sabbie del deserto africano. Siamo verso la fine dell'autunno del 1942 e la forza d'urto degli Alleati diventa ogni giorno più consistente. (Foto G. Specker/Via C. Gori)

Bottom: Macchi MC.202s of the 23° Gruppo C.T. parked in the arid sand of the African desert. It is about the end of autumn 1942, and every day the power of the Anglo-American forces is becoming ever more unstoppable. (Photo G. Specker/Via C. Gori)

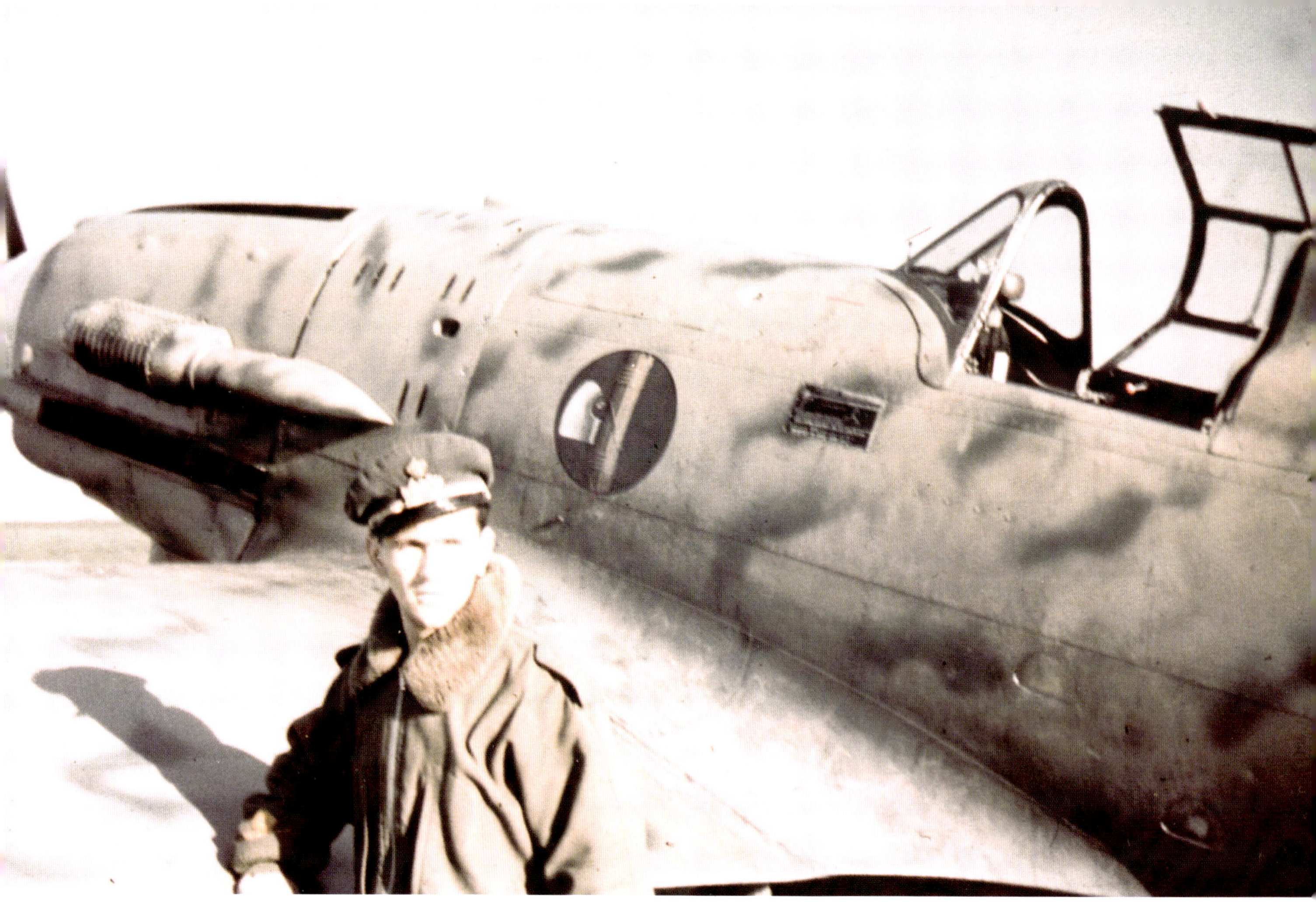

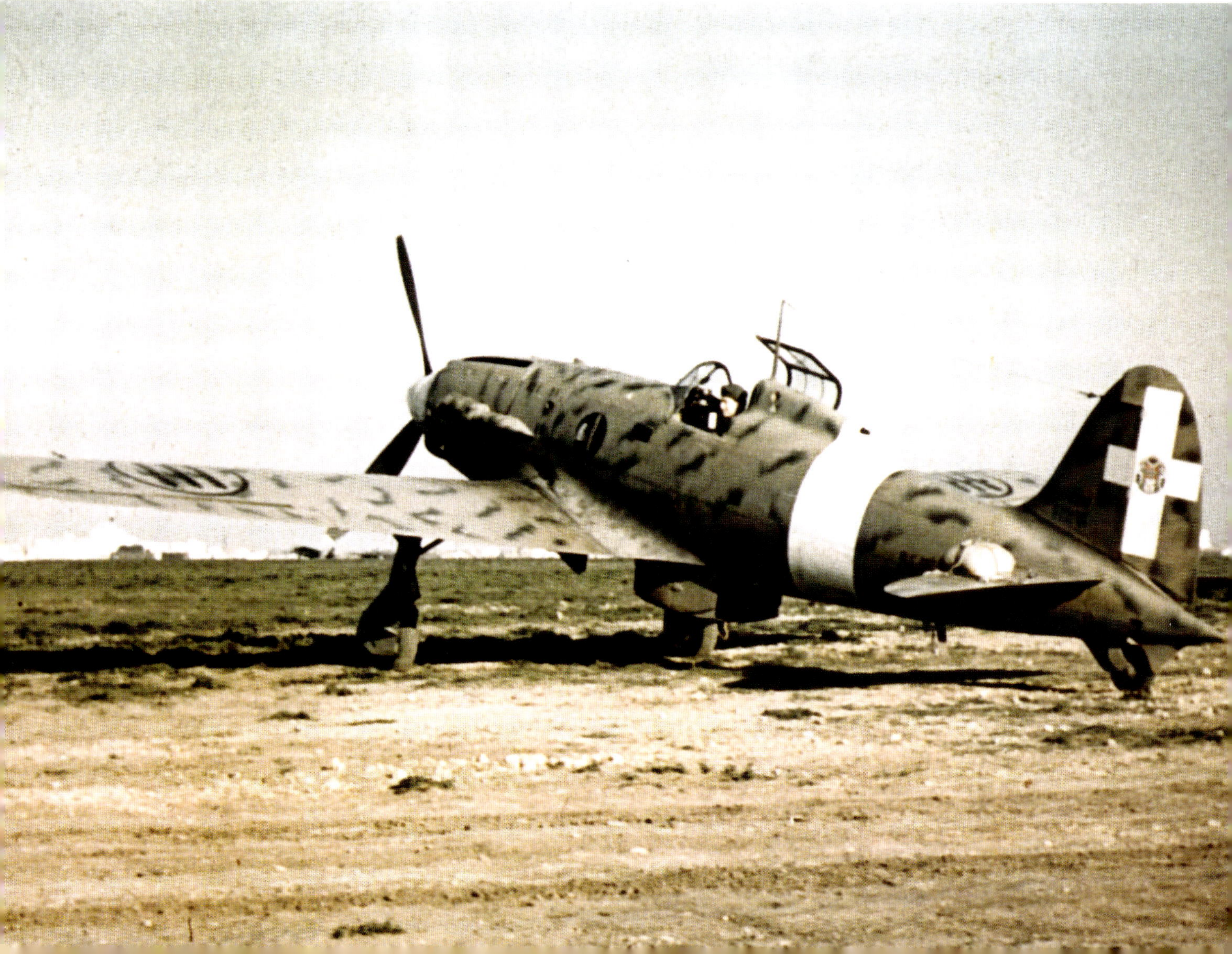

Pagina a fianco: Due splendide immagini a colori di Macchi MC.202 del 154° Gruppo Autonomo C.T. riprese a Rodi. Le foto ci permettono di osservare la caratteristica mimetizzazione a "virgole", di colore verde su fondo color nocciola chiaro, tipica colorazione dei velivoli prodotti dalla Breda. (Foto L. Matelli)

Opposite page: Two splendid colour shots of Macchi MC.202s of the 154° Gruppo Autonomo C.T. photographed at Rodi. The photos permit us to observe the characteristic camouflage of comma-shaped splotches, typical of Breda built aircraft. (Photo L. Matelli)

A sinistra: Macchi MC.202 del 3° Stormo C.T. decollano da un campo di fortuna, mentre il fronte arretra. (Foto Ist. Luce/Via A. Rigoli)

Left: Macchi MC.202s of the 3° Stormo C.T. taking off from an emergency landing ground, while the front withdraws. (Photo Ist. Luce/Via A. Rigoli)

1° dicembre 1942: gli effetti di un improvviso mitragliamento al suolo, sul campo di Gela, da parte di una sezione di otto Spitfire V, appartenenti allo Squadron 249, provenienti dall'aeroporto maltese di Tà Kalì, alla guida dello Squadron/Leader E. N. Woods. La base del 51° Stormo C.T. subì dei danni piuttosto seri, con il danneggiamento di alcuni MC.202 (uno dei quali visibile nella foto), l'incendio di una baracca, la morte di 4 uomini del 51° Stormo Caccia, con il ferimento di altri cinque! (Foto G. Ambrosio)

1st December 1942: The after-effects of a surprise straffing attack on Gela airfield by a section of eight Spitfire Vs of the 249th Squadron from Tà Kalì, led by Sq/Ldr E. N. Woods. The base of the 51° Stormo Caccia suffered serious damage, with several MC.202s damaged (one seen here), a barrack block burnt out, 4 men dead and 5 are injured! (Photo G. Ambrosio)

Una rara foto di un Macchi MC.202 della 377ª Squadriglia Autonoma C.T., distaccata a Palermo Boccadifalco per difendere il porto e la città. L'immagine mostra un gruppo di specialisti intenti a rifornire l'aereo... con la romantica, immancabile "Pompa Emanuel" a mano, presente in ogni circostanza! (Foto Ist. Luce/Via A. Rigoli)

A rare photo of a Macchi MC.202 from the 377ª Squadriglia Autonoma C.T., detached to Palermo Boccadifalco to defend the port and city. The photo shows a group of technicians intent on refuelling the aircraft... with the romantic "Manuel" hand pump, an ever present feature! (Photo Ist. Luce/Via A. Rigoli)

In alto a sinistra: Aeroporto di Pescara. Il Macchi MC.202 del Capitano Pilota Franco Lucchini parcheggiato sulla base abruzzese. L'ufficiale era un asso del 4° Stormo C.T., abbattuto il 5 luglio 1943 sulla piana di Catania, mentre stava intercettando una grossa formazione di bombardieri scortati da Spitfires della RAF. Era decorato di Medaglia d'Oro al V. M. "alla memoria". (Foto C. Lucchini)

Top left: Pescara airfield. The Macchi MC.202 of Flight Lieutenant Franco Lucchini, parked at the airbase in Abruzzo. The officer was an ace of the 4° Stormo Caccia, who was shot down on the 5th of July 1943 over the Catania plain while attempting to intercept a heavy bomber formation escorted by British Spitfires. He was posthumously awarded the Medaglia d'Oro al Valor Militare (Gold Medal for Military Valour). (Photo C. Lucchini)

In alto a destra: Un altro Macchi MC.202 dell'83ª Squadriglia/18° Gruppo C.T./3° Stormo Caccia pronto a decollare per una missione di guerra sul fronte egiziano. (Foto G. Specker/Via C. Gori)

Top right: Another Macchi MC.202 of the 83ª Squadriglia/18° Gruppo C.T./3° Stormo Caccia ready to take off for a mission over the Eyptian front. (Photo G. Specker/Via C. Gori)

In alto a sinistra: Il Tenente Michele Gallo, pilota della 151ª Squadriglia del 20° Gruppo C.T./51° Stormo Caccia in Sicilia. (Foto B. Spadaro)

Top left: Flying Officer Michele Gallo of the 151ª Squadriglia, 20° Gruppo C.T./51° Stormo Caccia in Sicily. (Photo B. Spadaro)

In alto a destra: Un Macchi MC.202 del 51° Stormo Caccia ripreso accanto ad un FIAT CR.42 della Caccia Notturna in Sicilia, Sulla carenatura del carrello sinistro l'aereo mostra i classici "gradi" a "freccia", nell'occasione quelli di un Sottotenente. Una brillante invenzione del Tenente Pilota Giovanni Ambrosio della 378ª Squadriglia. (Foto Bundesarchiv)

Top right: A Macchi MC.202 of the 51° Stormo Caccia photographed alongside a FIAT CR.42 night fighter in Sicily. The undercarriage door of the "Thunderbolt" is marked with the classic arrowhead rank marking, in this case that of a Pilot Officer. A brilliant idea of Flying Officer Giovanni Ambrosio of the 378ª Squadriglia. (Foto Bundesarchiv)

A destra: Colpi di cannoncino Hispano Suiza H.S.840 da 20 mm, presenti a bordo degli Spitfire V di Malta, hanno danneggiato, in maniera piuttosto grave, il terminale di fusoliera e lo stabilizzatore di un Macchi MC.202 della 378ª Squadriglia, esemplare con M.M.7846, ai comandi del Ten. Pilota Manlio Biccolini, che rientrò a Gela ferito da schegge di proiettili al collo e ad una gamba. Lo scontro avvenne sull'isola inglese nel pomeriggio del l'8 luglio 1942 con Spitfire V del 249 Squadron. (Foto Archivio dell'Autore)

Right: Shots from the Hispano Suiza H.S.804 200 mm cannon, mounted on the Spitfire Vs based in Malta have damaged the stabiliser of this 378ª Squadriglia MC.202 – M.M.7846 – led by Flying Officer Manlio Biccolini, in combat over the British island with Fighter Squadron 249 on the afternoon of the 8th of July 1942. The Italian pilot was hit and wounded in the neck and leg. (Photo Author's Archive)

In basso: Altre immagini di Macchi MC.202 del 3° Stormo C.T. in piena ritirata sul fronte africano. Dall'Egitto alla Cirenaica, fino a Tripoli, con la prospettiva di oltrepassare i confini e ripiegare in Tunisia. La controffensiva finale del Maresciallo Montgomery ha frantumato le resistenze dell'Asse, costrette a ritirarsi, sia pure con ordine, verso Ovest. Le sabbie del deserto mostrano i segni delle distruzioni! (Foto W. Dusi)

Bottom: The 3° Stormo Caccia continues its long retreat through Egypt, Cyrenaica, to Tripoli, falling back eventually to Tunisia. The final Allied counter-offensive led by Field Marshall Montgomery shattered the Axis forces, already in retreat, albeit in some order to the west. The desert sands show the sign of destruction! (Photo W. Dusi)

A sinistra: Specialisti del 21° Gruppo Autonomo C.T. ripresi accanto alla coda di uno dei loro Macchi MC.202, sulla cui deriva spicca il "Centauro", segno distintivo del reparto italiano. (Foto A. Vigna)

Left: Technicians of the 21° Gruppo Autonomo C.T. photographed by the tail of one of their MC.202s, which features the "Centauro", badge of the Italian unit. (Photo A. Vigna)

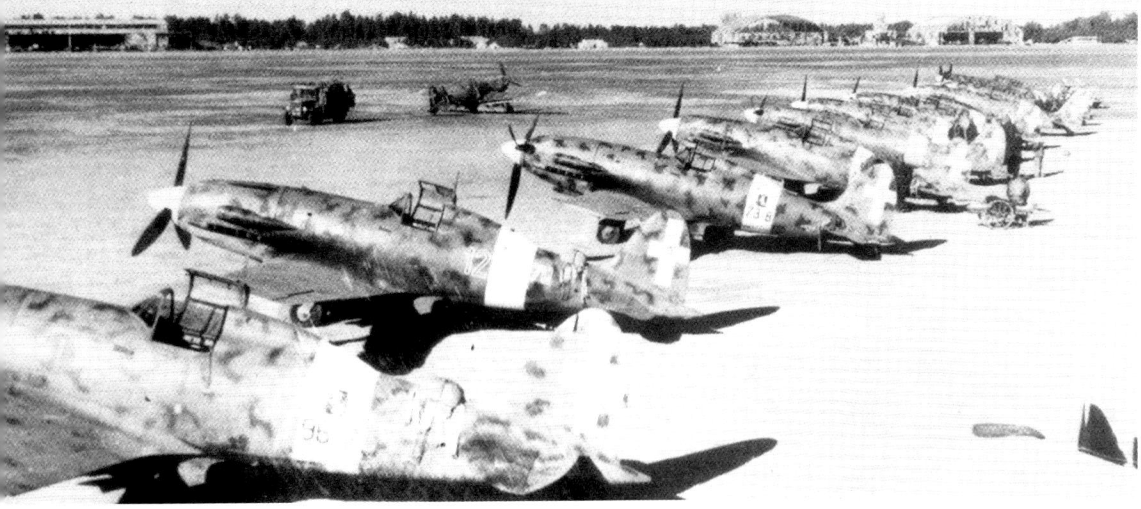

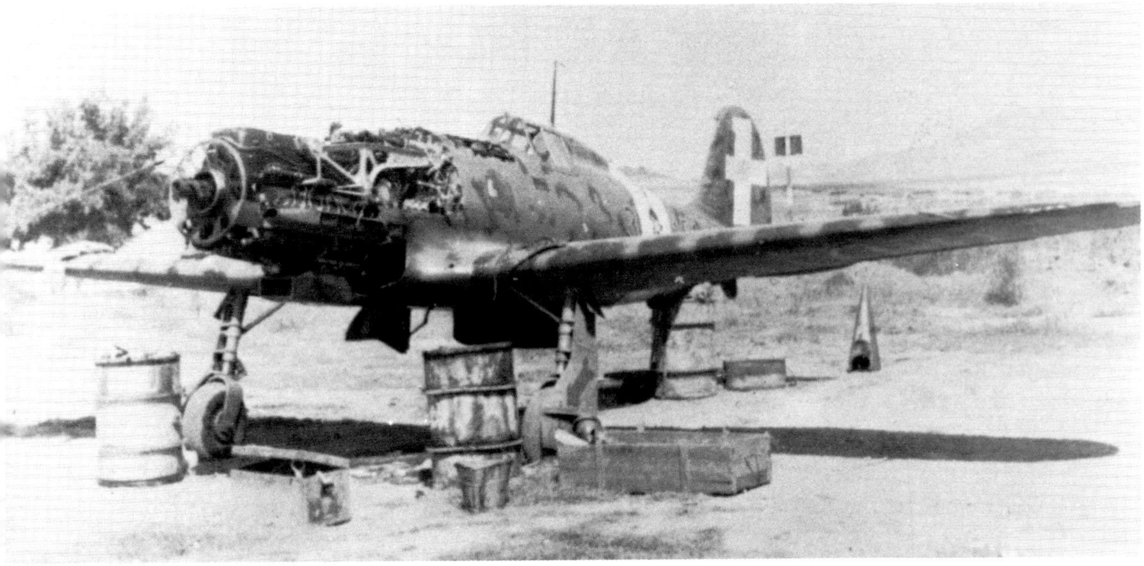

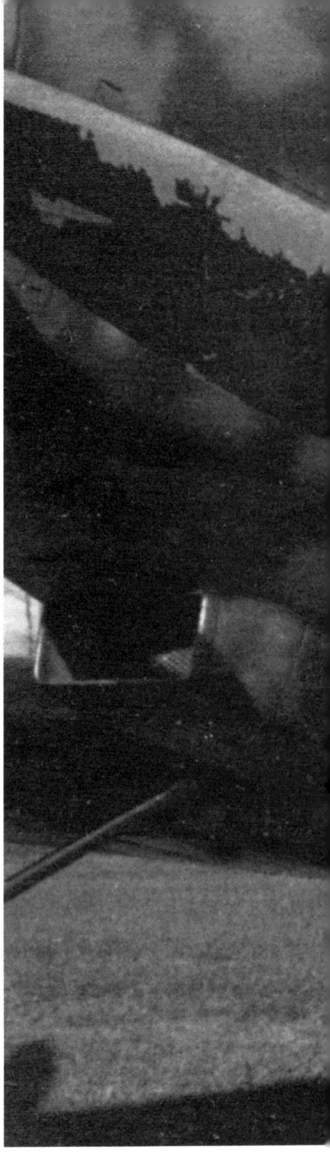

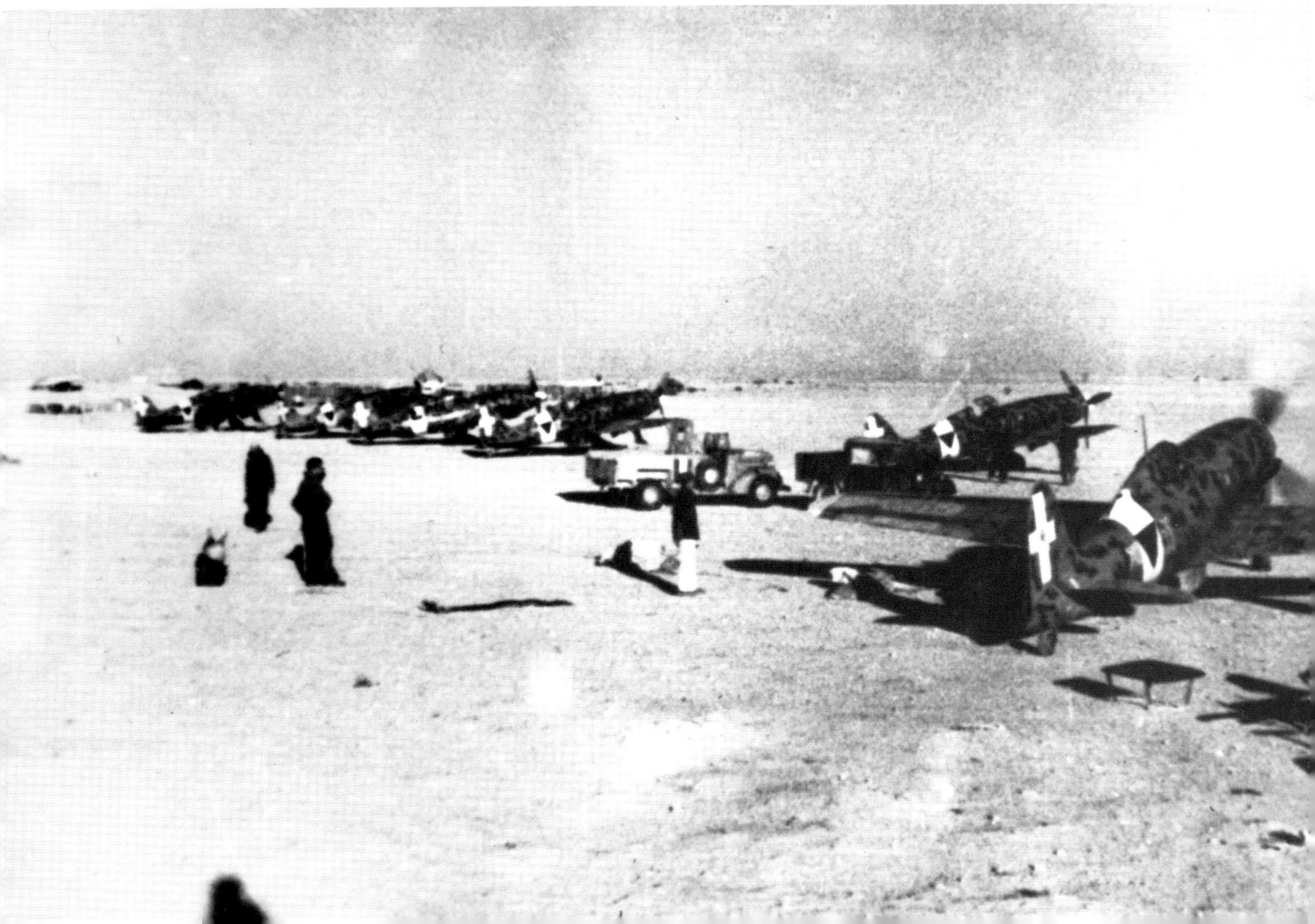

Pagina a fianco - in alto: Aeroporto di Castel Benito (Tripoli). Macchi MC.202 del 4° Stormo Caccia, con alcuni del 3° (vedasi esemplare "70-12" della 70° Squadriglia del Cap. Pil. Claudio Solaro), dopo la triste ritirata dal fronte egiziano, lungo le basi della Cirenaica e della Tripolitania, in sosta d'attesa sull'ultimo lembo di territorio italiano, prima di transitare in Tunisia (solo il 3° Stormo Caccia). (Foto C. Lucchini)

Opposite page - top: The airport of Castel Benito (Tripoli) Macchi MC.202s of the 4° Stormo Caccia, with some of the 3° (see example "70-12" of the 70° Squadriglia of Flight Lieutenant Claudio Solaro), after the sad retreat from the Egyptian front passing through the airbases of Cyrenaica and Tripolitania, remain on stand-by on the last strip of Italian territory, before transferring to Tunisia (only the 3° Stormo Caccia). (Photo C. Lucchini)

Pagina a fianco - al centro: Manutenzione all'aperto per un Macchi del 51° Stormo Caccia sull'aeroporto di Gela. (Foto Archivio dell'Autore)

Opposite page - centre: Open air maintenance at Gela for a Macchi MC.202 of the 51° Stormo Caccia. (Photo Author's Archive)

Pagina a fianco - in basso: Macchi MC.202 del 23° Gruppo C.T./3° Stormo Caccia durante la loro inarrestabile ritirata in Nord Africa. L'unità era costantemente impegnata a contrastare la caccia avversaria. (Foto W. Dusi)

Opposite page - bottom: Macchi MC.202s of the 23° Gruppo C.T./3° Stormo Caccia during their unstoppable retreat in North Africa. The unit was constantly engaged in combat with Allied fighters. (Photo W. Dusi)

In questa pagina - in alto: Il Sergente Maggiore Francesco Bozzi, pilota della 368ª Squadriglia/151° Gruppo C.T./53° Stormo Caccia, ripreso sull'ala del suo Macchi MC.202 sull'aeroporto di Palermo Boccadifalco. (Foto F. Bozzi)

This page - top: Flight Sergeant Francesco Bozzi, pilot of the 368ª Squadriglia/151° Gruppo C.T./53° Stormo Caccia, photographed on the wing of his MC.202 at Palermo Boccadifalco. (Photo F. Bozzi)

In alto: Piloti della 90ª Squadriglia/10° Gruppo C.T./4° Stormo Caccia, equipaggiati con il loro classico paracadute "Salvator", si avviano verso i loro Macchi MC.202 per compiere un'ennesima missione sulle linee britanniche. (Foto A. M.)

Top: Pilots of the 90ª Squadriglia/10° Gruppo C.T./4° Stormo Caccia, equipped with their classic "Salvator" parachute, in which they will complete another mission against British lines. (Photo A. M.)

Al centro: Un Macchi MC.202/III Serie, produzione Aermacchi, "151-3" – M.M.7831 - della 151ª Squadriglia/20° Gruppo C.T./51° Stormo Caccia, ripreso innanzi ad una delle misere baracche del campo di Gela. (Foto B. Spadaro)

Centre: A shot taken of the Macchi MC.202/III Series, Aermacchi production, "151-3" – M.M.7831 – of the 151ª Squadriglia/20° Gruppo C.T./ 51° Stormo Caccia in front of one of the miserable accommodation blocks of Gela airport. (Photo B. Spadaro)

In basso: Aeroporto di Catania. Un panzer PzKpw III della Divisione corazzata "Goering", transita lungo la strada interna dell'aeroporto siciliano, passando accanto ad un Macchi MC.202 del 1° Stormo Caccia. (Foto A. Ghizzardi/Via A. Vigna)

Bottom: A Panzer PzKpw III of the "Goering" armoured Division, passes along the internal road of the Sicilian airport of Catania, near a Macchi MC.202 of the 1° Stormo Caccia. (Photo A. Ghizzardi/Via A. Vigna)

Pagina a fianco - in alto: Schieramento di Macchi MC.202 del 4° Stormo C.T. (Foto Archivio dell'Autore)

Opposite page - top: A line up of Macchi MC.202s of the 4° Stormo C.T. (Photo Author's Archive)

Al centro: Aeroporto di Martuba: attacco inglese sulla linea dei Macchi MC.202 del 1° Stormo C.T. Qualche velivolo brucia ai margini del campo africano. (Foto A. Vigna)

Centre: Airport of Martuba: English attack on the line of Macchi MC.202s of the 1° Stormo. Some aircraft are burning in the corner of the African airfield. (Photo A. Vigna)

In basso: Ultime immagini di Macchi MC.202 del 23° Gruppo C.T./3° Stormo Caccia, praticamente... ultimi della Regia Aeronautica in territorio libico. La sezione d'Allarme del reparto del Comandante Luigi Filippi affida a questi pochi "Folgore" l'estrema difesa della città di Tripoli. La Sezione era assistita da una Stazione Radar, gestita da italiani e tedeschi, quindi possiamo affermare che questi aerei italiani erano in pratica i primi a beneficiare della presenza dei "Guida Caccia"... una soluzione purtroppo tardiva, che non fece altro che acuire i rimpianti e le amarezze dei nostri piloti da caccia! (Foto W. Dusi)

Bottom: A last shot of the Macchi MC.202s of the 23° Gruppo C.T./3° Stormo Caccia, pratically... last of the Regia Aeronautica on Libyan territory. The Alert Section of Sq/Ldr Luigi Filippi assigned these few "Thunderbolts" to the defence of Tripoli. The Section was assisted by a radar station, run by Italians and Germans, and these aircraft were the first Italian fighters to benefit from fighter controllers... unfortunately for the Italians, this development came too late, and only served to increase the bitterness and frustration of the fighter pilots! (Photo W. Dusi)

A sinistra: Il Maresciallo Pilota Ennio Tarantola, alias "Banana", eroico pilota da caccia del 51° Stormo Caccia fotografato subito dopo essere rientrato da una missione sul Mediterraneo centrale. (Foto CMPR Ravenna/Via G. Di Giorgio)

Left: Warrant Officer Ennio Tarantola, alias "Banana", heroic fighter pilot of the 51° Stormo C.T. photographed just after landing following a mission over the central Mediterranean. (Photo CMPR Ravenna/Via G. Di Giorgio)

Al centro: Uno dei pochi Macchi MC.202 della 396ª Squadriglia/154° Gruppo Autonomo C.T. schierato in Egeo. In base ad accordi tra i piloti quest'unità, la 396ª, era la sola del Gruppo a riportare la numerazione di Squadriglia. (Foto L. Matelli)

Centre: One of the few Macchi MC.202s of the 396ª Squadriglia/154° Gruppo Autonomo C.T. based in the Aegean. According to the pilots of the unit, the 396ª was the only one of the Gruppo to carry the complete Squadriglia numbering. (Photo L. Matelli)

Nella pagina a fianco - in alto: Macchi MC.200 ed MC.202 della 153ª Squadriglia/3° Gruppo Autonomo C.T. ritratti a Chinisia (Trapani). Si noti l'insegna del "Diavolo Rosso" impressa sulla fiancata di fusoliera. (Foto A. M.)

Opposite page - top: Macchi MC.200 and MC.202s of the 153ª Squadriglia/3° Gruppo Aut. C.T. photographed at Chinisia airfield – Trapani. Note the "Red Devil" insignia painted on the fuselage! (Photo A. M.)

Nella pagina a fianco - in basso: Un Macchi MC.202 del 155° Gruppo C.T. ripreso ad El Alouina, aeroporto tunisino, distaccato dal 51° Stormo C.T. per rinforzare le forze aeree dell'Asse. L'aereo si trova parcheggiato nelle vicinanze di un S.82 distrutto durante un attacco degli Alleati. (Foto Archivio dell'Autore)

Opposite page - bottom: A Macchi MC.202 of the 155° Gruppo C.T. photographed at El Alouina airfield in Tunisia, detached by the 51° Stormo Caccia to reinforce the Axis forces. The fighter is parked next to the carcass of an S.82 destroyed in an Allied attack. (Photo Author's Archive)

152

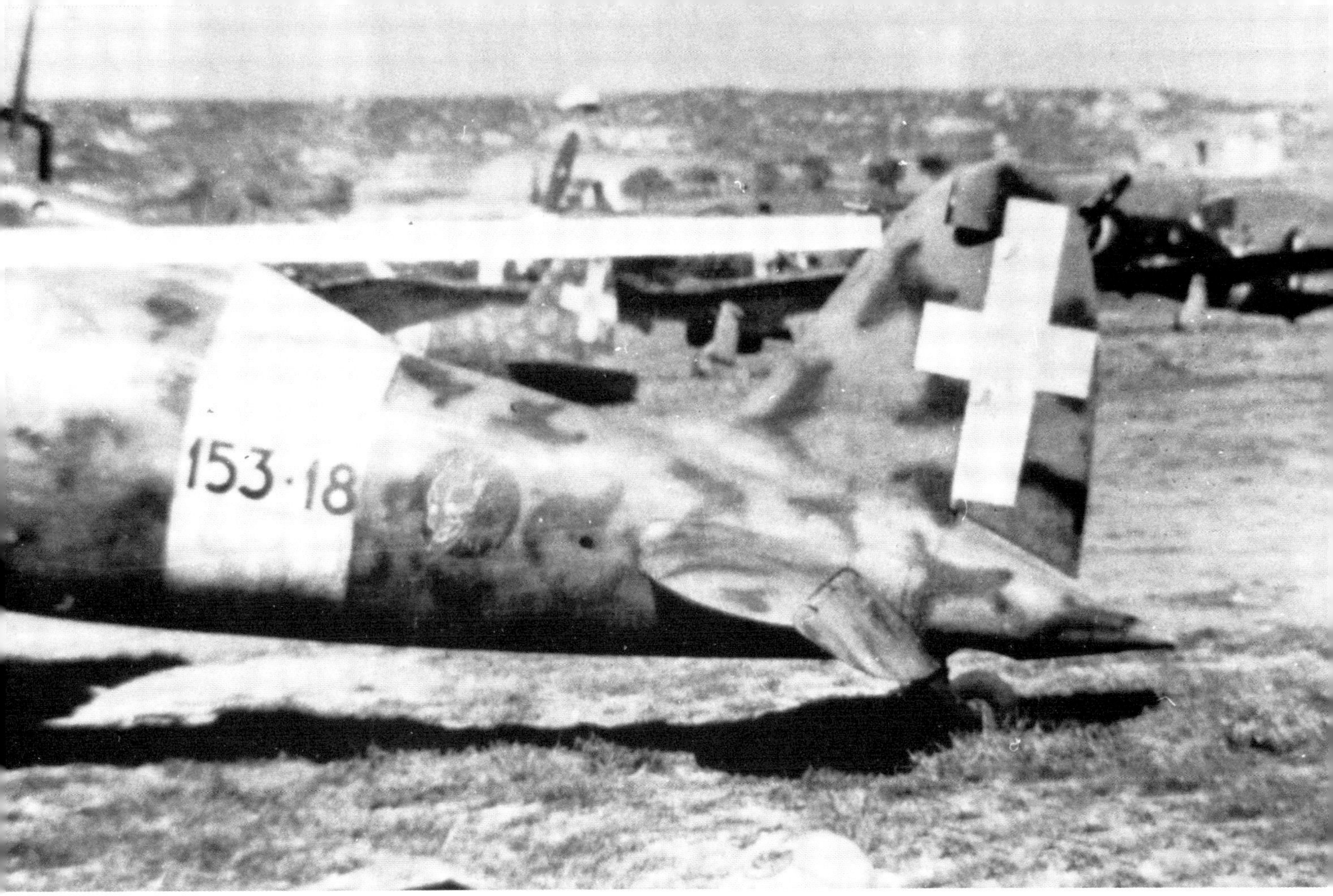
153-18

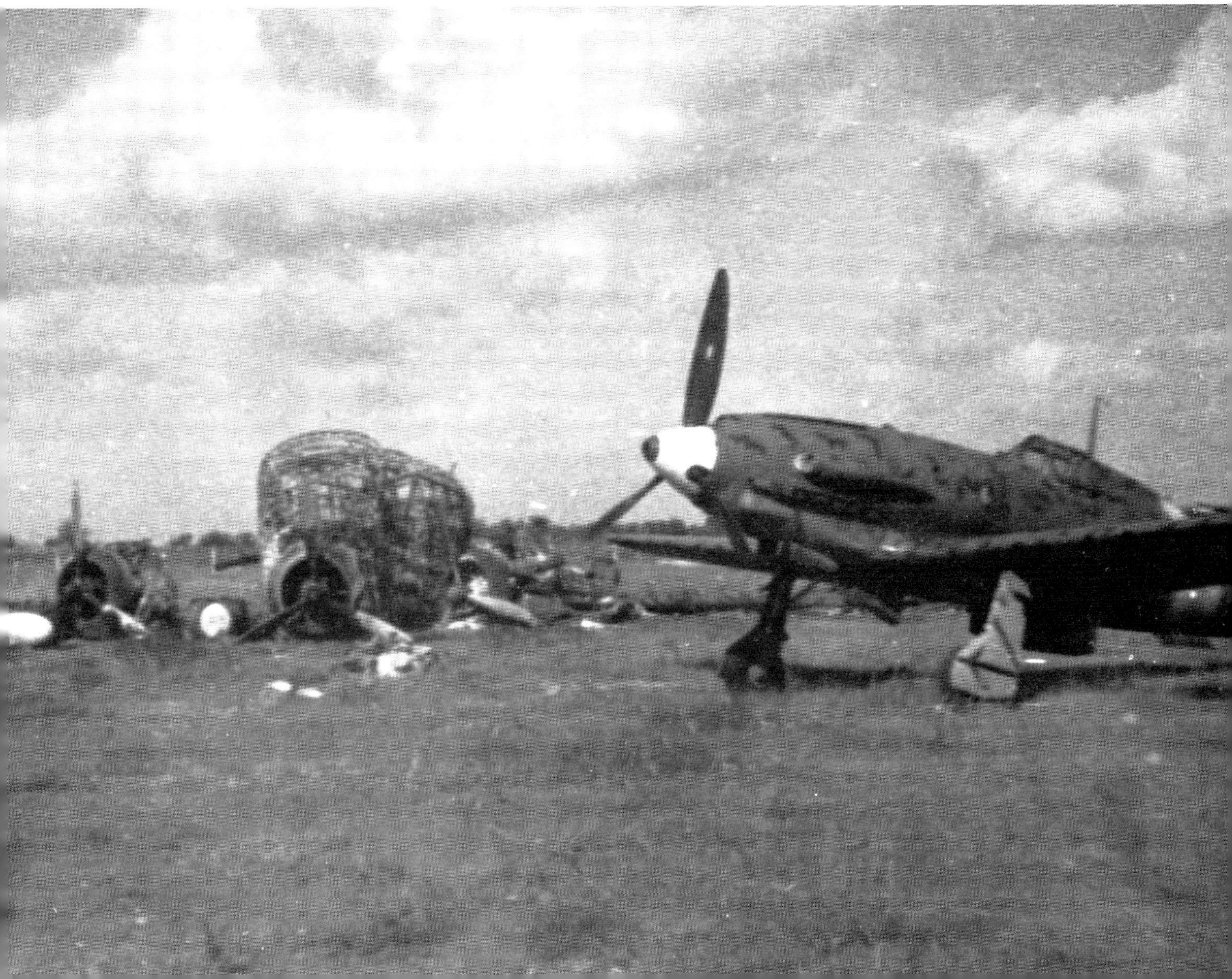

Aspetti della guerra sul fronte ucraino: specialisti del 21° Gruppo Autonomo C.T. impegnati nella difficoltosa messa in moto di un Macchi MC.202, prossimo a compiere un'azione di guerra. (in alto a sinistra) / Atmosfera invernale per altri specialisti, messi di fronte allo stesso problema. (in alto a destra) / Finalmente uno dei primi MC.202 è pronto al decollo! (sopra a sinistra). (Foto A. Vigna)

Aspects of war on the Ukrainian front: a difficult winter start for an MC.202, scheduled for a offensive mission.(Top left) / Technicians desperately trying to warm up a "Thunderbolt".(top right) / At last one of the first MC.202s is ready for take-off! (Above left) (Photo A. Vigna)

Sopra: Macchi MC.202 della 382ª Squadriglia/21° Gruppo Aut. C.T. ripresi in uno degli aeroporti avanzati del fronte ucraino. Ancora poche settimane, poi ritornerà il tetro inverno delle steppe di Russia! (Foto A. Vigna)

Above: Macchi MC.202s of the 382ª Squadriglia/21° Gruppo Autonomo C.T. photographed at an advanced airfield in the Ukraine. Still a few weeks yet, then the gloomy winter of the Russian steppes will return. (Photo A. Vigna)

Il Generale Gariboldi, Comandante dell'ARMIR (Armata italiana in Russia), decora alcuni Ufficiali del C.A.F.O. (Corpo Aereo Fronte Orientale) in uno degli aeroporti ucraini. Alle spalle dell'alto Ufficiale del Regio Esercito s'intravvedono Ufficiali della Regia Aeronautica. Sull'estrema sinistra uno dei primi 12 Macchi MC.202 del 21° Gruppo Aut. C.T. appena inviato sul fronte russo. (Foto A. M.)

Generale Gariboldi, Commander of the ARMIR (Italian Armada in Russia), decorates officers of the C.A.F.O. (Air Corp West Front). Behind the senior Regio Esercito officer are others from the Regia Aeronautica, while on the left we see one of the first 12 Macchi MC.202s of the 21° Gruppo Autonomo C.T. that has just reached the Russian front. (Photo A. M.)

Linea di Macchi MC.202 del 1° Stormo C.T. in sosta a Roma Ciampino, durante un volo di trasferimento al Sud. In primo piano un esemplare dell'80ª Squadriglia/17° Gruppo C.T. – M.M.7797 – III Serie, costruzione Aermacchi (maggio 1941/aprile 1942), con la simpatica scritta di "Filippo" sul fianco destro della fusoliera. Schema mimetico definito "continentale standard F1", con tinteggiatura uniforme delle superfici dorsali e laterali in verde oliva scuro, con superfici ventrali di colore grigio azzurro chiaro. (Foto C. Lucchini)

A Line up of the Macchi MC.202s of the 1° Stormo C.T. stopping over at Roma Ciampino, during a transfer to the South. In the foreground an example of the 80° Squadriglia/17° Gruppo C.T. – M.M.7797 – III Series, Aermacchi production (May 1941/April 1942), with the funny motto "Filippo" painted on the right side of the fuselage. Camouflage called "continental standard F-1", with uniform dark green olive painting on the dorsal and lateral surfaces and clear grey on the ventral surface. (Foto C. Lucchini)

Un'innovazione tecnica per il Macchi MC.202 – M.M.91974 – XIII Serie, produzione Aermacchi aprile/agosto 1943, che in sede di Ditta si vide installare due cannoncini del tipo "Flugzeugkanone M.G.151/20", (Mauser), calibro 20 mm, sistemati in contenitori sub-alari. Tale sviluppo, rimasto isolato, fece acquistare al velivolo la sigla di Macchi MC.202/C, dove la "C" stava per cannone. (Foto Aermacchi/Via M. Callieri)

An in-house technical evaluation carried out by Aermacchi, for the example with M.M.91974 – XIII Series, Aermacchi production (April/May1943) involving the installation of two "Flugzeugkanone M.G.151/20", (Mauser), calibre 20 mm cannons, in underwing pods. This development was designated MC.202/C. The "C" signifying cannon. (Photo Aermacchi/Via M. Callieri)

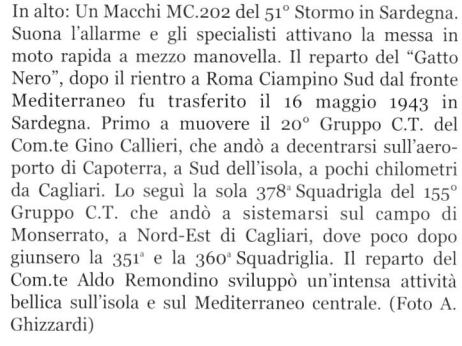

In alto: Un Macchi MC.202 del 51° Stormo in Sardegna. Suona l'allarme e gli specialisti attivano la messa in moto rapida a mezzo manovella. Il reparto del "Gatto Nero", dopo il rientro a Roma Ciampino Sud dal fronte Mediterraneo fu trasferito il 16 maggio 1943 in Sardegna. Primo a muovere il 20° Gruppo C.T. del Com.te Gino Callieri, che andò a decentrarsi sull'aeroporto di Capoterra, a Sud dell'isola, a pochi chilometri da Cagliari. Lo seguì la sola 378ª Squadrigla del 155° Gruppo C.T. che andò a sistemarsi sul campo di Monserrato, a Nord-Est di Cagliari, dove poco dopo giunsero la 351ª e la 360ª Squadriglia. Il reparto del Com.te Aldo Remondino sviluppò un'intensa attività bellica sull'isola e sul Mediterraneo centrale. (Foto A. Ghizzardi)

Top: A Macchi MC.202 of the 51° Stormo C.T. in Sardinia. "Scramble"! Ground crew start a fighter of the 20° Gruppo C.T. The units of the "Black Cat", after returning to Roma Ciampino South, from the Mediterranean theatre, were transferred to Sardinia. The 20° Gruppo C.T. moved to the Italian island on the 16th of May 1943, rejoining its twin 155° Gruppo (initially only 378ª Squadriglia). The 20° Gruppo C.T. detached to Monserrato airfield, to the South of the island, near Cagliari; the 155° Gruppo C.T. at Monserrato, to the North-East of the same city, and engaged in an intense activity over the island and around the central Mediterranean. (Photo A. Ghizzardi)

Al centro: Un MC.202 dell'onnipresente 374ª Squadriglia "mediterranea". L'immagine ci consente di ammirare la mimetica più tradizionale del tempo, realizzata con i famosi anelli di fumo, detti anche amebe – colori nocciola chiaro/verde oliva scuro. I numeri di codici erano di colore rosso, riportati sulla fascia ottica di riconoscimento, mentre quelli di Squadriglia neri, bordati di bianco. (Foto A. M./Via C. Gori)

Centre: A Macchi MC.202 of the omnipresent "Mediterranean" 374ª Squadriglia. The shot permits us to admire the more traditional camouflage of the era, realized with the famous "smoke ring" or "amoebe"- colours light clear nut/dark green olive. The code number of the fuselage was coloured red. The unit number in black, with a white border. (Photo A. M./Via C. Gori)

Sopra: Macchi MC.202 del 155° Gruppo C.T. del Comandante Duilio Fanali, riconoscibili dai classici "gradi" impressi sulle carenature dei carrelli. L'immagine potrebbe essere stata ripresa ad Elmas poco prima dell'Armistizio italiano. (Foto A. M.)

Above: Macchi MC.202s of the 155° Gruppo C.T., recognizable from the classic undecarriage door, marked with the arrowhead rank marking, used in Sq/Ldr Duilio Fanali's unit. Aircraft probably photographed at Elmas before the Italian Armistice. (Photo A. M.)

In alto a sinistra: Un nuovo Macchi MC.202 assegnato alla 75ª Squadriglia/23° Gruppo C.T./3° Stormo Caccia, già schierato nell'area della capitale, presso l'aeroporto di Cerveteri. (Foto Fam. Rigatti)

Top left: A new Macchi MC.202 of the 75ª Squadriglia/23° Gruppo C.T./3° Stormo Caccia, already lined up in the area of the Capital, in the vicinity of Cerveteri. (Photo Rigatti's Family)

In alto a destra: Linea di Macchi MC.202 della 374ª Squadriglia/153° Gruppo C.T. "Asso di Bastoni"/53° Stormo Caccia, rischierato sull'aeroporto di Santo Pietro di Caltagirone. In primo piano un esemplare dalla strana e inusuale mimetica mista: classiche amebe sul cofano motore e distribuzione di macchie rade sul resto. (Foto A. M.)

Top right: Line up of Macchi MC.202s of the 374ª Squadriglia/153° Gruppo C.T. "Asso di Bastoni"/53° Stormo Caccia, photographed at Santo Pietro di Caltagirone airfield. In the foreground an example with a strange and unusual mixed camouflage. Classic "amoebe" over the cowling engine and the distribution of the sparse splotches. (Photo A. M.)

Nella pagina a fianco - in basso: Schieramento di Macchi MC.200 ed MC.202, privi d'identificazione ed emblemi, molto probabilmente del 151° Gruppo Autonomo C.T., ripresi sull'aeroporto di Palermo Boccadifalco. (Foto F. Bozzi)

Opposite page - bottom: Line up of Macchi MC.200 and MC.202s, without identification codes or badges, but probably belonging to the 151° Gruppo Autonomo C.T., photographed at Palermo Boccadifalco. (Photo F. Bozzi)

In alto: Uno schieramento di Macchi MC.202 mostra in primo piano il nome Lya di una ragazza stampigliato sulla prua del caccia. Un romantico "souvenir"?! (Foto A. M.)

Top: A line up of Macchi MC.202s, the fighter in the foreground carries the name of the pilot's girlfriend Lya on the prow. A romantic souvenir?! (Photo A. M.)

Al centro: Un Macchi MC.202 della 164ª Squadriglia/161° Gruppo Autonomo C.T. basato a Reggio Calabria durante il 1943. Trattasi dell'esemplare n. 5 – M.M.7975 – V Serie, produzione SAI Ambrosini del maggio/luglio 1942. L'aereo era stato trasferito a quest'unità dalla 360ª Squadriglia/155° Gruppo C.T./51° Stormo Caccia dove era abitualmente pilotato dal M.llo Pil. Pasquale Bartolucci. L'aereo conserva ancora i famosi "gradi" sulle carenature del carrello, specificamente quelle di un Sottotenente, dimostrando che tale velivolo era possibile assegnarlo ad un Ufficiale e usato contemporaneamente da un Sottufficiale. L'aereo si appresta all'atterraggio sorvolando il ruvido, sottostante paesaggio dell'Appennino meridionale. (Foto A. M.)

Centre: A Macchi MC.202 of the 164ª Squadriglia/161° Gruppo Autonomo C.T. based at Reggio Calabria during 1943. The example concerned is No. 5 – M.M.7975 – V Series, production SAI Ambrosini of May/July 1942. The aircraft was transferred to this unit from the 360ª Squadriglia/155° Gruppo C.T./51° Stormo Caccia, where it was usually flown by Warrant Officer Pasquale Bartolucci. The plane still carries the famous "ranks" on the landing wheel fairing, specifically those of a Pilot Officer, showing that the aircraft was possibly assigned to an officer and temporarily used by an NCO. The MC.202 is depicted approaching the landing ground, with the rough slopes of the southern edge of the Appennines in the background. (Photo A. M.)

In basso: Lunga fila di Macchi MC.202 della Sezione d'Allarme del 151° Gruppo Autonomo "Asso di Spade"/53° Stormo Caccia ripresa a Palermo Boccadifalco dopo l'avventuroso ritorno da Pantelleria. (Foto Fam. Fiore)

Bottom: The well-equipped Sezione d'Allarme (Alert Section) of the 151° Gruppo C.T. "Asso di Spade"/53° Stormo Caccia, photographed at Palermo Boccadifalco after its adventurous return from Pantelleria. (Photo Fiore's Family)

A destra: Un meritato relax dopo una rischiosa missione di guerra per un pilota di MC.202 rientrato dai cieli di Malta. Una lunga boccata di fumo serve a scaricare la tensione di circa due ore di volo svolte sull'infuocato cielo della roccaforte inglese! (Foto A. M.)

Right: A well deserved break for a pilot of a Macchi MC.202 following a perilous mission over Malta. A lungfull of tobacco helped to dissipate the tension following some hours of combat over the British fortress. (Photo A. M.)

Al centro: Il Sergente Maggiore Pilota Ernesto Concesi ripreso sull'ala del suo Macchi MC.202 a Udine nel maggio del 1943. (Foto C. Lucchini)

Centre: Flight Sergeant Ernesto Concesi photographed on the wing of his MC.202 at Udine in May 1943. (Photo C. Lucchini)

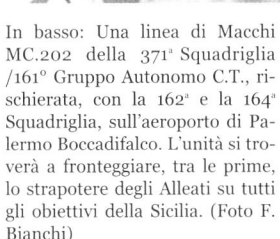

In basso: Una linea di Macchi MC.202 della 371ª Squadriglia /161° Gruppo Autonomo C.T., rischierata, con la 162ª e la 164ª Squadriglia, sull'aeroporto di Palermo Boccadifalco. L'unità si troverà a fronteggiare, tra le prime, lo strapotere degli Alleati su tutti gli obiettivi della Sicilia. (Foto F. Bianchi)

Bottom: A line up of Macchi MC.202s of the 371ª Squadriglia/161° Gruppo Autonomo C.T., deployed, with 162ª and 164ª Squadriglia, at Palermo Boccadifalco airfield. The unit would find itself among the first to face the overwhelming power of the Allies on all the objectives in Sicily. (Photo F. Bianchi)

In alto: Un'ultima immagine dello sconosciuto reparto dotato di Macchi MC.202 aerofotografici, presenti sul fronte siciliano durante lo sbarco degli Alleati. (Foto M. Barbadoro)

Top: A last shot of the unknown Squadron equipped with aerophotographic MC.202s, present on the Sicilian front during the Allied invasion. (Photo M. Barbadoro)

A sinistra: Ultime resistenze dei Macchi MC.202 del 155° Gruppo C.T. a Milis, per la difesa dell'isola. Quei pochi velivoli efficienti, ancora in grado di levarsi in volo e combattere, venivano accuratamente mimetizzati e nascosti ai margini d'improvvisati campi di volo, soprattutto al Sud, dove qualche pianta riusciva ad occultarli all'osservazione aerea nemica! (Foto Archivio dell'Autore)

Left: The last gasps of Italian resistance. These few surviving Macchi MC.202s of the 155° Gruppo C.T., for the defence of the island, were suitably camouflaged, and parked in the vegetation on the margins of improvised landing grounds, above all in the South of Italy, in a desperate attempt to hide them from the roving Allied fighter-bombers. (Photo Author's Archive)

A destra: Un Macchi MC.202 del 23° Gruppo C.T. ripreso in Tunisia, ai margini dell'aeroporto di Mednine. (Foto Archivio dell'Autore)

Right: A Macchi MC.202 of the 23° Gruppo C.T. photographed in Tunisia, on the margins of Mednine airfield. (Photo Author's Archive)

Pagina a fianco - in basso: Il Sergente Maggiore Pilota Renato Mazzotti, appartenente alla 354ª Squadriglia/24° Gruppo Autonomo C.T., pronto per compiere un'azione di scorta convogli lungo le coste della Sardegna. Il reparto del Com/te Bruno Ricco era schierato fin dalla primavera del 1943 sull'aeroporto di Venafiorita. (Foto Fam. Mazzotti)

Opposite page - bottom: Flight Sergeant Renato Mazzotti, serving with the 354ª Squadriglia/24° Gruppo Autonomo C.T., is preparing for a convoy escort mission along the Sardinian coast. His unit, commanded by Bruno Ricco, was deployed to Venafiorita until the spring 1943. (Photo Mazzotti's Family)

A sinistra e al centro: Il S. Tenente Pilota Plinio Sironi, appartenente alla 378ª C.T./51° Stormo Caccia, appena dimesso dall'Ospedale Militare di Iglesias, si reca nelle campagne di Capoterra (Cagliari)... per meditare sulla dinamica del suo incidente che lo ha costretto a compiere un rovinoso atterraggio nei pressi della sede del 20° Gruppo C.T. Come già detto il 51° Stormo Caccia del Com.te Aldo Remondino era rischierato in Sardegna fin dal 16 maggio 1943, con il 20° Gruppo C.T. del Maggiore Pilota Gino Callieri a Capoterra ed il 155° del Magg. Pilota Duilio Fanali a Monserrato. Più tardi, sotto l'infuriare delle azioni avversarie, i due reparti del "Gatto Nero" saranno costretti a ripiegare verso l'interno dell'isola (centro-sud), occupando i campi di "Sa Zeppera" e Milis. L'immagine mostra il Macchi MC.202 "378-15" – M.M.91966 – XIII Serie di produzione Aermacchi, semidistrutto al suolo durante il difficoltoso atterraggio del pilota italiano! (Foto G. Ambrosio)

Left and centre: Pilot Officer Plinio Sironi, who first served with the 378° Squadriglia, and just out of the Military Hospital of Iglesias, visits Capoterra (Cagliari) zone... to meditate on the outcome of the incident that forced him to make a ruinous wheels up landing near the base of the 20° Gruppo C.T. As said before, the 51° Stormo C.T. of Wing Commander Aldo Remondino was deployed to Sardinia on the 16th of May 1943, the 20° Gruppo of Sq/Ldr Gino Callieri to Capoterra and the 155° of Sq/Ldr Duilio Fanali to Monserrato. Subsequently, following increasing enemy action, both units of the "Black Cat" were forced to withdraw to the centre-south of the island, occuping the airfields at "Sa Zeppera" and Milis. The photo shows the Macchi MC.202 "378-15" – M.M.91966 – XIII Series Aermacchi production, semi-destroyed on the ground during the difficult landing of the Italian pilot. (Photo G. Ambrosio)

Macchi MC.202 of 20° Gruppo C.T./51° Stormo Caccia parcheggiato sotto una pianta eretta ai margini dell'aeroporto di Capoterra, in Sardegna. (Foto A. M.)

A Macchi MC.202 of the 20° Gruppo C.T./51° Stormo Caccia parked under a tree on the margins of the Capoterra airfield, in Sardinia. (Photo A. M.)

Aeroporto di Catania Fontanarossa: estate del 1943. Aspetti desolanti ripresi dalle truppe anglo-americane subito dopo l'occupazione del campo italiano. In primo piano un MC.202 dell'84ª Squadriglia/10° Gruppo C.T./4° Stormo Caccia, distrutto da una carica esplosiva dallo stesso personale del reparto. Più innanzi identica operazione per i "guastatori" germanici, che hanno distrutto un Ghota Go 242 inefficiente al volo. (Foto I. W. M.)

Catania Fontanarossa airfield: summer 1943. The desolate scene which greeted the arriving Anglo-American forces as they occupied the Italian airfield. In the foreground lies the remain of an MC.202 of the 84ª Squadriglia/10° Gruppo C.T./4° Stormo Caccia, destroyed by the personnel of the unit prior to their withdrawal. German engineers have performed a similar operation on the Gotha Go 242 in the background. (Photo I. W. M.)

Altre immagini sconfortanti della nostra disfatta in terra tunisina. "Cimitero" di velivoli dell'Asse a La Souka, nei pressi di Tunisi. In primo piano un MC.202, privo di ali e piani di coda, letteralmente "cannibalizzati, soprattutto nei segni distintivi della Regia Aeronautica. (Foto I. W. M.)

The remains of Italian forces in Tunisia. This shot is from La Souka, a cemetery for Axis aircraft near Tunisi. The MC.202 in the foreground has been stripped of its insignia, above all that of the Regia Aeronautica and the wing and tailplane have been removed. (Photo I. W. M.)

A destra: Aspetti desolanti della disfatta italiana. Un MC.202 e i resti di un velivolo della Luftwaffe abbandonati su un campo siciliano. Un soldato americano ispeziona l'abitacolo del nostro "Folgore", che in apparenza sembra quasi integro! (Foto A. Vigna)

Right: Another image of the Italian defeat, this time at a Sicilian airfield. An MC.202 that seems almost intact, is inspected by an American soldier. A Luftwaffe aircraft is in the foreground. (Photo A. Vigna)

A sinistra: Aeroporto di Cerveteri (Roma): estate del 1943. Fiancata di fusoliera di un MC.202 della 70ª Squadriglia del Cap. Pilota Claudio Solaro. Sulla fascia ottica di fusoliera spicca ancora il simpatico emblema della "Vespa Arrabbiata", simbolo del 3° Stormo Caccia del Com.te Tito Falconi, portato a sorvolare l'intera radura libico-egiziana e le terre di Tunisia. Sull'emblema Sabaudo, all'interno della Croce, si evidenzia la mancanza dei due piccoli fasci littorio, segno che l'immagine è stata ripresa subito dopo il fatidico 25 luglio 1943. Velivolo dotato di radiogoniometro sub-ventrale. (Foto A. M.)

Left: Cerveteri airfield: summer 1943. The fuselage of an MC.202 of the 70º Squadriglia commanded by Flight Lieutenant Claudio Solaro. The "Angry Wasp", badge of the 3° Stormo Caccia, of Colonel Tito Falconi, is clearly visible on the white fuselage recognition band, carried throughout the Libyan, Egyptian and Tunisian theatres. The "Sabauda" insignia within the white rudder cross has been modified, with the "fasci littorio", the sticks and axis emblem of the fascist regime, being removed. This dates the photo after the 25ᵗʰ of July 1943, the date when the regime of Benito Mussolini was toppled. Aircraft equipped with ventral direction-finder. (Photo A. M.)

In basso: Aeroporto di Cerveteri: estate del 1943. Gli ultimi MC.202 del 23° Gruppo C.T. messi a difesa dell'area laziale, dopo che un'intesa fra i cobelligeranti aveva dichiarato Roma "città aperta". (Foto A. M.)

Bottom: Cerveteri airport: summer 1943. The last Macchi MC.202s of the 23° Gruppo C.T. were assigned to defend the Lazio region, after an agreement between the opponents that declared Rome an open city. (Photo A. M.)

CAPITOLO III
CHAPTER III

Macchi MC.205/V "Veltro"
Macchi MC.205/V "Greyhound"

Il Macchi MC.205/V "Veltro"

Lo sviluppo del Macchi MC.205, che per un verso potrebbe definirsi tranquillamente il Macchi MC.202 "bis", diventava in quell'epoca una conseguenza naturale e piuttosto logica per l'intraprendente ed abile ditta varesina, dove un gran tecnico, come l'Ingegner Mario Castoldi, creava e metteva in pratica una soluzione di tutto rispetto, vogliamo finanche dire... che dava finalmente alla Regia Aeronautica la sua perla migliore.

La nuova macchina poteva peraltro avvalersi della disponibilità di un propulsore più potente, sempre di concezione germanica, derivato dal precedente installato sul "202", il Daimler Benz DB 605A-1 da 1.475 CV, montato inizialmente sul Caproni Vizzola F.6.

In effetti, la cellula del Macchi MC.205 era la stessa del suo predecessore, nelle dimensioni e nelle velature essenziali. Anche l'armamento di bordo, purtroppo eterno problema italiano, era identico a quello presente sul "Folgore", almeno nel "Veltro I", mentre, come vedremo più innanzi, nella descrizione dello sviluppo di Serie, la piattaforma di tiro cambiò completamente nel

The Macchi MC.205/V "Greyhound"

The development of the Macchi MC.205, which could more simply have been designated Macchi MC.202 Mark II, was, at the time, a natural and logical progression for the Varese-based firm, and their respected engineer, Mario Castoldi, who developed and realised a machine that, in all technical respects, became the "jewel" of the Regia Aeronautica. The new aircraft benefited above all from the availability of a newer and more powerful engine, again German – supplied, and derived from the predecessor installed in the MC.202. This was the 1.475 hp Daimler Benz DB 605 A-1, which had already been installed in the Caproni-Vizzola F.6. However, the engine ended up being fitted to a valid MC.202.

In effect, the airframe of the MC.202 was the same as its precedessor in terms of dimensions and aerodynamics. The armament, unfortunately the eternal Italian problem, was also identical, at least in the Veltro I, although, as we shall see when examining the development of subsequent series, the weapon platform had been completely changed by the Veltro III. This variant finally offered the Regia Aero-

Il secondo esemplare, contrassegnato dalla M.M.9287, I Serie dei 98 velivoli di costruzione Aermacchi, era inviato immediatamente al Centro Sperimentale di Guidonia, per completare il collaudo militare. (Foto A. M.)

The second example, marked as M.M.9287, I Series of 98 aircraft, built by Aermacchi, was immediately sent to the Centro Sperimentale at Guidonia to complete military acceptance trials. (Photo A. M.)

"Veltro III", finalmente un aereo da caccia italiano dotato di un armamento all'altezza dei tempi e delle esigenze tecnico-belliche, con la presenza di ben due cannoncini MG.151 da 20 mm, del tipo "Mauser", installati nelle ali, oltre alla presenza delle due classiche mitragliatrici Breda Avio Modello SAFAT, calibro 12,7 mm, poste in caccia e sincronizzate con i giri del motore. Era nata in quell'epoca – purtroppo – proprio nel momento più critico per le sorti della guerra italiana, una triade d'aeroplani da caccia di un certo valore. Una soluzione tardiva e malgrado tutto anche dispersiva, poiché quel gioiello di propulsore tedesco, costruito anche questa volta su licenza dalla FIAT, sotto la definizione di RA-1000 RC-58 "Tifone", andava fatalmente a disperdersi in altre ditte italiane, mai fino a quel momento in grado di proporre e produrre un valido aeroplano da caccia. Ci riferiamo alla FIAT Aviazione di Torino e alle Officine Reggiane di Reggio Emilia. La "dispersione", riferita alla distribuzione dei preziosi Daimler Benz DB 605A-1, come già detto poi divenuti RA-1000 RC-58 "Tifone", alle tre ditte, non favorì certamente l'iter produttivo e costruttivo dell'Aermacchi, in grado, nei confronti delle consorelle, di allestire in tempi più rapidi, regolari e ristretti, il magnifico Macchi MC.205/V, vista la possibilità, per la ditta varesina, di utilizzare opportunamente gli elementi strutturali e meccanici del "202", già impostato due anni prima. Fu un errore gravissimo affidare alle concorrenti la possibilità di sviluppare e creare i loro nuovi aeroplani, piuttosto che concentrare in una sola ditta, a nostro parere l'Aermacchi, resasi più meritevole, la preferenza dell'esclusiva.

Tuttavia è doveroso riconoscere che tanto il FIAT G.55 "Centauro", che il Reggiane RE 2005 "Sagittario", risultarono delle macchine eccellenti – finalmente – anche se ebbero dei problemi nella messa a punto.

Il primo volo di collaudo dell'esemplare prototipo del Macchi MC.205/V – M.M. 9287 – avvenne il 19 aprile 1942, sempre ai comandi dell'onnipresente e validissimo Guido Carestiato. L'aereo era dotato di un DB 605A-1 originale tedesco. Il mese successivo l'aereo era già al Centro Sperimentale di Guidonia e qui "provato" e "valutato" in volo dal Generale S. A. Guglielmo Cassinelli, che ricavava dei parametri di volo davvero entusiasmanti.

Da questi tre superbi aerei da caccia del tempo (MC.205/V – G.55 – RE 2005) na-

nautica a well produced fighter fitted with up-to-date and valid armament, comprising two MG.151, 20mm Mauser cannon on the wings and two classic Breda Av. Modello SAFAT 12.7 mm synchronised machine guns installed above the engine compartment.

During this period, one of the most critical in terms of the outcome of the war for Italy, a trio of valid fighter aircraft were produced. This solution came too late, and was ruined above all by the dispersion of assets, such as the brilliant German engine, constructed under licence, this time by FIAT under the designation RA-1000 RC-58 "Tifone", was distributed amongst the three Italian firms, until then incapable of producing a fighter aircraft worthy of its name. The other two sides of the production triangle were FIAT at Torino and Officine Reggiane of Reggio Emilia. The disastrous dispersion was the distribution of the precious Daimler Benz DB 605A-1, and subsequently the RA.1000 RC-58 "Tifone", amongst the three firms. This policy was a real handicap to Aermacchi, since, having been producing the MC.202 for some two years, the firm was in a better position than its competitors to utilise the mechanical and structural components of the airframe to rapidly produce the magnificent MC.205. The decision to authorise Macchi's competitors to design

Il Macchi MC.205/V prototipo, in realtà un "Folgore" modificato con l'installazione del più potente Daimler Benz DB 605/A-1 da 1.475 CV, Il primo volo, ai comandi dell'esperto Guido Carestiato, avvenne a Lonate Pozzolo il 19 aprile 1942. (Foto Aermacchi)

The Macchi MC.205/V "prototype", actually a "Thunderbolt" modified by the installation of the more powerful Daimler Benz DB 605/A-1 1.475 hp engine. The first flight test, with the expert Guido Carestiato at the controls, took place at Lonate Pozzolo on 19 April 1942. (Photo Aermacchi)

Un Macchi MC.205/V del 155° Gruppo C.T. in servizio d'allarme al riparo di un paraschegge sull'aeroporto di Monserrato. (Foto G. Franchini)

A Macchi MC.205/V of 155° Gruppo C.T. on alert in its blast pen at Monserrato. (Photo G. Franchini)

Un'altra immagine del prototipo – M.M.9287 a Guidonia. (Foto A. M.)

Another image of the prototype at Guidonia airport. (Photo A. M.)

Macchi MC.205/V, I Serie, M.M.9338, di produzione Aermacchi ripreso sull'aeroporto di Lonate Pozzolo. Commessa del 16 dicembre 1941, per un totale di 98 "Veltro", assegnati immediatamente ai reparti operativi. (Foto A. M.)

Macchi MC.205/V, I Series, M.M.9338, built by Aermacchi, photographed at Lonate Pozzolo airfield. Production of 16th of December 1941, assigned immediately to operational units. (Photo A. M.)

sceva in quel momento la definizione più appropriata di Caccia della Serie 5, poiché fatalmente tutti e tre contenevano quale numero finale il "5".

L'accettazione militare del Macchi MC.205/V "Veltro I" fu opera di quel magnifico, gran pilota che era in quel tempo il Colonnello Angelo Tondi, Comandante del Reparto Sperimentale di Guidonia, che portò in volo il primo esemplare di serie, l'aereo contrassegnato dalla M.M.9288, di poco più pesante del prototipo, appena 40 chilogrammi, munito con uno dei primi propulsori costruiti dalla FIAT.

Se i primi esemplari dei Macchi MC.205/V conservavano – come già detto – l'armamento del "202", quello presente su tale velivolo, dalla VII Serie in poi, cioè le due classiche Breda Avio Modello SAFAT da 12,7 mm, in caccia sincronizzate, con l'aggiunta di due armi similari da 7,7 mm, in alloggiamento alare, sparanti al di fuori del cerchio descritto dalla rotazione dell'elica, il Veltro III montava finalmente gli accennati due MG.151/Mauser alari da 20 mm, al posto delle 7,7 mm, con 250 colpi per arma.

Il primo reparto della Regia Aeronautica ad essere equipaggiato con i Macchi MC.205/V, naturalmente ancora della I

and develop their own fighter, rather than to concentrate fighter development and production to Macchi was a huge mistake; although it must be remembered that the FIAT G.55 "Centauro" and the Reggiane RE 2005 "Sagittario", were excellent aircraft.

The prototype Macchi MC.205 (M.M. 9287) made its first test flight on the 19th of April 1942, flown by the ever present and capable Guido Carestiato. The aircraft was fitted with an original German-supplied DB 605A-1. During the following month the aircraft was detached to the Centro Sperimentale at Guidonia, where it was flight-tested and evaluated by Generale Guglielmo Cassinelli, who reported truly exceptional flying performance.

These three fighter aircraft (MC.205/ G.55/RE 2005) gave rise at the time to the appropriate "Series 5 fighter" classification, as all three designations ended with the number 5.

The military acceptance trials for the Macchi MC.205 Veltro I were entrusted to the magnificent and capable Colonel Angelo Tondi, the commander of the Centro Sperimentale at Guidonia. He used the first series production, aircraft M.M.9288, which was slightly heavier (by 40kg) than the prototype and was fitted with one of the early FIAT-built engines.

If the first example of the Macchi MC.205/V retained the armament of the MC.202 VII Series (two Breda Av. Modello SAFAT 12.7 mm machine guns over the engine, and two wing-mounted 7.7 mm Breda machine guns firing outside the propeller arc), the Veltro III finally offered a more lethal and effective weapons fit, comprising two MG.151/"Mauser" 20 mm cannon, with 250 rounds per gun, in place of the wing machine guns.

Serie, fu il 1° Stormo Caccia, che fin dai primi mesi del 1943 si era portato al Sud, per essere rischierato sull'isola di Pantelleria, con i suoi ancora validi MC.202, con l'immediato spostamento, del solo 6° Gruppo C.T., in Tunisia – campi di Sfax, K.9 e K.41 – mentre il gemello 17° Gruppo C.T. permaneva nell'isola mediterranea. L'assegnazione dei "Veltro" avvenne nel corso del mese d'aprile del 1943, proprio nel momento in cui il 6° Gruppo C.T. rientrava a Pantelleria.

L'esordio operativo dei "Veltri" avvenne nel primo pomeriggio del 13 aprile 1943, quando quattro Spit-bomber del Fighter Squadron 229, in compagnia di altri quattro dello Squadron 249, provenienti tutti dalla "strip" di Krendi (Malta), attaccavano l'aeroporto di Pantelleria. In quota di copertura degli attaccanti vi erano altri sei Spitfire Vc maltesi (due dello Squadron 229 e quattro del 249). La partenza su allarme di sei Macchi MC.205/V del 1° Stormo C.T., sotto assistenza radar, determinava lo scontro al largo dell'isola italiana. Primo ad essere attaccato era l'aereo pilotato dal Pilot Officer Lloyd, che rimase danneggiato... e nulla più, almeno da quanto si desume ancora oggi dai documenti della RAF, anche se i piloti del Com.te Giuseppe Baylon si accreditarono l'abbattimento e non il danneggiamento dello Spitfire. I cacciatori britannici a loro volta affermarono di aver danneggiato un nostro "205".

Un altro scontro si ebbe a mezzogiorno del 16 aprile 1943 e da quanto si può ricavare dall'interessante volume "Fighter over Tunisia", di Christopher Shores, Hans Ring e William N. Hess, si apprende che in quel giorno vi furono numerose intercettazioni di quadrimotori in azione sulla Sicilia. Infatti, dei B-24 del 98th e del 376th Bomb Group attaccarono Catania, la cui reazione (si presume controaerea) danneggiava un incursore, precipitato nei pressi di Malta. In quel giorno la 72ª Squadriglia del 17° Gruppo C.T./1° Stormo Caccia perdeva un Macchi MC.205/V (M.M.9300) ed il suo pilota, Serg. Burattin, precipitato durante il concitato decollo su allarme.

Nel pomeriggio due MC.202 e cinque MC.205 attaccavano altri bombardieri e la loro scorta, composta di Ligthning P-38G, abbattendo un caccia e danneggiando un bombardiere. Nuova battaglia per il 17 aprile 1943, quando una formazione alleata di Spitfires V e P-40 incontrava cinque MC.205, i cui piloti si accreditavano l'ab-

The first Regia Aeronautica unit to be equipped with the Macchi MC.205/V, naturally I series machines, was the 1° Stormo C.T. under the Wing Commander Giuseppe Baylon, which had been deployed to Southern Italy in the first days of 1943. The Stormo was initially sent to Pantelleria, with a line of valid MC.202s, but the 6° Gruppo C.T. was subsequently redeployed to Tunisia (Sfax, K.9 and K.14 airfields), while the 17° Gruppo C.T. remained on the isolated Italian island. The 6° Gruppo C.T. returned to Pantelleria on April 1943, and this return coincided with the arrival of the first MC.205/V Veltro I.

The operational debut of the Veltro occurred during the early afternoon of 13th of April 1943, when four Spit-bombers of the 229th Fighter Squadron, and another four from the 249th Fighter Squadron, all inbound from the Krendi strips on Malta, launched an attack on Pantelleria airfield. Flying top cover for the raid were another

Uno specialista della 351ª Squadriglia, Sergente Motorista Cardascio, fotografato accanto al Macchi MC.205/V "351-4". (Foto P. Del Bacco)

Member of the ground crew from the 351° Squadriglia, Sergeant Engeneer Cardascio, photographed near the MC.205 "351-4". (Photo P. Del Bacco)

Macchi MC.205/V, I Serie, (Tipo A. S. = Africa Settentrionale, dotato di filtro antisabbia), ripreso sul campo lombardo di Lonate Pozzolo. Molto interessante la perfetta mimetica ad anelli (amebe) di un verde oliva scuro su fondo nocciola chiaro. (Foto A. Vigna)

Macchi MC.205/V Series I, an A. S. variant (Africa Settentrionale = North Africa, with the sand filter), photographed at Lonate Pozzolo. The Macchi's standard camouflage: smoke rings (amoebe) of darck green olive over deep clear light brown is interesting. (Photo A. Vigna)

battimento di due Spitfires, uno caduto vicino ad Enfidaville ed un altro a Korba. Altri velivoli erano considerati seriamente danneggiati. Secondo gli Autori del volume citato questi velivoli dovevano appartenere al 1 SAAF Squadron.

E' possibile che unità della Regia Aeronautica abbiano ingaggiato combattimenti anche con formazioni di velivoli americani sopra la Sicilia. Cinque MC.205 e quattro MC.202, decollati su allarme, attaccavano, infatti, 40 quadrimotori e 30 caccia di scorta. Come al solito i piloti italiani identificarono i quadrimotori per B-24. Uno di questi, attaccato prontamente sulla sinistra, si allontanò con un motore in fiamme, e fu ritenuto abbattuto!

Poco dopo mezzogiorno del 20 aprile 1943 un'altra gigantesca battaglia si accese nei pressi dell'isola di Pantelleria. Erano infatti le ore 12,30 quando sei piloti polacchi coprivano, con i loro caccia, un nutrito pattuglione di Spitfires degli Squadroni della RAF 92, 417 e 601, insieme al 1 SAAF, diretti a compiere una ricognizione armata nell'area della nostra isola. A 15 miglia ad Ovest della stessa 20 caccia italiani, identificati dagli avversari per Bf 109G, per Macchi MC.202 e per MC.205/V, si tuffarono sugli incursori. In effetti, erano solo nove Macchi MC.202 e 24 Macchi MC.205 del 1° Stormo C.T., guidati in volo dal Maggiore Pilota Luigi Di Bernardo e dal

six Spitfire Vcs (four from 229 and two from 249). Six Macchi MC.205/Vs of the 1° Stormo were scrambled under radar assistance, to meet the raid, and an ensuing combat developed over the sea around the island. The first aircraft to be attacked was flown by Pilot Officer Lloyd. His fighter was damaged – according to RAF documentary evidence – but the Italian pilot, commanded by Giuseppe Baylon, claimed the destruction of one Spitfire. The British forces claimed one Macchi MC.205 as "damaged".

Another combat took place at about midday of the 16th of April 1942 when the Regia Aeronautica reported several interceptions of four-engined bombers over Sicily. These stories are drawn from an interesting book "Fighters over Tunisia", Authors Christopher Shores, Hans Ring and William N. Hess. In fact B-24s of the 98th and 376th Bomb Group raided Catania during the day, but one bomber was hit (probably by a/a) and crash-landed in Malta. On this day the 72ª Squadriglia/17° Gruppo C.T./1° Stormo Caccia lost a Macchi MC.205/V (M.M.9300) and its pilot, Sergeant Burattin, crashed during the rushed take-off in alert! In the early afternoon two more MC.202s with five more potent MC.205s, attacked bombers and their P-38G escort, claiming one fighter shot down and one bomber damaged.

Capitano Pil. Olizio Nioi, decollati da Pantelleria per compiere una ricognizione su Capo Mustafà e Capo Bon, nei cui pressi non poterono sottrarsi allo scontro con la caccia avversaria. Alla fine della battaglia dai nostri rapporti si potè trarre che ben 16 Spitfires erano stati abbattuti, qualcuno in mare, altri sulla terraferma, precisando di aver notato nel cielo quattro paracadute certamente non italiani, ma tre MC.205 andavano persi nella battaglia, il primo di questi era pilotato dal Tenente Francesco Fanelli (esemplare con M.M.9337), che precipitò al suolo, primo dei nostri "Veltro" perduto in battaglia, mentre il Tenente Pil. Vittorio Bacchi Andreoli (esemplare con M.M.9293), nel tentativo di effettuare un atterraggio forzato perse la vita. Il M.llo Pil. Anano Borromeo fu costretto a posarsi in aperta campagna, mentre il Capitano Pietro Calistri rientrò alla base ferito.

Dopo l'assegnazione dei Macchi MC.205/V al 1° Stormo C.T., seguì la dotazione al 4° Stormo C.T., decentrati subito sui campi siciliani di Sigonella e Finocchiara, là dove erano impegnati allo spasimo durante lo storico sbarco degli Alleati sulle coste dell'isola.

Seguì l'assegnazione dei 205/V, ancora della I Serie, al 51° Stormo C.T., trasferito immediatamente in Sardegna, il 20° Gruppo C.T. a Capoterra ed il 155° Gruppo C.T. a Monserrato.

I primi MC.205/V aerofotografici, equipaggiati con macchine planimetriche

There was a new battle on the 17th of April 1943, when an Allied formation of Spitfire V and P-40s was encountered by five Macchi MC.205s which claimed two Spitfires shot down, one near Enfidaville and the other at Korba; five more were claimed damaged. These latter fighters were undoubtedly those engaged by 1 SAAF Squadron.

It seems that Regia Aeronautica units also engaged the American formation over Sicily. Five Macchi MC.205s and four MC.202 being scrambled, the pilots reported attacking 40 four-engined bombers and 30 escort planes; as usual, they identified the bomber as B-24 (M. of A.). One was attacked and left with an engine in flames; it was claimed as probably destroyed.

About midday of the 20th of April 1943 there was another big battle near the Italian island. At 12,30 six Polish pilots gave top cover to Spitfires of 92, 417, 601 RAF and 1 SAAF Squadrons on a large offensive patrol in the area of Pantelleria. When 15 miles west of this island 20 plus fighters identified as Bf 109G, MC.202 and MC.205, dived on the lower Spitfires: these were aircraft of 1° Stormo C.T., led by Sq/Ldr Luigi Di Bernardo and Flying Lieutenant Olizio Nioi, 24 MC.205s and nine MC.202s having taken off from Pantelleria, to carry out a sweep over Cap Mustafa and Cap Bon, were reported engaging a mass of Spitfires.

Aprile 1943: aeroporto di Campoformido (Udine). Macchi MC.205/V, I Serie, appena consegnati al 1° Stormo C.T., comandato dal Magg. Pil. Giuseppe Baylon. Gli aerei sono ancora privi di codici ed insegne. (Foto C. Lucchini)

April 1943, Campoformido airfield (Udine). The first I Series Macchi MC.205/Vs have just joined the 1° Stormo Caccia, commanded by Squadron Leader Giuseppe Baylon. The fighters are without codes and insignias of the unit. (Photo C. Lucchini)

Primavera del 1943: aeroporto di Catania Fontanarossa. Primi Macchi MC.205/V, della I Serie del 1° Stormo Caccia. Gli aerei sono ancora privi di codici ed insegne di reparto. Sullo sfondo il famoso casermone della base siciliana. Innanzi ad essa uno Junkers Ju 88-A4 della Luftwaffe. (Foto C. Gori)

Spring of 1943: Catania Fontanarossa airfield. The first I Series Macchi MC.205/Vs have just arrived in Sicily. In the background the characteristic and famous big barracks of the Sicilian airbase, still present in all its monumental frame. In front of a Junkers 88-A4 of the Luftwaffe. (Photo C. Gori)

Altra immagine di Macchi MC.205/V del 1° Stormo C.T. parcheggiati sul campo di Catania Fontanarossa, con l'inconfondibile panorama del Monte Etna sullo sfondo. (Foto G. Massimello)

Another image of MC.205/Vs of the 1° Stormo C.T. parked at Catania Fontanarossa, with the unmistakable outline of Mt. Etna in the background. (Photo B. Spadaro)

"Robot F.50", furono assegnati al 1° Stormo C.T., che ritirateli nella primavera del 1943 a Lonate Pozzolo, andarono a decentrarsi in Calabria, presso l'aeroporto d'Isola Caporizzuto (Crotone). Tuttavia ai primi di giugno dello stesso anno fu la 410ª Squadriglia Autonoma del Cap. Pilota Adriano Visconti, decentrata a Guidonia, ad essere l'unica unità della Regia Aeronautica ad operare con tali velivoli, sei in tutto, portandosi in Luglio, con tre soli esemplari, in Sardegna, presso il campo di Milis, anche se nel frattempo l'Aermacchi assegnava una dozzina, circa, di questi aerei speciali ad altri reparti dotati di "Folgore" e "Veltro". La 410ª Squadriglia rientrò nel continente durante i turbolenti giorni dell'Armistizio, portando a Guidonia i tre velivoli e gli otto specialisti che li accompagnavano, dopo che il Com.te Adriano Visconti aveva fatto smontare le apparecchiature aerofotografiche dall'interno dei "Veltro"!

Altri reparti dotati di MC.205/V furono il 3° Stormo C.T., messo a difesa della Capitale, prima che questa fosse dichiarata "città aperta", schierandosi sull'aeroporto del litorale laziale, presso Cerveteri. Poi altre piccole aliquote d'aerei (tre soltanto) andarono al 60° Gruppo Autonomo C.T., che costituì una Sezione di Caccia Diurna sul campo di Lonate Pozzolo, mentre si è certi che almeno un esemplare fu presente in seno alla 154ª Squadriglia/3° Gruppo C.T. del 6° Stormo Caccia.

At the end of the big battle the Regia Aeronautica reported that observers on the ground signalled that they had seen 16 Spitfires crashing into the sea or on land, and that they observed four non-Italian parachutes. Three MC.205 were lost: Flying Officer Francesco Fanelli (MC.205/M.M.9337) failed to return, the first Italian "Veltros" were lost in battle, while the Flying Officer Vittorio Bacchi Andreoli (MC.205/V/M.M.9293), tried to land his damaged fighter, but crashed and was killed, while Warrant Officer Anano Borromeo force-landed in open country. Flight Lieutenant Pietro Calistri returned to his airbase injured.

After the 1° Stormo C.T. had been completely re-equipped with Macchi MC.205s it was the turn of the 4° Stormo C.T., which was deployed on two airfields on the Catania plain (Sigonella and Finocchiara). The 4° Stormo C.T. was thrown into the violent combat that accompanied the historical Allied invasion of Sicily. The Veltro, in its initial series I configuration, was then issued to the 51° Stormo C.T., which was immediately transferred to Sardinia, the 20° Gruppo C.T. moving to Capoterra and the 155° to Monserrato. Both these units fought against many P-40Fs coming from Tunisian airfields.

The first aerophotographic MC.205/Vs, equipped with camera Type "Robot F.50", were assigned to the 1° Stormo C.T., based in Calabria, at Isola Caporizzuto airfield (Crotone), but the only unit equipped with this special "Veltro" was the 410ª Squadriglia Autonoma commanded by Flight Lieutenant Adriano Visconti (six examples), only three aircraft were ferried to Sardinia (Milis airfield), returning to the Continent during the sad days of the Armistice. The three aircraft and eight specialists were brought to Guidonia after Commander Adriano Visconti had arranged for the dismantling of the aerophotographic equipment from inside the "Veltro".

Other units of the Regia Aeronautica to receive the Macchi MC.205/Vs were the 3° Stormo C.T., tasked with defending the Capital prior to its classification as an "Open City", and operating from Cerveteri (Roma), while a small number of aircraft served with the 60° Gruppo Caccia Intercettori Diurni (Daily Interceptors), with three MC.205/Vs at Lonate Pozzolo and one probably in the 154ª Squadriglia of the 3° Gruppo C.T. (6° Stormo Caccia).

After the 8th of September 1943 Macchi MC.205s were used by units of both Italian air arms, and the survivors of the hostilities concluded their careers with the 5° Stormo Caccia, the final Italian unit to use this authentic aviation thoroughbred.

Un Macchi MC.205/V, I Serie, della 351ª Squadriglia/155° Gruppo C.T., "351-3" – M.M. 4397 – ripreso nelle campagne di Cagliari dopo un forzato atterraggio. (Foto G. Franchini)

A Macchi MC.205/V, Series I, of the 351ª Squadriglia/155° Gruppo C.T., "351-3" – M.M. 4397 – after a forced landing in the Cagliari countryside. (Photo G. Franchini)

Superfluo precisare che dopo l'8 settembre del 1943 i Macchi MC.205/V, I & III Serie, furono presenti tanto nei reparti dell'Aviazione del Sud, che in quelli del Nord, per poi sopravvivere a tutte le vicissitudini del conflitto, quindi concludere la loro brillante vita operativa in seno al 5° Stormo Caccia, ultimo reparto italiano ad aver operato con questi autentici purosangue del cielo!

A Lonate Pozzolo, tuttavia, l'Aermacchi non si era fermata alla realizzazione delle due versioni del Macchi MC.205/V (Veltro I & Veltro III), perché l'Ing. Mario Castoldi stava proseguendo nei suoi studi e nei suoi sviluppi, progettando alcuni esemplari molto interessanti. Citiamo per primo il Macchi MC.205/N "Orione", con ala maggiorata (20 mq).

L'esemplare prototipo – M.M.499 – volava per la prima volta il 1° novembre 1942. L'aereo era stato ulteriormente potenziato nell'armamento di bordo: la presenza delle due immancabili Breda Av. Modello SAFAT da 12,7 mm in caccia, un cannoncino MG.151/"Mauser" da 20 mm, installato nei banchi del motore, con vivo di volata nel mozzo dell'elica e l'aggiunta di altre due SAFAT da 12,7 mm poste ai fianchi della

Meanwhile, at Lonate Pozzolo, Aermacchi did not stop after the development of the two versions of the MC.205 (Veltro I and Veltro III), and Ing. Mario Castoldi continued to refine his design, producing some very interesting examples, first above all was the Macchi MC.205/N "Orione", featuring a larger wing (20 mq). The prototype (M.M.499) flew for the first time on the 1st of November 1942, and boasted enhanced armament. The aircraft was fitted with the usual two Breda Av. Modello SAFAT 12.7 mm machine-guns above the engine, one Mauser 20 mm cannon installed between the cylinders, firing through the propeller boss, and two more Breda SAFAT 12.7 mm on the forward fuselage sides, just behind the engine cowling. One can only pity the poor armourers of the Regia Aeronautica, forced to undertake a double synchronisation.

Still more impressive was the weapons platform on the second prototype Macchi MC.202/N2, still christened "Orione", M.M.500, which featured the same weapons installation as the Reggiane RE 2005 and FIAT G.55, both equipped with three MG.151/"Mauser" 20 mm cannons, two

L'elegante linea di un Macchi MC.205/V del 51° Stormo C.T. Trattasi di un esemplare della I Serie assegnato alla 351ª Squadriglia del 155° Gruppo C.T. del Comandante Dulio Fanali, trasferito nel maggio 1943 da Ciampino Sud in Sardegna – aeroporto di Monserrato. Il velivolo, contrassegnato dai codici "351-4" – M.M.9311 – è una produzione dei primi 98 velivoli dell'Aermacchi, ottobre 1942/giugno 1943. (Foto P. Del Bacco)

The elegant lines of the Macchi MC.205/V. This example of the I Series, is from 351ª Squadriglia of the 155° Gruppo C.T., led by Sq/Ldr Duilio Fanali, transferred from Ciampino South to Sardinia – Monserrato airfield – in May 1943. The fighter is marked with code number "351-4" - M.M.9311 - it is a production of the first 98 aircraft, built by Aermacchi, October 1942/June 1943. (Photo P. Del Bacco)

Al centro della pagina: Il Macchi MC.205/V, I Serie, della 360ª Squadriglia – M.M.9387 – pilotato dal S. Tenente Pier Paolo Paravicini capottato in atterraggio il 28 giugno 1943 sull'aeroporto di Monserrato. (Foto G. Franchini)

Centre of the page: This Macchi MC.205/V, Series I, of the 360ª Squadriglia – M.M. 9387 - flown by Pilot Officer Pier Paolo Paravicini overturned on landing at the airfield of Monserrato on the 28th of June 1943. (Photo G. Franchini)

In basso: Un Macchi MC.205/V, III Serie, della 151ª Squadriglia del 20° Gruppo C.T./51° Stormo Caccia, ai margini del campo di Capoterra (Cagliari). Solita faticosa messa in moto del propulsore con l'ausilio della tradizionale manovella! (Foto B. Spadaro)

Bottom: A Macchi MC.205/V, Series III of the 151ª Squadriglia/20° Gruppo C.T./51° Stormo Caccia on the edge of the airfield at Capoterra (Cagliari) is started with the traditional handle, no easy task. (Photo B. Spadaro)

fusoliera anteriore, leggermente arretrate rispetto alla cofanatura del motore. Una soluzione che certamente avrebbe fatto dannare i poveri Armieri dei reparti di volo, costretti ad eseguire una duplice collimazione nel rispetto dei settori, ricavabili nella rotazione dei 360 gradi dell'elica!

Ancora più impressionante la piattaforma di tiro nel secondo prototipo del Macchi MC.205 /N2, detto ancora "Orione" – M.M.500 – che, di fatto, si orientava sull'armamento presente già sul FIAT G.55 e sul RE 2005, entrambi armati con tre cannoncini "Mauser" da 20 mm, due in alloggiamento alare ed uno nei banchi del motore. In ogni caso l'"Orione" non ebbe alcuna fortunata sequenza. Eravamo ormai giunti all'epilogo amaro della nostra guerra e nulla avrebbe potuto evitare la catastrofica fine della Regia Aeronautica e dei suoi piloti, che dopo l'8 settembre si ritrovarono di fronte ad una scelta, che qualunque fosse era basata sul loro credo di continuare a combattere per salvare la faccia e l'onore dell'Italia.

housed in the wing and the third in the spinner. In any case, the firm was unable to initiate production of either variant of the "Orione", as time had run out for Italy after the events of September 1943, and nothing could delay, the inevitable catastrophic fate of the Regia Aeronautica and its crews, who after that fateful month were forced to select a path to follow. Whichever road they chose, it was based on their belief in continuing the fight "to save the face and Honour of Italy!!

Una rara immagine riprende un Macchi MC.205/V della 351ª Squadriglia/155° Gruppo C.T./51° Stormo Caccia al riparo delle solite "palafitte" paraschegge sull'aeroporto di Monserrato. L'aereo, appartenente all'allora Comandante Giovanni Franchini, oltre ad essere del tipo "aerofotografico", uno dei pochi in seno al reparto del "Gatto Nero", identificabile dal bulbo posto sul profilo dell'ala sinistra, presenta una codificazione di fusoliera del tutto singolare – un doppio zero – conseguenza di un'accanita disputa tra Comandanti di Squadriglia per chi riusciva a possedere il numero di codice più basso. Infatti, dopo l'apparizione di un MC.205/V con un solo "0", appartenente ad altra unità, il Capitano Pilota Giovanni Franchini... nottetempo, volle superare l'antagonista, applicandone due al suo velivolo! Altro segno distintivo personale del Cap. Pilota Giovanni Franchini è la presenza del suo ormai collaudato "coniglietto", stampigliato su ambo i lati della prua dell'aereo. Con questo aereo l'Ufficiale compì una missione aerofotografica lungo la costa siciliana di Avola, dove era avvenuto lo sbarco degli Alleati, senza essere per nulla molestato dalla difesa antiaerea, ma al rientro alla base ci si accorse come il contenitore della cinepresa fosse completamente... vuoto! (Foto G. Franchini)

A rare image taken of an MC.205/V of the 351ª Squadriglia/155° Gruppo C.T./51° Stormo Caccia in its blast shelter at the Cagliari airfield of Monserrato. The aircraft, besides being one of the few "photographic" versions serving with the unit (witness the bulbous housing for the equipment on the port wing), displays a singular unit coding on the fuselage. The individual number, a double zero, is the result of an intense dispute between the Squadriglia commanders for who would carry the lowest number. In fact, after the appearance of a Macchi MC.205/V with one single "0" code, belonging to another unit, the Commander Giovanni Franchini, painted a second zero on his aircraft during the night, in an attempt to outclass his contemporary. Another personal marking of Flight Lieutenant Giovanni Franchini is the presence of a small rabbit on either side of the engine cowling. Franchini used this aircraft during a photographic mission over the coast at Avola, Sicily, where the Allied invasion was in full swing. Having run the gauntlet of the anti-aircraft fire of the invading forces, he returned to base, only to learn that the film magazine of the camera chamber was completely empty! (Photo G. Franchini)

Reparti della Regia Aeronautica operanti con Macchi MC.205/V "Veltro" prima dell'8 settembre 1943

Regia Aeronautica units flying the Macchi MC.205/V "Greyhound" prior to 8th September 1943

1943
1° Stormo C.T.
6° Gruppo (79ª, 81ª, 88ª Squadriglia)
17° Gruppo (71ª, 72ª, 80ª Squadriglia)

3° Stormo C.T.
18° Gruppo (83ª, 85ª, 95ª Squadriglia)
23° Gruppo (70ª, 74ª, 75ª Squadriglia)

4° Stormo C.T.
9° Gruppo (73ª, 96ª, 97ª Squadriglia)
10° Gruppo (84ª, 90ª, 91ª Squadriglia)

51° Stormo C.T.
20° Gruppo (151ª, 352ª, 353ª Squadriglia)
155° Gruppo (351ª, 360ª, 378ª Squadriglia)

60° Gruppo Caccia Intercettori Diurni (pochi esemplari)

310ª Squadriglia Autonoma Aerofotografica

154ª Squadriglia/3° Gruppo C.T./6° Stormo Caccia (probabilmente un solo esemplare)

L'eroico Sergente Pilota Ferruccio Serafini, da Falcade (Belluno), ripreso probabilmente ai tempi della permanenza del reparto in Sicilia, accanto ad un Macchi MC.202 della sua unità, la 378ª Squadriglia/155° Gruppo C.T./51° Stormo Caccia. Serafini era abbattuto durante un terribile scontro aereo il 22 luglio 1943, svoltosi nei pressi di Cagliari, a bordo del suo MC.205/V – M.M.92156 – III Serie, dopo aver esaurito le cartucce di bordo, scontrandosi di proposito con un Curtiss P-40F dell'USAAF. Alla sua memoria fu concessa la Medaglia d'Oro al V. M. (Foto A. M.)

The heroic Sergeant Ferruccio Serafini, from Falcade (Belluno), photographed near a MC.202 of his unit, the 378ª Squadriglia/155° Gruppo C.T./51° Stormo Caccia. Serafini was shot down during the terrible air battle of the 22nd of July 1943 over Elmas (Cagliari) on board his MC.205/V, III Series – M.M.92156 – after running out of ammunition, he intentionally collied with a Curtiss P-40F of the USAAF. He was awarded a posthumous Medaglia d'Oro al Valor Militare. (Photo A. M.)

Produzione di Macchi MC.205/V "Veltro" I & III Serie

Macchi MC.205/V "Greyhound" - Production and Serials

M.M.9287 – M.M.9288 – Primo e secondo prototipo del Macchi MC.205/V
M.M.9287 – M.M.9288 – First and second prototype Macchi MC.205/V

M.M.499 – Primo prototipo del Macchi MC.205/N (N-1)
M.M.499 – First prototype Macchi MC.205/N (N-1)

M.M.500 – Secondo prototipo MC.205/N (N-2)
M.M. 500 – Second prototype MC.205/N (N-2)

M.M.9289 – M.M.9386 – 98 MC.205/V I Serie, costruzione Aermacchi, ordinati il 16 dicembre 1941, consegnati fra l'ottobre 1942 e il giugno 1943
M.M.9289 – M.M.9386 – 98 MC.205/V Series I, built by Aermacchi, ordered 16 December 1941, built October 1942/June 1943

M.M.90050 – M.M.90349 – 300 MC.205/V II Serie ordinati dall'Aeronatica d'Italia nel dicembre 1942, ma annullati il 22 gennaio 1943
M.M.90050 – M.M.90349 – 300 MC.205/V Series II, ordered fron Aeronautica d'Italia in December 1942, but cancelled 22 January 1943

M.M.92153 – M.M.92302 – 150 MC.205/V, III Serie ordinati dall'Aermacchi l'8 settembre 1942.
La produzione è allestita fino all'esemplare con M.M.92214, completato e consegnato l'8 settembre 1943, la rimanenza completata durante il 1944
M.M.92153 – M.M.92302 – 150 MC.205/V Series III, ordered from Aermacchi 8 September 1942. Up to and including M.M.92214 completed and delivered by 8 September 1943. The remainder completed during 1944

Maggio 1943: aeroporto di Catania Fontanarossa. Macchi MC.205/V, I Serie, appartenenti alla 79ª Squadriglia/6° Gruppo C.T./1° Stormo Caccia, ripresi di fronte ai ripari dei soliti muretti paraschegge fatti di cemento e pietrisco. Il reparto aveva avuto molti combattimenti con nutrite forze aeree alleate durante la sua permanenza sull'isola di Pantelleria. (Foto BundesArchiv)

May 1943, Catania Fontanarossa airfield. Macchi MC.205/V, I Series, of 79ª Squadriglia/6° Gruppo C.T./1° Stormo Caccia in front of their blast pens made of cement and rubble. The unit has had many fights, against Allied formations, during its presence on Pantelleria island. (Photo Bundesarchiv)

Una riparazione all'aperto per un Macchi MC.205/V, I Serie, del 4° Stormo Caccia. (Foto Bundesarchiv/Via C. Shores)

Repairs out in the open for an MC.205/V, Series I, of 4° Stormo C.T. (Photo Bundesarchiv/Via C. Shores)

175

M.M.93919 – M.M.94518 – 600 MC.205/N-2 ordinati alla Ditta Breda il 25 gennaio 1943, ma annullati nel marzo dello stesso anno
M.M.93919 – M.M.94518 – 600 MC.205/N-2 ordered from Breda 25 January 1943 and cancelled in March 1943

M.M.94819 – M.M.95418 – 600 MC.205/N-2 ordinati all'Aermacchi il 25 febbraio 1943 ma annullati nel marzo dello stesso anno
M.M.49819 – M.M.95418 – 600 MC.205/N-2 ordered from Aermacchi 25 February 1943 and cancelled in March 1943

M.M.98218 – M.M.98517 – 300 MC.205/V, III Serie, ordinati all'Aermacchi il 20 marzo 1943. Soltanto nove esemplari completati, fino alla M.M.98226
M.M.98218 – M.M.98517 – 300 MC.205/V, Series III, ordered from Aermacchi 20 March 1943. Only 9 completed, up to M.M.98226

M.M.98518 – M.M.98717 – 200 MC.205/V, III Serie, ordinati all'Aermacchi il 3 marzo 1943. Non costruiti.
M.M.98518 – M.M.98717 – 200 MC.205/V, Series III, ordered from Aermacchi 3 March 1943. Not built.

Il Macchi MC.205/V, III Serie del Capitano Adalberto Morino, Comandante della 151ª Squadriglia/20° Gruppo C.T./51° Stormo Caccia a Capoterra. L'originale scritta "Padella" sul cappottone motore era una "bonaria" presa in giro dei piloti dell'unità, a loro dire... poco fortunato nel colpire i bersagli in volo! (Foto L. Valenti)
The Macchi MC.205/V, III Series of Flying Lieutenant Pilota Adalberto Morino, commander of the 151° Squadriglia/20° Gruppo C.T./51° Stormo Caccia at Capoterra. The "Padella" (frying pan) motto on the nose is an in-unit joke... according to the pilots, they were lucky to hit any target while flying! (Photo L. Valenti)

Dimensioni e prestazioni del Macchi MC.205/V "Veltro"

Macchi MC.205/V "Greyhound" - Dimensions and Performance

Motore	Daimler Benz DB.605A	Superficie alare	16,80 mq
Engine	*Daimler Benz DB.605A*	*Wing area*	*180,384 sq ft*
Potenza al decollo	1.475 CV	Diametro dell'elica tripala	3 mt
Take off power	*1.475 hp*	*Propeller diameter*	*10 ft 1/2*
Lunghezza totale	8,85 mt	Peso a vuoto (P. a V.)	2.524 kg
Total length	*29,035 ft*	*Empty weight*	*5.691 lbs*
Altezza totale	3.05 mt	Peso a carico massimo	3.224 kg
Total height	*11,450 ft*	*Take-off weight*	*7.514 lbs*
Apertura alare	10,50 mt	Velocità massima	650 km/h a 7.400 mt
Wing span	*34 ft 8 - inches*	*Maximum speed*	*399 mph/23,620'*

Il Tenente Marcello Dini, pilota della 378ª Squadriglia/155° Gruppo C,.T./51° Stormo Caccia, osserva l'enorme cratere prodotto, con ogni probabilità, da una bomba da 2000 libbre (900 kg circa / G.P. = General Porpose), scagliata sull'aeroporto di Monserrato del primo pomeriggio del 5 giugno 1943 da una formazione di P-38G "Lightining" del 1° Fighter Group (Strategic) – 27°,71° e 94° Squadrons, proveniente dalla Tunisia. (Foto M. Dini)

Flying Officer Marcello Dini, pilot of the 378ª Squadriglia/155° Gruppo/51° Stormo Caccia, looking at the enormous crater probably caused by a 2000 lb American bomb G.P., dropped over Monserrato airfield on the first afternoon of the 5th of June 1943 from a Flight of the P-38G "Lightning" of the Strategic 1st Fighter Group (27th, 71st, 94th Squadrons), coming from Tunisia. (Photo M. Dini)

Specialisti della 360ª Squadriglia/155° Gruppo C.T./51° Stormo Caccia si avvicinano ad un Macchi MC.205/V, I Serie, appena atterrato sul campo di Monserrato (Cagliari). (Foto Bundesarchiv/Via C. Shores)

Gound crew personnel approaching a newly-landed MC.205/V, I Series of the 360ª Squadriglia /155° Gruppo C.T./51° Stormo Caccia at Monserrato airfield, near Cagliari. (Photo Bundesarchiv/Via C. Shores)

Salita a 1.000 mt	53 sec
Climb to 3,280 ft	*53 secs*
Salita a 3.000 mt	2 min/40 sec
Climb to 9,840 ft	*2 mins 40 secs*
Salita a 5.000 mt	4 min/47 sec
Climb to 16,400 ft	*4 mins 47 secs*
Salita a 7.000 mt	7 min/6 sec
Climb to 22,965 ft	*7 mins 6 secs*
Salita a 10.000 mt	9 min/9 sec
Climb to 29,526 ft	*9 mins 9 secs*
Tangenza massima	11.350 mt
Service ceiling	*36,090 ft*
Autonomia	1.040 km
Range	*646 miles*

Armamento Serie I: due mitragliatrici Breda Av.Modello SAFAT da 12.7 mm in caccia sincronizzate con i giri del motore con 400 colpi per arma e due mitragliatrici dello stesso tipo, cal.7,7 mm in alloggiamento alare con 500 colpi per arma, sparanti al di fuori del disco dell'elica.
Series I: two 12.7 mm Breda Av. Modello SAFAT synchronised machine guns in the nose with 400 rounds per gun and two 7.7 mm Breda Av. Modello SAFAT in the wing with 500 rounds per gun.
Serie III: due mitragliatrici Breda Av. Modello SAFAT Da 12,7 mm in caccia sincronizzate con i giri del motore con 400 colpi per arma e due MG 151 "Mauser" da 20 mm in alloggiamento alare, con 250 colpi per arma.
Series III: two 12.7 mm Breda Av. Modello SAFAT synchronised machine guns in the nose, with 400 rounds per gun, and two MG.151/20 Mauser 20 mm cannons in the wings, each with 250 rounds per gun.
Peso del cannone MG 151 "Mauser" da 20 mm/Kg. 42
Weight of the Mauser 20mm cannon/92,593 lbs
Lunghezza dell'arma/1.104 mm
Length of the cannon/1.104 mm
Celerità di tiro del cannone/630/720 colpi il minuto
Rate of fire of the cannon/630/720 rounds per minute
Velocità iniziale del proiettile/695/785 mt/sec
Muzzle velocity/695/785 mt/sec
Collimatore giroscopico, Tipo S. Giorgio a riflessione ottica
Gyroscopic gunsight, Type S. Giorgio at optical reflection
Radio ricevente/trasmittente B.30
Transmitting and Receiving Set B.30
Radiogoniometro
Direction finder

*RA 1.000 RC-58 "Tifone"

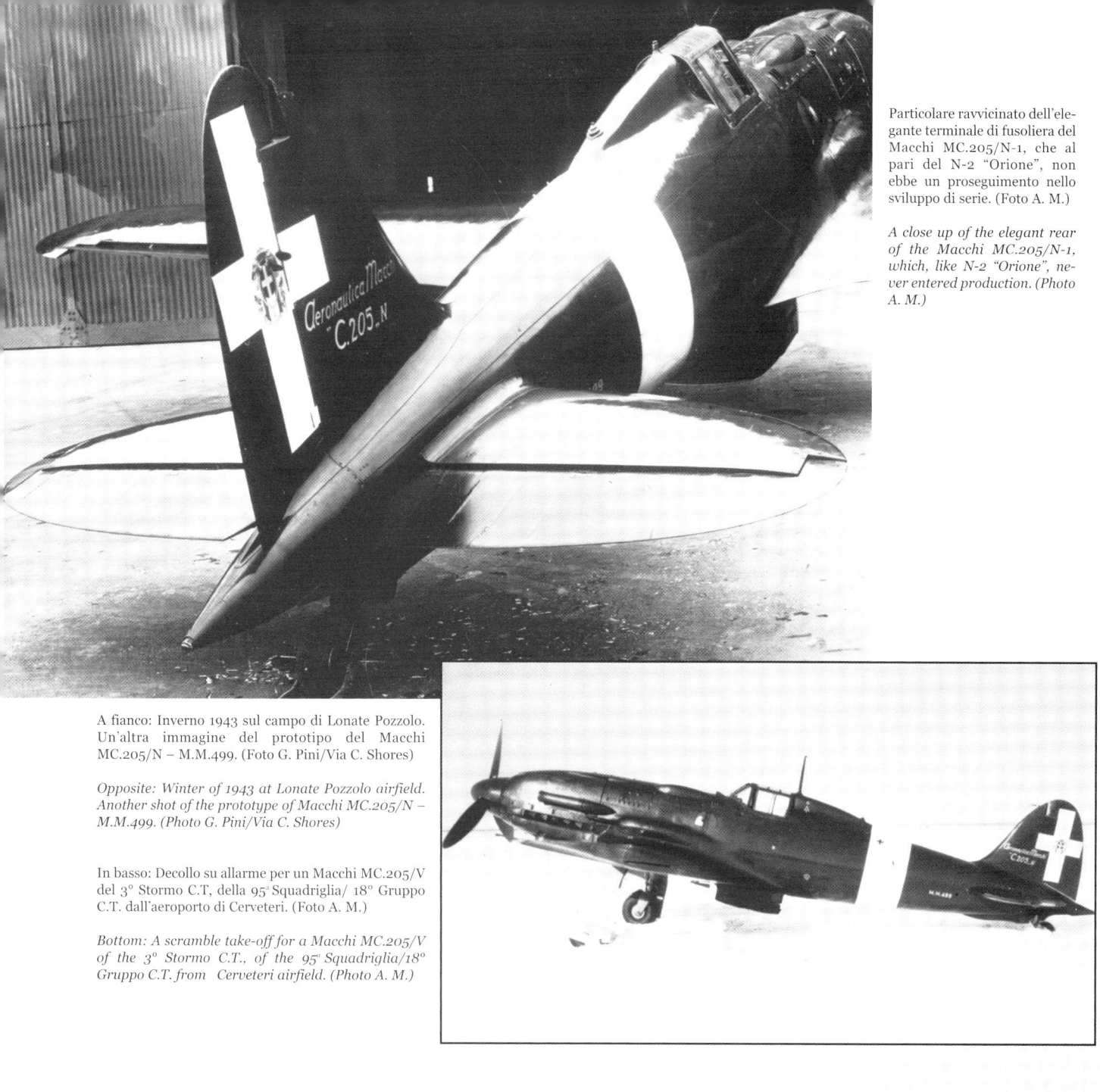

Particolare ravvicinato dell'elegante terminale di fusoliera del Macchi MC.205/N-1, che al pari del N-2 "Orione", non ebbe un proseguimento nello sviluppo di serie. (Foto A. M.)

A close up of the elegant rear of the Macchi MC.205/N-1, which, like N-2 "Orione", never entered production. (Photo A. M.)

A fianco: Inverno 1943 sul campo di Lonate Pozzolo. Un'altra immagine del prototipo del Macchi MC.205/N – M.M.499. (Foto G. Pini/Via C. Shores)

Opposite: Winter of 1943 at Lonate Pozzolo airfield. Another shot of the prototype of Macchi MC.205/N – M.M.499. (Photo G. Pini/Via C. Shores)

In basso: Decollo su allarme per un Macchi MC.205/V del 3° Stormo C.T, della 95ª Squadriglia/ 18° Gruppo C.T. dall'aeroporto di Cerveteri. (Foto A. M.)

Bottom: A scramble take-off for a Macchi MC.205/V of the 3° Stormo C.T., of the 95ª Squadriglia/18° Gruppo C.T. from Cerveteri airfield. (Photo A. M.)

CAPITOLO IV
CHAPTER IV

8 settembre 1943 – l'Armistizio italiano!

Alla data dell'8 settembre 1943 le Forze Alleate avevano già occupato un buon tratto del Sud italiano, dopo lo sbarco sull'estrema punta calabrese, fra Archi, Catona e Bagnara, spingendosi poi, pur validamente contrastate dalle pochissime ma agguerrite forze germaniche, lungo la piana di Gioia Tauro, costeggiare la riva del mare, oltrepassare il fiume Mesima, segno di divisione fra le province di Reggio Calabria e di Catanzaro, occupare Rosarno, proseguire di poco nel catanzarese, fino a Nicotera, arrestandosi la sera dell'8 settembre 1943, data che segna la fine delle ostilità con i nostri invasori!

Poco prima di questi eventi nuclei da sbarco erano riusciti a metter piede fra Pizzo e Vibo Valentia, posti poco più a Nord lungo il basso Tirreno, in contemporanea ad altri sbarchi sulla costa jonica, nelle vicinanze del Golfo di Taranto. In tali località tutto doveva poi fermarsi al tramonto dell'8 settembre 1943, anche se qualche scaramuccia venne segnalata qua e là sulla linea di conquista! Da parte loro, i tedeschi, sganciatisi dalle prime avanguardie degli Alleati, proseguirono la loro ordinata ritirata verso il Nord, attraverso le impervie strade appenniniche di Calabria.

Quel giorno di fine estate del 1943 nessuno aveva sospettato, almeno nella quasi totalità del personale della Regia Aeronautica, ad esclusione degli altissimi vertici romani, che quello sarebbe stato, fatalmente, l'ultimo giorno di guerra nell'estremo Sud d'Italia, contro le forze anglo-americane, almeno nella maniera formale con cui era iniziato tre anni prima. A dire il vero l'annuncio dell'armistizio, voluto proprio in quel giorno dalle Forze Alleate, colse tutti di sorpresa, non soltanto i camerati tedeschi, ma gli stessi vertici delle Forze Armate italiane, poiché ad alto livello si era convenuto che fosse reso pubblico qualche settimana più tardi. Tuttavia lo stesso Generale Eisenhover, forse stanco dei tentennamenti del maresciallo d'Italia, Pietro Badoglio, lasciò che Radio Algeri lo annunciasse alle ore 17.26 di quell'8 settembre

8ᵗʰ September 1943 – the Italian Armistice!

By the 8ᵗʰ of September 1943, Allied forces had already occupied a major portion of Southern Italy. Following the landings on the extreme tip of Calabria, between Archi, Catona and Bagnara, they had pushed on, despite dogged German opposition, up the Gioia Tauro plain, pausing at the last village in Reggio Calabria province, Rosarno and the banks of the river Mesima, which divided it from the then Catanzaro province, now Vibo Valentia, pushing on to Nicotera. Meanwhile, strong landing parties had established beachheads between Pizzo and Vibo Valentia, slightly further north, and were working in parallel with other landings on the Ionian coast around the Gulf of Taranto. The line was held here at sunset on the fateful 8ᵗʰ September, the date of the announcement of the Italian armistice, an event that plunged Italy into turmoil and utter chaos!

On that late summer day in 1943 no-one in the Regia Aeronautica, apart from a few at the highest levels of command in Rome, knew that it was to be the last day of war against the Anglo-American forces, at

Al centro: Un Macchi MC.205/V, III Serie, della 360ª Squadriglia/155° Gruppo C.T./ 51° Stormo Caccia - M.M. 92160 – sottoposto a revisione all'aperto sull'aeroporto d'El-mas, dove il reparto del "Gatto Nero" s'era concentrato dopo l'Armistizio. L'aereo presenta ancora i famosi gradi dipinti sulle carenature del carrello, in questo caso quelli di un Capitano. (Foto Archivio dell'Autore)

Centre: Open air maintenance for a Macchi MC.205/V, Series III, of the 360° Squadriglia/ 155° Gruppo C.T./51° Stormo Caccia - M.M.92160 – at El-mas airfield, where the "Black Cat" unit was concentrated after the armistice. The fighter still carries the famous "ranks" on the undercarriage fairing. In this case they are those of the rank of Flight Lieutenant. (Photo Author's Archive)

1943, ben ricordando che tale atto di resa incondizionata era stato firmato fin dal 4 dello stesso mese!

La massa della caccia italiana, o quel che rimaneva di questa, in pratica dissanguata nel vano tentativo di arrestare l'avanzata e l'occupazione della Sicilia, data in mano agli anglo-americani anche dal potere mafioso, con pochi, superstiti ed eroici reparti, era decentrata in quel momento nel centro-sud d'Italia, Sardegna compresa.

Il 3° Stormo C.T. del Com.te Tito Falconi, reduce in primavera dalla Tunisia, fin dai primi di luglio del 1943 s'era rischierato sul campo laziale di Cerveteri, dopo aver operato per pochi giorni su quello di Ciampino, effettuando la sua ultima intercettazione contro forze aeree Alleate al mattino dell'8 settembre, dopo una partenza su allarme per ostacolare l'azione di numerosi Boeing B-17 "Fortezze Volanti" nel cielo di Frascati, mentre alcune sezioni di Macchi MC.202 ed MC.205/V si erano portate nel tardo pomeriggio dello stesso giorno sull'aeroporto di Littoria (l'odierna Latina), in previsione di dover collaborare alla scorta di una formazione di S.79 del 132° Gruppo Autonomo A.S., diretta ad attaccare la flotta anglo-americana avvistata al largo delle coste salernitane. All'azione avrebbero dovuto partecipare anche tutti i Macchi MC.200 dell'8° Gruppo Autonomo C.T. del Com.te Mario Bacich, che alle ore 15.00 in punto di quel fatidico giorno settembrino era atterrato, al completo, con 22 "Saetta", sul campo

least in the formal manner in which it had commenced three years before. To tell the truth, the announcement of the armistice, the timing of which was imposed on Italy by the Allies, caught not only the former German "Allies" by surprise, but also the general staffs of the Italian forces, who were convinced that the event would not occur before the 15th of September! But the same General Eisenhower himself, perhaps tired of the hesitation of the gloomy Italian Maresciallo, Pietro Badoglio, let Radio Algeri announce it at 17.26 on the 8th of September 1943, remembering that the armistice had been signed since the 4th of the same month!

The surviving Italian fighter units, which in practice had been decimated in the vain attempt to arrest the advance and occupation of Sicily... given to American hands also from the Sicilian "Mafia" (incredible, but true), were deployed in the main through central and southern Italy, Sardinia included. Colonel Tito Falconi, commander of the 3° Stormo C.T., which after the return from Tunisia, operated for a few days from Roma Ciampino, had been from early July 1943 relocated at Cerveteri airfield (near Roma), undertook its last mission of the war on the morning of the 8th of September, intercep-

Il ben noto Macchi MC.205/V III Serie – M.M.92214 /A.S. – del Cap. Pilota Carlo Ruspoli del 4° Stormo C.T., che decollato da Brindisi, in coppia con altro "Veltro", volò sulla Capitale (Ponte Milvio e Porta San Paolo), lanciando manifestini di propaganda subito dopo l'Armistizio dell'8 settembre 1943. Una lodevole iniziativa che tutto sommato non ebbe i risultati auspicati, in quanto, nel gran disordine di quei giorni, tutto era in fermento e tanto i militari, questi impegnati dalle forze germaniche, quanto i civili, erano del tutto frastornati! (Foto I. W. M.)

The well known Macchi MC.205/V, Series III – M.M.92214 - flown by Flight Lieutenant Carlo Ruspoli of the 4° Stormo C.T. and who on leaving Brindisi, with another MC.205/V, flew over the Capital (Ponte Milvio and Porta San Paolo), dropping propaganda leaflets soon after the Armistice of the 8th of September 1943. The initiative was not the hoped for overall success, as in the tumult and disorder following the armistice, both military, personnel engaged with the German forces, and civilians were subjected to a severe curfew! (Photo I. W. M.)

183

Aeroporto di Agrigento: 16 settembre 1943. Macchi MC.200 dell'8° Gruppo Autonomo C.T. e piloti dello stesso reparto consegnatisi agli Alleati, in base alle clausole armistiziali. L'allora giovane S. Tenente Pil. Renato Gherardi illustra l'uso del paracadute personale "Salvator" a due soldati americani. Nonostante tanta apparente "cordialità", aerei e piloti del reparto furono internati, senza complimenti, sul campo tunisino di Korba, dal quale rientreranno in Italia ai primi del mese d'ottobre dello stesso anno, quando decisero di "collaborare" con le forze anglo americane. Per il volo sulla rotta Agrigento-Korba gli MC.200 dell'8° Gruppo Aut. C.T. del Com.te Mario Bacich furono "prudentemente scortati" da quattro armatissimi Lightning P-38G dell'USAAF. (Foto A. M.)

16th of September 1943. At Agrigento airfield pilots of the 8° Gruppo Aut. C.T. surrendered their aircraft to their allies. Pilot Officer Renato Gherardi demonstrates the use of the personnel "Salvator" parachute to two American soldiers. Despite the apparent cordiality, the aircraft and pilots of the 8° Gruppo Aut. C.T. were unceremoniously interned at Korba airfield in Tunisia, only returning to Italy when the situation was resolved, following a declaration from all the personnel that they were willing to rejoin to fight alongside the Allies. During the flight to Korba, the MC.200s of 8° Gruppo Aut. C.T. were escorted by four heavily-armed Lightning P-38Gs of the USAAF! (Photo A. M.)

Aeroporto di Lecce Galatina: 19 settembre 1943. Vittorio Emanuele III, più noto in quel tempo come il "sovrano fuggiasco", visita lo schieramento dei Macchi MC.205/V del 4° Stormo C.T. (Foto A. M.)

Galatina/Lecce airfield: 19th of September 1943. Vittorio Emanuele III, well known at this time as the "Run away King", is inspecting the line up of MC.205/Vs of the 4° Stormo C.T. (Photo A. M.)

laziale, proveniente da Sarzana (La Spezia).
A Littoria, oltre alle accennate sezioni dei Macchi MC.202 ed MC.205/V del 3° Stormo C.T., nonché la presenza dell'intero 8° Gruppo Autonomo C.T., vennero a concentrarsi dei Reggiane RE 2001, brandelli del 160° e del 167° Gruppo Autonomo C.T., insieme agli accennati aerosiluranti del Com.te Gabriele Casini.
L'inizio degli attacchi notturni, da parte degli aerosiluranti del 132° Gruppo Autonomo A.S., era stato fissato per le ore 21.00, ma alle ore 17.26 un 1° Aviere Marconista, in servizio di radio-ascolto, a bordo di un S.81 da trasporto dello stesso 8° Gruppo Aut. C.T., intercettava la famosa comunicazione della resa italiana, come già detta trasmessa da Radio Algeri.
Tralasciando di descrivere lo stupore, nonché il gran caos, scoppiato all'interno della base di Littoria, così come deve essere accaduto ovunque, alle ore 22.00 in punto atterravano tre aerosiluranti che, provenienti da Pisa, chissà perché ed in base a quali ordini, prima di posarsi sul

ting a formation of Boeing B-17 Flying Fortresses in the skies over Frascati. Some sections flying Macchi fighters were deployed in the late afternoon to Littoria (the present Latina), from where they were scheduled to escort a torpedo attack mission involving the S.79 of the 132° Gruppo Autonomo A.S., tasked with attacking the Allied fleet cruising off Salerno. The action involved all the Macchi MC.200s of the 8° Gruppo Autonomo C.T. (commander Sq/Ldr Mario Bacich), which had deployed its 22 "Saettas" to Littoria from Sarzana (La Spezia), landing at 15.00. Also at Littoria, besides the aforementioned sections of the 3° Stormo

campo laziale gli equipaggi riferirono di aver attaccato, col siluro, la testa da sbarco alleata distesa innanzi alle coste campane!
Il 4° Stormo C.T. del Com.te Armando François, che dopo il ritiro dalla Sicilia s'era concentrato ai margini della vallata del Crati, nei pressi di Spezzano Albanese e in profondità, nelle vicinanze di Castrovillari, località entrambe della provincia di Cosenza, fin dal 29 agosto 1943 aveva spostato il 9° Gruppo C.T. del Capitano Pil. Luigi Mariotti dalla Calabria in Puglia, decentrandolo sull'aeroporto di Gioia del Colle. Il 10° del Cap. Pil. Ranieri Piccolomini lo raggiungerà soltanto il 4 settembre e per i cacciatori del "Cavallino Rampante" l'ultimo scontro con formazioni americane si registrava nella giornata dell'8 settembre 1943, quando la Sezione d'Allarme del 9° Gruppo C.T. decollava con i suoi Macchi MC.205/V, per attaccare una nutrita formazione di bombardieri dell'USAAF, scortati da Spitfire. I piloti di Mariotti ritennero di aver abbattuto un bombardiere, con la probabilità di uno Spitfire.
I Macchi MC.202 ed MC.205/V del 155° Gruppo C.T. del Com.te Duilio Fanali, unico reparto del 51° Stormo Caccia rimasto in Sardegna, dopo il rientro parziale del 20° nel continente, ove era previsto il riequipaggiamento di un'unità su FIAT G.55 "Centauro" (353ª Squadriglia – spostata a Foligno), s'era ritirato da un pezzo verso l'interno-sud dell'isola, occupando i campi di "Sa Zeppera" e Milis. L'ultimo giorno di guerra per il 155° Gruppo C.T. era

C.T. MC.202/205/V and Bf.109G-6, were the Reggiane RE 2001s of the 160° and 167° Gruppo Autonomo C.T. and the torpedo attack Gruppo, commanded by Gabriele Casini. The start of the night attack by S.79s of the 132° Gruppo Aut. A.S. was scheduled for 21.00, but at 19.12 a 1° Aviere Marconista (Airman First Class radio operator), tasked with monitoring transmissions on board an S.81 of the 8° Gruppo Aut. C.T., overheard the broadcast of the infamous message announcing the surrender of the Italian forces. The chaos that broke out at Littoria airfield can easily be imagined, especially when at 22.00 three S.79s landed, inbound from Pisa, and asked why, and on the basis of what orders, they had just performed a torpedo attack on the Allied fleet off the Campania coast, engangend in supporting the bridgehead?
The 4° Stormo C.T., which after the withdrawal from Sicily had been dispersed

Aeroporto di Brindisi: 19 settembre 1943. Altre immagini del Re d'Italia, Vittorio Emanuele III, accompagnato dal Capo di Stato Maggiore della Regia Aeronautica, Gen. Renato Sandalli (di spalle in borghese), si ferma innanzi ad uno dei Macchi MC.202 del 21° Gruppo Autonomo C.T., per conversare con il pilota, Ten. Giuseppe Cozzari ed il Comandante dell'unità, Magg. Pil. Francis Leoncini. (Foto G. Cozzari)

Brindisi Airport: 19th of September 1943. Other images of the King of Italy, Vittorio Emanuele III, accompanied by the Capo di Stato Maggiore of the Regia Aeronautica, Gen. Renato Sandalli (facing away, wearing civilian clothes). The sovereign has stopped to speak to Flying Officer Giuseppe Cozzari, pilot of the MC.202 of 21° Gruppo Aut. C.T. and the Commander of the unit, Sq/Ldr Francis Leoncini. (Photo G. Cozzari)

Aeroporto di Brindisi: settembre 1943. Militari inglesi e personale della Regia Aeronautica s'incontrano "amichevolmente" (!) sull'aeroporto pugliese, subito dopo l'occupazione della base italiana. Sulla distesa del campo spiccano dei Macchi MC.202 completamente integri, probabilmente del 21° Gruppo Aut. C.T., privi di codici, ma defascistizzati, mentre sullo sfondo s'intravede anche un S.82. (Foto I. W. M.)

Brindisi airfield: September 1943. British and Regia Aeronautica personnel tentatively "fraternise" (!) at the Italian airport in Puglia, immediately after the occupation of the Italian airbase. We can see some perfectly efficient Macchi MC.202s, probably of the 21° Gruppo Aut. C.T., without code and badges, but stripped of Fascist insignia. In the background a S.82. (Photo I. W. M.)

stato funestato da due eventi luttuosi. Il primo, il mancato rientro alla base di una coppia di Macchi MC.205/V della 351ª Squadriglia (esemplari con M.M.92153 e M.M.92154), ai comandi del Tenente Pilota Luciano Ostinelli e del Capitano Pilota Ascanio Zapponi, decollati da "Sa Zeppera" per compiere una ricognizione a vista sulla direttrice Cagliari-Isola dei Cani-Biserta e ritorno. Per un'avaria al motore del velivolo di Ostinelli, la coppia decise di rientrare, poiché lo stesso pilota aveva manifestato di preferire l'incognita di un lancio in mare che la costrizione di un atterraggio forzato in territorio nemico. Dopo aver eseguito l'inevitabile ammaraggio, Ostinelli si sistemò sul suo battellino di salvataggio, mentre il Capitano Zapponi iniziò a circuitare sul luogo del lancio, timoroso di lasciarlo solo, ormai verso il tramonto, in mare aperto, forse a corto di razzi da segnalazione. Per questo si abbassò a pelo d'acqua, ma in una di queste ardite manovre il suo MC.205/V urtò con la punta dell'ala destra la superficie dell'acqua, provocando la perdita dell'aereo e del suo generoso pilota. Ostinelli in quel momento rimase solo. Nessuno dei due aveva fatto in tempo a comunicare alla base, via radio, la critica situazione del naufragio. Il Tenente Luciano Ostinelli dovette la sua miracolosa salvezza, rimet-

along the sides of the Crati valley, near Spezzano Albanese and further down near Castrovillari (both in Cosenza province), detached its 9° Gruppo of Flight Lieutenant Luigi Mariotti from Calabria to Puglia on the 29th of August 1943, occupying the base at Gioia del Colle (Bari). The 10° Gruppo C.T., of Flight Lieutenant Ranieri Piccolomini followed on the 4th of September, and the final encounter with American forces for both of these units occurred on the 8th of September, when the 9° Gruppo Sezione d'Allarme (Alert Section) scrambled its Macchi MC.205/Vs to intercept a heavy USAAF bomber formation and its Spitfire escort. The "Cavallino Rampante" pilots claimed the destruction of one bomber and one fighter probably shot down.

The Macchi MC.202s and MC.205/Vs equipped the 155° Gruppo C.T., of Commander Dulio Fanali, which following the withdrawal of the 20° Gruppo C.T. (destined to re-equip its 353ª Squadriglia with FIAT G.55 "Centauros"- occupying Foligno airfield), was the sole remaining on the island, flying from the relief landing ground of "Sa Zeppera" and Milis. The final day of the war for the unit, was distinguished by two distinct events. The first was the failure to return to base

tendoci comunque un polmone, alla sua forza fisica e morale, alla sua abilità di gran nuotatore, prendendo terra, stremato ma salvo nei pressi di Capo Carbonara, dopo ben cinque giorni! L'altra disgrazia era accaduta nel pieno pomeriggio, sempre a "Sa Zeppera", quando una fitta formazione di Curtiss P-40F "Warhawk" dell'USAAF attaccava la piccola base italiana. Un giovane Aviere di Governo, tale Matteo Catalano, appartenente alla 360ª Squadriglia, sportosi imprudentemente un po' troppo dal suo ricovero, detto "fifau", fu colpito da una sottilissima scheggia in piena fronte, rimanendo ucciso all'istante. L'Aviere Matteo Catalano e lo sfortunato Cap. Pil. Ascanio Zapponi furono gli ultimi caduti del 51° Stormo Caccia contro le forze Alleate! Il caos e la gran confusione che seguirono dopo l'attacco dei P-40F e l'annuncio dell'armistizio, fecero trascurare ogni ricerca dei due piloti non rientrati alla base, considerati "dispersi", perduti durante una missione di guerra!

A Manduria, invece, nei pressi di Grottaglie, sotto una distesa d'uliveti, mimetizzati alla vista dell'Osservazione Aerea nemica, stazionavano i Reggiane RE 2002 del 5° Stormo Assalto, insieme alla 386ª Squadriglia del 21° Gruppo Autonomo C.T., dotata di Macchi MC.202.

Il 5° Stormo Assalto aveva sofferto le perdite più pesanti proprio attaccando con i suoi RE 2002 "Ariete" la testa da sbarco degli Alleati in Sicilia, scontrandosi più volte con la caccia avversaria. Le perdite in questo breve ma intenso ciclo offensivo erano state di 13 piloti, fra questi lo stesso Comandante del reparto, Ten. Col. Pil. Guido Nobili. Una delle ultime azioni del 5°, "incoscientemente" ordinata dai Comandi di Squadra, era stata compiuta il 4 settembre 1943, quando l'inglorioso armistizio era stato già firmato. In quest'ultima azione perdeva la vita lo stesso nuovo comandante, ad interim del 5° Stormo, l'eroico Magg. Pilota Giuseppe Cenni, insieme al Tenente Pil. Renato Moglia, mentre il Serg. Magg. Pil. Luigi Banfi riusciva miracolosamente a salvarsi. Comunque tre velivoli furono abbattuti ed uno seriamente danneggiato.

A Manduria, dunque, vi era la 386ª Squadriglia del 21° Gruppo Aut. C.T. del Com.te Francis Leoncini. Le altre due unità, la 356ª e la 382ª, erano decentrate sull'aeroporto di Gioia del Colle e fu proprio la 386ª Squadriglia del Capitano Pil. Trento Carotti ad aver sostenuto... l'ultimissimo

of two Macchi MC.205/Vs of the 351ª Squadriglia (examples with M.M.92153 and M.M.92154) flown by Flight Lieutenant Ascanio Zapponi and Flying Officer Luciano Ostinelli. The pair had taken off on the afternoon of that fateful day to perform a visual reconnaissance mission along the route Cagliari-island of Cani-Biserta and return. In this mission the MC.205/V of Ostinelli had engine failure, hence the pair of Italian fighters came-back. For Italian pilots it is better to be bailed out in the sea that to become a prisoner of war. After bailing out, Ostinelli was in the sea. His section leader, Flight Lieutenant Ascanio Zapponi, anxious about the fate of his wingman, who had no signal flares and was far from the coast, descended to wavetop height in an attempt to drop his flares to Ostinelli. During the fly past, Zapponi's right wingtip hit the surface, and his aircraft disintegrated, scattering itself over the sea. This was both a tragic and tormenting scene for Ostinelli, as he witnessed from his dinghy both the death of his commander and the loss of the only person able to communicate his position to his home

In alto: Piloti del 51° Stormo C.T. ripresi in Sardegna, sopra un Macchi della 360ª Squadriglia. Da sx a dx: Tenente Adalberto Borromeo, Tenente Francesco Fagiolo, S. Tenente Pier Paolo Paravicini. (Foto P. P. Paravicini)

Top: Pilots of the 51° Stormo C.T. photographed in Sardinia on a Macchi of the 360ª Squadriglia, From left to right: Flying Officers Adalberto Borromeo and Francesco Fagiolo, Pilot Officer Pier Paolo Paravicini. (Photo P. P. Paravicini)

Sopra: Un Macchi MC.202 probabilmente del 21° Gruppo Aut. C.T. ripreso in Puglia durante una prova motore. (Foto A. M.)

Above: A Macchi MC.202 probably of the 21° Gruppo Aut. C.T., photographed in Puglia during an engine test. (Photo A. M.)

In alto e nella pagina a fianco: Navi da guerra della Regia Marina ancorate nella Saint Paul's Bay a Malta, dopo la resa agli inglesi! (Foto NWAM of Malta/Via P. Vella- F. Galea)

Top and opposite page: Surrendered Italian naval units at anchor at St. Paul's Bay. (NWAM of Malta/Via P. Vella)

combattimento aereo con forze aeree statunitensi, proprio nel tardo pomeriggio dell'8 settembre 1943, ultimo per tutti i reparti da caccia della Regia Aeronautica. Era, infatti, il tardo pomeriggio quando l'ennesima presenza di bombardieri in quota fece scattare i piloti della Cellula d'Allarme della 386ª, che interrotto il solito "bridge", tanto per vincere qualche ora di monotonia, si portavano velocemente ai loro aeroplani, assistiti dagli specialisti. Cinque Macchi MC.202, già in stato di "Stand By", decollavano immediatamente dall'arido campo pugliese, guidati dallo stesso Com.te Trento Carotti. A loro si univano al decollo dei Bf 109G-6 dell' "Asso di Picche" (JG 53). Polverone e gran confusione nel concitato decollo, che solo un miracolo non provocò qualche collisione, poi i nostri MC.202 si riunirono in cielo in ala destra, con Semoli, Cozzari, Borsi, Barbaglio. Rapido fraseggio radio in cuffia, con la stazione radar e la pattuglia italiana si arrampicò sui 6000 metri, dirigendo verso il Canale d'Otranto, sul quale ben presto i cacciatori di Carotti avvistarono tre formazioni, scalate in quota, di trenta Consolidated B-24 "Liberators". All'apparire dei caccia avversari le tre formazioni statunitensi si strinsero ancor più l'uno accanto all'altro, pronti a sostenere il primo attacco frontale che i Macchi MC.202 si accinsero a portare leggermente dall'alto.

base! Neither of the pair had time to send a radio message about the ditching, and thus Flying Officer Ostinelli was forced to endure five days and nights at sea, finally being washed up on the shore near Capo Carbonara, almost at the end of his mental and physical endurance, and suffering from pneumonia.

The second event that occurred at "Sa Zeppera" on the same afternoon of the 8th of September 1943 was the final attack on the base by a formation of USAAF Curtiss P-40F "Warhawks". This attack killed a young airman, Matteo Catalano of the 360ª Squadriglia. In the confusion caused by the announcement of the Armistice, and the chaos provoked by this attack, there was no time to organize a search for the two missing pilots, and they were both posted as "missing" – lost during hostilities!

At Manduria, instead, under an extensive vineyard, and camouflaged from hostile air reconnaissance, were the Reggiane RE 2002s of the 5° Stormo Assalto together with the 386ª Squadriglia of the 21° Gruppo Autonomo C.T., equipped with Macchi MC.202 "Folgores".

The 5° Stormo Assalto suffered many and heavy losses during its attacks over the beach-head at Avola and Siracusa, often meeting the enemy fighter.

The loss in this brief but intense offensive

L'attacco frontale contro quei pachidermi volanti, dotati di 10-12 mitragliatrici Colt Browning AN-M2, calibro 0,50 di pollice (12,7 mm), poste in torrette binate o brandeggiabili a mano dai fianchi della fusoliera, era l'unico metodo per avere la speranza di cogliere qualche successo. Metodo spicciolo: sparare praticamente dritti, in cabina, per neutralizzare i piloti. I nostri cacciatori, prima d'individuare questa parte più vulnerabile dei quadrimotori americani, avevano dovuto registrare dolorosissime perdite, perché attaccarli sui fianchi o in coda era pressoché impossibile, disponendo quei bombardieri di installazioni di bordo capaci di coprire, in ogni senso, in orizzontale, in elevazione e in depressione, i 360 gradi!

Sebbene tutte le mitragliatrici di bordo dei B-24 fossero entrate simultaneamente in azione, i cinque MC.202 della 386ª Squadriglia eseguivano alla perfezione il primo attacco in linea orizzontale, con rotta di collisione, sui tre quarti di muso, ma non accadde nulla. Ogni "Folgore", in veloce affondata, si era portato a tiro utile sui 200-250 metri, virando poi bruscamente, chi a destra, chi a sinistra, per tuffarsi repentinamente in basso. Nonostante tanto impegno dei nostri cinque cacciatori, la formazione statunitense sembrava non scomporsi più di tanto, mostrando l'impressionante fascio delle tantissime trac-

cycle was 13 pilots shot down, comprising the unit Wing Commader, Guido Nobili. One of the last missions of the 5°Stormo Assalto is dated 4th of September 1943 (criminal foolhardiness by the Italian High Command!), because the armistice was signed on the 3rd of September 1943 under an olive-grove of Cassibile (Siracusa)! In this last attack the new Commander of 5° Stormo Assalto, the heroic Sq/Ldr Giuseppe Cenni and his wingman, Flying Officer Renato Moglia, lost their lives while another two RE 2002s made forced landings along the Southern coast in Calabria!

In basso: Un Macchi MC.205/V, III Serie della 378ª Squadriglia, in sosta sull'aeroporto di Elmas, prima del trasferimento del reparto in Puglia. Sul cappottone motore si legge la scritta "Ferruccio Serafini", un ricordo alla memoria dell'oroico ragazzo di Falcade. (Foto M. Dini)

Bottom: A Macchi MC.205/V, Series III, of 378ª Squadriglia in a stop-over at the airport of Elmas, before the transfer of the unit to Puglia. "Ferruccio Serafini", a memorial for the heroic boy of Falcade is painted on the engine cowling. (Photo M. Dini)

189

cianti nel cielo, che in ogni caso non procurò alcun danno ai nostri sguscianti aeroplani. L'attacco dei cinque MC.202 venne ripetuto per ben tre volte e solo alla fine uno dei quadrimotori fu visto piegare l'ala sinistra, iniziando a precipitare verso il basso, mentre altri tre cominciarono ad emettere sottili scie di fumo biancastro, misto a groppi di un nero antracite.

Al rientro alla base di Manduria i nostri piloti appresero che quei B-24 erano reduci da un micidiale attacco terroristico sulla città di Pescara, dove avevano seminato morte e rovine, in particolare in un parco pubblico di divertimenti, riservato ai bambini.

Quando i cinque MC.202 della 386ª Squadriglia, rientrati miracolosamente indenni alla base, si portarono ai parcheggi, prima ancora di spegnere i motori videro che più di uno specialista era salito lestamente sulle ali e prima ancora che i capi velivoli sfilassero le bretelle dei paracadute, cominciarono ad urlare la gran notizia... la guerra è finita... la guerra è finita!

Erano le ore 19.30 dell'8 settembre 1943 e quello scontro nel cielo delle Puglie, nel quale si abbattè un B-24, che pare sia andato a schiantarsi nei pressi di Santa Maria di Leuca, è senz'altro l'ultimo svoltosi dalla caccia italiana, dai Macchi in particolare,

At Manduria, hence, there was the 386ª Squadriglia C.T. of the 21° Gruppo Aut. C.T. led by Commander Francis Leoncini. The other two units, the 356ª and 382ª Squadriglia were, however, detached to Gioia del Colle (Bari). The very last combat sortie flown by the Regia Aeronautica fighter force against an Allied air formation, prior to the Armistice, was completed by the 386ª Squadriglia of Flight Lieutenant Trento Carotti. It was late afternoon when one of the constant alarms dragged the pilot of the "Cellula d'Allarme" (Alert Cell) away from their game of bridge on standby, immediately took off from the arid Puglian airfield, led by Flight Lieutenant Carotti. They were joined in the scramble by the Bf 109-G6s of JG-54 "Pik As". Luckily amidst the dust and confusion of the joint scramble, by a sheer miracle no collision occurred, and MC.202s joined up over the airfield in wing-right formation, with Carotti leading Semoli, Cozzari, Borsi and Barbaglio. After a rapid check with ground radar control, the formation headed for the Canale d'Otranto, where they quickly spotted three formations, stepped at different altitudes, of thirty consolidated B-24 "Liberators". When the Italian fighters appeared, the American formation closed up and narrowed their height banding,

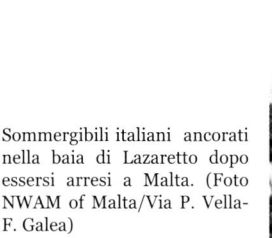

Sommergibili italiani ancorati nella baia di Lazaretto dopo essersi arresi a Malta. (Foto NWAM of Malta/Via P. Vella-F. Galea)

Italian submarines anchored in Lazaretto Creek after surrendering at Malta. (Photo NAWM of Malta/Via P. Vella-F. Galea)

contro le Forze Alleate, almeno in quella parte del Sud italiano!

Più avventurosa, invece, l'odissea degli uomini e degli aerei dell'8° Gruppo Aut. C.T. di Bacich, se vogliamo anche travagliata, fin dall'inizio. Dopo Littoria i reparti da caccia colà raggruppati furono spostati il giorno dopo – 9 settembre 1943 – a Guidonia, per concorrere alla difesa di Roma, dichiarata " città occupata" dalle forze germaniche. Per la storia affermeremo che nessun velivolo italiano intervenne nella breve scaramuccia avuta tra le truppe italiane e tedesche in quel di Roma!

In quello stesso giorno la Forza Navale da battaglia della Regia Marina, agli ordini dell'Ammiraglio Squadra Navale Carlo Bergamini, basata "prudentemente" da qualche tempo nella rada di La Spezia, dove perdemmo qualche bell'unità, colpita dai bombers dell'USAAF, aveva mollato gli ormeggi e s'era diretta all'apparenza verso La Maddalena, mentre in realtà è ben noto come le potenti unità italiane, con il vessillo nero issato sul più alto pennone e con dei cerchi, anch'essi neri, dipinti sulle tolde, segni inequivocabili della loro resa ingloriosa, fossero dirette a Malta, per consegnarsi all'ex nemico, come da clausole armistiziali. Infatti, tali termini, dopo la resa incondizionata dell'Italia, prevedevano una co-belligeranza e la resa a Malta della Flotta Navale, la quale sarebbe giunta da La Spezia e da Taranto, sotto la vigilanza delle corazzate inglesi "Warspite" e "Valiant", con l'8ª Flottiglia Cacciatorpediniere. Lungo la rotta, la nave ammiraglia "Roma", con l'insegna di comando dell'Ammiraglio Squadra Navale Carlo Bergamini, era affondata da due bombe radioguidate, tipo FX—1400/SD da 1400 kg, ad alta capacità di penetrazione, probabilmente anche all'infrarosso, che penetrarono in uno dei fumaioli, attratte senza dubbio dalla fonte di calore, sgan-

ready to face an initial frontal attack from the Macchi MC.202s, which had climbed to a slightly higher level.

Against these flying monsters, equipped with 10-12 Colt Browning AN-M2 0.50-inchs turret-mounted or hand held machine guns, a frontal attack was the only method that offered any hope of success. The Italian fighter force had suffered numerous combat losses before realising that the nose was the most vulnerable part of the bomber (to fire into the cockpit... against the two pilots!), as beam or tail attacks were almost impossible, given the almost 360° coverage in all aspects of the defensive guns.

Despite the simultaneous defensive fire from the B-24 gunners, the five MC.202s of the 386ª Squadriglia flew a perfect three-quarter frontal attack, but registered no successes. Each "Folgore" entered a high speed dive, opened fire at 200-250 metres range, then turned and dived away. The American formation did not relax, and the gunners continued their defensive fire, without however registering any hits on the Italian fighters. The five Macchi repeated their attack three times, and only on their final run one of the "Liberators" dropped its left wing and spun out of control, while another three began to tail black and white smoke, although remaining within the formation. On the way back to Manduria, the pilots learned that the bombers were returning from a raid in Pescara, where they had spread death and destruction throughout the city and in one of the inevitable wartime tragedies, had hit a children's playground!

As the five MC.202s of the 386ª Squadriglia, miraculously undamaged, taxied into their parking area and shut down their engines, some of their groundcrew climbed onto the wings, and before even helping to unclip their pilots parachutes, started to shout the news... "the war is over... the war is over!" It was 19.30 on the 8th of September 1943, and that battle in the sky above the Canale d'Otranto, during which a B-24 was shot down, crashing near Santa Maria di Leuca (Lecce), was undoubtedly the final attack by Italian fighters, and by Macchi aircraft in particular, against the Allied forces, at least in that part of Southern Italy.

More adventurous, however, was the odyssey of the men and aircraft of the 8° Gruppo Aut. C.T. of Mario Bacich. On the

ciate da una formazione di Dornier Do.217 del III Gruppe/100 Kampfgeschwader (3° Gruppo/100° Stormo da Bombardamento) della Luftwaffe, alla guida del Maggiore Joppe, provenienti da una delle basi del sud francese (Provenza).

Le bombe esplosero nelle viscere della nave, affondata nel breve volgere di pochi minuti soltanto, trascinandosi negli abissi del Mare Nostrum 1.253 dei 1.800 uomini d'equipaggio, Ammiraglio Carlo Bergamini compreso. La navigazione proseguiva per Malta sotto il comando dell'Ammiraglio Romeo Oliva, che aveva issato la sua insegna di comando sull'incrociatore "Eugenio di Savoia". Da Taranto stava invece giungendo a Malta la 9ª Divisione sotto il comando dell'Ammiraglio Alberto da Zara. Nessun velivolo da caccia della Regia Aeronautica s'era scomodato per garantirgli una scorta dall'alto, anche perché la navigazione del complesso navale, almeno quello sorpreso dai tedeschi al largo de La Maddalena, si trovò ad una distanza più che problematica per l'autonomia dei nostri aeroplani.

Le prime tre navi italiane giunsero a Malta il 10 settembre 1943, seguite il giorno dopo da altre dodici, incluse quattro corazzate, sei incrociatori ed altrettanti cacciatorpediniere. Le navi italiane furono fatte ancorare nella Saint Paul Bay, nella Marsaxlokk Bay ed alcune nel porto principale, vale a dire nel Grand Harbour. I sommergibili presero posto nella Lazaretto Creek, insenatura parallela a quella del Gran Harbour. Per i maltesi tutto questo fu un momento di grande rivincita morale!

L'avventura dell'8° Gruppo Autonomo C.T. e dei suoi Macchi MC.200, dopo Guidonia, iniziava nella mattinata dell'11 settembre 1943, in seguito ad un ordine del Comando della 3ª Squadra Aerea del Lazio, che imponeva agli uomini del Com.te Mario Bacich di decollare alla volta dell'aeroporto di Decimomannu, dopo aver scartato l'idea di rientrare in sede, a Sarzana, risultata già occupata dalle forze tedesche.

A Decimomannu andarono a raggrupparsi anche i velivoli aerosiluranti, S.79 ed S.84 del 41°, 104° e 132° Gruppo Autonomo A.S. Da Decimo l'8° Gruppo A.C.T. il 13 settembre 1943 fu spostato a Sciacca, mentre gli aerosiluranti, parte a Catania Fontanarossa e parte a Castelvetrano. Tre giorni dopo uomini e Macchi MC.200 dell'8° Gruppo A.C.T. furono inviati ad Agrigento, dove trovarono anche i reparti aerosiluranti, ma anche le truppe americane, verso le

9th of September 1943 the fighter unit, that had been at Littorio, was transferred to Roma Guidonia and tasked with the defence of Roma, which had been declared "occupied" by the German forces.

On the same day the Italian battle fleet, many of which had been "prudently" moved from Taranto to the bay of La Spezia, lost some fine Italian warships, hit by USAAF bombers. Under the Command of Ammiraglio di Squadra Navale Carlo Bergamini, it raised its anchors and moved, seemingly, towards La Maddalena. However, it was well known that the Italian warships, flying a black standard from their highest mast and with black circles painted on their decks, an unequivocal indication of their unglorious surrender, were en-route to Malta where they were to be handed over to their ex-enemy. The terms of the Armistice with Italy provided for co-cobelligerency and the surrender at Malta of the Italian Fleet, which sailed from Genova, La Spezia and Taranto under the vigilance of the battleships "Warspite", "Valiant" and the 8th Destroyer Flotilla. En route the flagship "Roma" was sunk by a German Dornier Do. 217 of III Gruppe/ 100 Kampfgeschwader, led by Maj Joppe, equipped with a special FC-1400/SD/radio-controlled bomb, probably also infra-red, they lost many men, 1,253 out of 1,800 crew members, including the Commander-in Chief Admiral Carlo Bergamini. The Fleet steamed on with Admiral Romeo Oliva flying his flag from the cruiser "Eugenio di Savoia"!

The first three ships arrived on the 10th of September, to be followed on the morrow by another twelve, including four battleships, six cruisers and six destroyers, which dropped anchor at St. Paul's Bay, Marsaxlokk Bay

quali un pilota del reparto, il S. Ten. Renato Gherardi, si adoperò per illustrare il nostro paracadute "Salvator" ad alcuni soldati americani!

Mentre, pur se "benevolmente" e "cordialmente" accolti dagli Alleati, in ottemperanza alle clausole armistiziali, almeno all'apparenza, l'8° Gruppo Aut. C.T., scortato prudenzialmente da quattro Lightning P-38G dell'USAAF venne fatto decollare la sera del 21 settembre alla volta della Tunisia, con base di destinazione quella di Korba, dove in pratica l'intero reparto doveva ritenersi internato!

Solo alla fine dello stesso mese, la situazione del reparto italiano ebbe uno sblocco, in seguito alla dichiarata volontà, da parte di tutto il personale, di ritornare a combattere, ma al fianco degli Alleati. E fu così che il 1° ottobre 1943 tutti i Macchi MC.200, che gli specialisti avevano faticato non poco per rimetterli in efficienza di volo, poterono decollare alla volta dell'Italia meridionale, lungo la rotta Korba-Capo Bon-Granicola-

and outside the Grand Harbour. The Italian submarines anchored in Lazaretto Creek, a "creek" parallel to the Grand Harbour. Admiral Alberto da Zara, Commander of the 9th Division sailed from Taranto. No fighter aircraft of the Regia Aeronautica managed to offer any air support to the major units of the Regia Marina, above all to the fleet of Admiral Bergamini, as their course was too far away from the land bases. For the Maltese this event was a moment of great moral revenge!

The adventure of the 8° Gruppo Aut. C.T. and its MC.200s began on the morning of the 11th of September 1943, when an order from the Command of the 3ª Squadra Aerea instructed Sq/Ldr Mario Bacich's men to take-off again, this time for Decimomannu in Sardinia. Their former base, Sarzana, had by then been occupied by German forces. Decimomannu was also the destination of the torpedo attack aircraft S.79 and S.84 from the 41°, 104°

L'ammiraglio Alberto da Zara, Comandante la 9ª Divisione Navale, proveniente da Taranto, seguito dal Commodoro Royar Dick, riceve il saluto da un picchetto d'onore a Malta... senza il presentat'arm (!), prima d'incontrare l'Ammiraglio britannico Andrew Cunningham. (Foto NWAM of Malta/Via P. Vella-F. Galea)

Admiral Alberto da Zara, Commander of the 9th Naval Division, followed by Commodore Royal Dick, receiving the salute from a naval guard of honour... without to present arms (!), before meeting Admiral Andrew Cunningham. (Photo NWAM of Malta/Via F. Galea)

Aeroporto di Gerbini (Catania) 1° ottobre 1943. Uno dei Macchi MC.200 della 93ª Squadriglia/8° Gruppo Aut. C.T. proveniente dall'aeroporto tunisino di Korba, dove il reparto italiano era stato internato per circa un mese, sosta sulla base del catanese per un rifornimento di carburante, prima di decollare per Galatina di Lecce. Trattasi dell'esemplare con M.M.4557, I Serie, costruzione Aermacchi del giugno 1939/marzo 1940. L'aereo conserva la Croce Sabauda, ma mostra le coccarde, nuove insegne della Regia Aeronautica. (Foto A. Vigna)

Gerbini airfield, Catania: 1ˢᵗ of October 1943. One of the MC.200s of the 93ª Squadriglia/8° Gruppo Aut. C.T. coming from the Tunisian airport of Korba, where the Italian unit had been interned for about a month, stopping-over at the airfield of Catania for refuelling, before taking-off for Galatina-Lecce. Example with M.M. 4557, Series I, built by Aermacchi June 1939/March 1940. The aircraft retains the Sabauda Cross, but shows the national markings and the new insignias of the Regia Aeronautica. (Photo A. Vigna)

Gerbini (qui con sosta tecnica) - Galatina di Lecce.

Una piccola Sezione dell'8° Gruppo A.C.T., in pratica pochi Macchi MC.200, era rimasta invece al di fuori di questa breve ma mortificante vicenda, che il Com.te Mario Bacich ricordava spesso con mal celata e sofferta umiliazione! Infatti, all'8 settembre 1943 questa piccola Sezione, al comando del Tenente Pilota Giuseppe Pesce, si trovava distaccata sull'aeroporto di Grottaglie, colà dislocata per la difesa della 5ª Squadra Navale presente ancora a Taranto. Subito dopo i fatti armistiziali la Sezione aveva pensato di portarsi a Leverano di Lecce, un campo improvvisato, sul quale al tramonto di quel fatidico 1° ottobre 1943, data del rientro dell'intero 8° Gruppo Aut. C.T. dalla Tunisia, aveva tentato di atterrare, preferendo alla fine dirigersi sul più tranquillo e vastissimo aeroporto di Galatina di Lecce, che diverrà l'ammucchiata dei resti pietosi della nostra povera Regia Aeronautica!

Il 3° Stormo Caccia Terrestre del Colonnello Pilota Tito Falconi alla fine aveva invece preferito far distruggere i propri velivoli e disperdere l'intero personale. L'ultima missione di volo del reparto della "Vespa Arrabbiata" l'aveva compiuta al tramonto del 9 settembre 1943 il S. Tenente Pilota Giorgio Ragazzoni, un giovane bolognese, appartenente alla 74ª Squadriglia, a bordo di un Macchi MC.205/V, che patugliò per cinquanta minuti la rotabile Lago di Bracciano-Roma, per controllare, dalla quota di soli 1000 metri, i movimenti delle truppe corazzate tedesche. Dal basso la

and 132° Gruppo Autonomo A.S. From Decimomannu, the 8° Gruppo Aut. C.T. was transferred on the 13ᵗʰ of September 1943 to Sciacca, while some of the torpedo aircraft were moved to Castelvetrano and the others to Catania Fontanarossa.

Three days later the men and MC. 200s of the 8° Gruppo Aut. C.T., were deployed to Agrigento, where they encountered another torpedo unit. While the initial encounters with their "new" Allies were "cordial" and "benevolent", at the right moment a young pilot of 8° Gruppo Aut. C.T., the Pilot Officer Renato Gherardi, demostrated the use of the "Salvator" parachute to two American soldiers! At least on the surface, in order to comply with the clauses of the Armistice the 8° Gruppo Aut. C.T., escorted "prudently" by four P-38G "Lightnings", were detached, on the evening of the 21ˢᵗ of September 1943, to Tunisia, and the airfield at Korba, where the entire unit was, to all intents and purposes, interned! It was only at the end of the month that the Italian unit's situation was resolved, following a declaration by all the personnel that they were willing to rejoin the fight alongside the Allies. Thus on the 1ˢᵗ of October 1943 the Macchi MC.200s that the groundcrews had struggled to make airworthy took off once more for Southern Italy, flying from Korba-Capo Bon-Granicola-Gerbini (in this airfield for a technical stop for refuelling) and final landing at Galatina of Lecce.

A small Section of the 8° Gruppo Aut. C.T., comprising a few MC.200s, was spared this short but tortuous path, as on the 8ᵗʰ of September 1943 it was detached to Grottaglie, commanded by Flying Officer Giuseppe Pesce, and tasked with the defence of the 5ª Squadra Navale at Taranto. Soon after the Armistice, the Section moved to Leverano di Lecce, as a relief landing ground, and would later, on the 1ˢᵗ of October 1943, rejoin the rest of the

contraerea tedesca reagì piuttosto violentemente, ma senza successo. Il pilota italiano ricorda che fu un volo isolato, non essendo stato possibile rifornire e disporre di un secondo Macchi per formare almeno una coppia.

Più travagliata e ricca di suspence la vicenda del 155° Gruppo C.T. del Ten. Colonnello Pil. Duilio Fanali in Sardegna, soggetto a limitazioni e imposizioni da parte dei tedeschi, che bloccarono ogni iniziativa del reparto, finchè non decisero di ritirarsi verso Nord, imbarcarsi nei porti dell'estremo lembo dell'isola e lasciare definitivamente la Sardegna. A quel punto il 155° Gruppo C.T., "rafforzato" da pochi elementi della 160ª Squadriglia del Com.te Paolo Arcangeletti (RE 2001) e dall'82ª Squadriglia del 13° Gruppo/2° Stormo C.T., del Cap. Pil. Remo Dezzani, con pochissimi Macchi MC.202, provenienti entrambe le unità dall'aeroporto di Venafiorita, si concentrò sull'aeroporto di Elmas, in attesa di ordini, che poco prima della fine dell'anno lo avrebbe portato in terra di Puglia, là dove andavano concentrandosi i poveri brandelli della Regia Aeronautica.

Nel frattempo, proprio in quei giorni immediatamente dopo l'8 settembre, tutti gli aeroporti italiani, dal Nord al Sud, furono oggetto di improvvisi quanto inattesi transiti di velivoli d'ogni tipo e specialità, in arrivo o in partenza per l'uno o l'altro versante, un autentico marasma, mentre nella coscienza e negli animi dei nostri aviatori si andavano delineando delle "scelte", che di lì a poco tempo daranno un quadro ben preciso dei due blocchi aeronautici, nati contemporaneamente al Sud e al Nord d'Italia.

8° Gruppo Aut. C.T. on its return to Galatina.

Tito Falconi's 3° Stormo C.T. destroyed its aircraft, and dispersed its personnel. The final mission performed by the "Vespa Arrabbiata" (Angry Wasp) was at sunset on the 9th of September 1943, when Pilot Officer Giorgio Ragazzoni of the 74ª Squadriglia, a young pilot from Bologna, flew a visual reconnaissance sortie between the Lago of Bracciano and Roma, checking on German troop units from 1.000 mt. His flight attracted German AA fire, but no hits were registered. The pilot recalls that it was a lonely flight, as the Squadriglia had been unable to fuel and arm a second Macchi to fly as wingman.

More difficult and troubled was the story of the 155° Gruppo C.T. led by Wing Commander Duilio Fanali, detached in Sardinia ("Sa Zeppera" and Milis), and subjected to the control and orders of the German forces, until all the units abandoned Sardinia. At that moment the 155° Gruppo C.T., reinforced by a few units from the 160° Gruppo Aut. C.T. led by Flight Lieutenant Paolo Arcangeletti (Reggiane RE 2001) and the 82ª Squadriglia/13° Gruppo C.T./2° Stormo Caccia, led by Flight Lieutenant Remo Dezzani (Macchi MC.202), both coming from Venafiorita airfield, moved to Elmas airfield, waiting for new orders. Before the end of the year 1943 the units moved to Puglia, and transferred to Galatina of Lecce, where the poor scraps of the Regia Aeronatica were concentrated!

In the meantime, during the days immediately following the Armistice, all the Italian airports, from the North to the South, witnessed unexpected and improvised transits of aircraft of every type and role, arriving and departing from different locations. The initial chaos produced by the Armistice forced the aviators of the Regia Aeronautica to make a choice from a variety of options, not all seemingly honourable, and many of which would have had dramatic consequences. This situation would eventually stabilize, but in a manner that produced two Italian air arms, one in the North, and one in the South!

CAPITOLO V
CHAPTER V

L'Aviazione del Sud

Con la costituzione dell'Aviazione del Sud, complesso organico di reparti e specialità diversi, nasceva il 15 ottobre 1943 l'Unità Aerea del Sud, in pratica un complesso di poche forze aeree, brandelli di reparti colti dall'armistizio nella fascia centro-meridionale e in Sardegna.
Mentre nel Raggruppamento Idrovolanti ed in quello del Bombardamento entravano a far parte i resti della nostra Ricognizione Marittima e del Bombardamento Terrestre (briciole!), nel Raggruppamento Caccia venivano a trovarsi alcune delle più importanti unità della Regia Aeronautica, sia pure a ranghi ridotti e con forze pressoché limitate. Ma era il primo vero segno della volontà e della rinascita morale e materiale della nostra Arma del cielo. Almeno questo era lo spirito ed il senti-

The Co-Belligerent Air Force in the South

Once the situation in Allied-occupied Italy had been stabilized, the Government reorganized the remnant of those units in varying roles which had been based on the occupied area, or which had flown to the region from central-southern Italy and Sardinia. On the 15th of October 1943 the Italians formed the Unità Aerea, which would exercise control of the units. These were organised into an organic complex of units and different specializations (Raggruppamenti).
While the units that joined the Raggruppamento Idrovolanti and Raggruppamento Bombardamento and Trasporti were the survivors of the maritime reconnaissance and bomber and transport forces, the Raggruppamento Caccia contained some of the most prestigious units of

Un Macchi MC.202 a Galatina.
(Foto A. M.)

*A Macchi MC.202 at Galatina.
(Photo A. M.)*

mento degli uomini del Sud!
Il primo organigramma dell'Unità Aerea, era formato dal solo 4° Stormo C.T., al completo, dal 21° Gruppo Autonomo C.T. e dal rientrato 8° Gruppo Aut. C.T., equipaggiati nell'ordine da Macchi MC.202/205/V – MC.202 e MC.200. A loro si univa il 5° Stormo Assalto, dotato ancora di Reggiane RE 2002.
Poco prima della fine dell'anno si porteranno in terra di Puglia il 155° Gruppo C.T. del Com.te Duilio Fanali ed il 20° Gruppo C.T., così che alla data del 1° gennaio 1944 la situazione del Raggruppamento da Caccia poteva presentare il seguente schieramento:

Raggruppamento Caccia – Sede di Comando Lecce

4° Stormo C.T. MC.202 – MC.205/V
9° Gruppo (73ª, 96ª, 97ª Squadriglia)
10° Gruppo (84ª, 90ª, 91ª Squadriglia)

5° Stormo C.T. Reggiane RE 2002
101° Gruppo (208ª, 238ª Squadriglia)
102° Gruppo (209ª, 239ª Squadriglia)

51° Stormo C.T. MC.202 – MC.205/V – RE 2001
20° Gruppo (356ª, 360ª Squadriglia)
21° Gruppo (351ª, 386ª Squadriglia)
155° Gruppo (361ª, 378ª Squadriglia)

Subito dopo la costituzione dell'Unità da Caccia il 4° Stormo C.T. si arricchiva di un terzo reparto, il 12° Gruppo C.T., formato dalla 73ª Squadriglia, tratta dal 9° Gruppo e dalla 91ª proveniente dal 10°.
Alla data del 15 giugno 1944 l'8° Gruppo C.T. entrava a far parte del 5° Stormo Assalto, mantenendo ancora gli esausti MC.200. Solo ai primi di luglio il reparto riceveva i primi tre MC.202,

the Regia Aeronautica. Although these units were decimated, with limited equipment and offensive capability, their presence was a first sign of the rebirth of morale, and a material sign of the existence of the Regia Aeronautica, and this fitted the spirit of those men in the South.
The initial fighter force grouped under the Unità Aerea comprised the 4° Stormo C.T. (in its entirety), the 21° Gruppo Aut. C.T., and the returning 8° Gruppo, flying respectively Macchi MC.202/205/Vs, MC.202s and MC.200s. These were joined by the 5° Stormo Assalto, which was operating Reggiane RE 2002s. Just before the end of the year, the 155° Gruppo C.T. returned from Sardinia, after a disastrous transfer flight … with the loss of various Macchi MC.205/Vs and MC.202s. The 20° Gruppo also came to Puglia and thus by the 1st of January 1944 the fighter force had the following structure:

Raggruppamento Caccia – HQ at Lecce

4° Stormo C.T. MC.202/MC.205/V
9° Gruppo (73ª, 96ª, 97ª Squadriglia)
10° Gruppo (84ª, 90ª, 91ª Squadriglia)

5° Stormo Assalto Reggiane RE 2002
101° Gruppo (208ª, 238ª Squadriglia)
102° Gruppo (209ª, 239ª Squadriglia)

51° Stormo C.T. MC.200/MC.205/V
20° Gruppo (356ª, 360ª Squadriglia)
21° Gruppo (351ª, 386ª Squadriglia)
155° Gruppo (361ª, 378ª Squadriglia)

Soon after the costitution of the Raggruppamento Caccia, the 4° Stormo C.T. was provided with a third unit. The 12° Gruppo

Puglia, Sud d'Italia. Gli aerei della Regia Aeronautica hanno cambiato già insegne e distintivi dopo l'Armistizio dell'8 settembre 1943. Questo possente MC.205/V, III Serie, M.M. 92171/A.S., probabilmente del 4° Stormo C.T., è stato fotografato a Galatina di Lecce. L'Unità Aerea dell'Aviazione del Sud nasce il 15 ottobre 1943, per affiancarsi con gli Alleati nella lotta comune sui Balcani. Con la formazione dell'Unità Aerea, iniziava in ogni caso un difficile periodo d'attività operativa, condotto con poche risorse, con scarso aiuto da parte degli Alleati, in un'atmosfera che rifletteva anche la diffidenza da parte degli anglo-americani verso i loro "nuovi alleati italiani"! (Foto A. M.)

Southern Italy, Puglia, and a change of insignia for the aircraft of the Regia Aeronautica after the Armistice of the 8th of September 1943. This powerful MC.205/V, Series III, M.M. 92172/A.S., probably of the 4° Stormo C.T., was photographed at Galatina (Lecce). The Unità Aerea born on the 15th of October 1943 was established to fight in the Balkans alongside the Allies. Anyway with the formation of the Unità Aerea, a period of difficult operations commenced, carried out with a few resources, little Allied support, and in an atmosphere that reflected the diffidence of the Anglo-Americans towards their "new Italian allies"! (Photo A. M.)

197

Nonostante sia un po' differente dall'originale mimetizzazione e i colori usati durante le operazioni di guerra contro le Forze Alleate, questo "Folgore", con la sua elegante linea e le nuove coccarde, suscita ancora una piacevole impressione. (Foto Arch. dell'Autore)

Although it is a bit different from the original camouflage and colours, used during operations against the Allied forces, this "Folgore", with its elegant colours and new national markings, still gives a pleasing impression. (Photo Authors's Archive)

ceduti dal 21° Gruppo C.T. del 51° Stormo Caccia.

Il mese dopo lo stesso 5° Stormo, versati gli ormai esausti RE 2001 (ceduti dal 51°) ed i RE 2002, veniva riequipaggiato con Macchi MC.202, ceduti parte dal 12° Gruppo C.T. e parte dal 21° Gruppo C.T., così che da reparto, un tempo "Tuffatori", poi d'Assalto, si trasformava in reparto cacciatori.

Alla data del 20 giugno 1944 il 4° Stormo C.T. era riequipaggiato con Bell P-39 "Airacobra" della versione "N" e "Q".

Il 15 settembre 1944 il solo 20° Gruppo C.T. del 51° Stormo Caccia riceveva una prima dotazione di nove Spitfires Vc, con filtro antisabbia (ne verranno assegnati un totale di 16 esemplari in tutto), aerei ex R.A.F. – 249° Fighter Squadron – ma al momento della cessione al reparto italiano provenivano da un reparto jugoslavo, il 352ª Squadrone... in pratica aerei da caccia di terza mano!

I Macchi del 20° Gruppo C.T. erano così distribuiti fra il 21° ed il 155° Gruppo C.T., mentre in precedenza, su disposizione del Comando l'Unità Aerea, s'era disposto che ogni reparto operasse con un solo tipo d'aeroplano. Era così che nella primavera del 1944 il 20° ed il 155° Gruppo C.T. erano stati equipaggiati esclusivamente di Macchi MC.205/V "Veltro", I e III Serie, mentre il 21 doveva mantenere gli MC.202. I pochissimi Reggiane RE 2001 del 160° Gruppo Aut. C.T., portati dal 155° dalla Sardegna, li abbiamo visti in carico bellico al 5° Stormo Assalto, prima che questi si trasformasse in reparto Caccia Terrestre.

Le azioni dei Macchi dell'Aviazione del Sud furono dirette essenzialmente sul fronte dei Balcani, a protezione dei trasporti o dei bombardieri italiani, per azioni d'attacco al suolo, contro concentramenti germanici ancora presenti in Grecia, Albania e Jugoslavia.

Oltre ai rischi di volare su macchine sicura-

C.T., formed by the 73ª Squadriglia drawn from the 9° Gruppo and the 91ª Squadriglia coming from the 10° Gruppo. On the 15th of June 1944 the 8° Gruppo C.T. joined the 5° Stormo Assalto, retaining its worn out Macchi MC.200s. The unit received its first three Macchi MC.202s at the beginning of July, passed down from the 21° Gruppo C.T. of the 51° Stormo Caccia. During the following month the 5° Stormo, having passed on its exhausted ex-51° Stormo RE 2001 and its RE 2002s, was re-equipped with Macchi MC.202s, received in part from the 12° Gruppo C.T. and in part from the 21° Gruppo C.T. The unit, having once been classified as a Stormo Tuffatori (Dive Bomber), and later Stormo Assalto (Assault), was finally classified as a Stormo Caccia/(Fighter Wing). On the 20th of June 1944 the 4° Stormo C.T. was re-equipped with the Bell P-39 "Airacobra", serving in both the P-39N and P-39Q variants. On the 15th of September 1944 the 20° Gruppo C.T. received an initial batch of nine Spitfire Vcs, all with sand filters, and would eventually possess a fleet of sixteen. The Spitfires were former RAF 249th (Fighter) Squadron aircraft, but had been transferred to a Jugoslav unit (352nd Squadron), and so, in effect, were third hand. The former 20° Gruppo Macchis were distributed amongst the 21° and 155° Gruppo C.T., although the Comando Raggruppamento Caccia had ordered that each Gruppo would operate a single aircraft type only. Thus in Spring 1944 the 20° Gruppo C.T. retained all the "Folgores". The few remaining Reggiane RE 2001s of 160° Gruppo Autonomo C.T., which the 155° Gruppo had taken to Sardinia, were assigned to the 5° Stormo Assalto, prior to its conversion into a dedicated fighter unit.

Basically, the Macchis of the Co-Belligerent Air Force were tasked with combat missions over the Balkans, protecting Italian bombers and transports, or attacking the remaining German land forces in Greece, Albania and Yugoslavia. As well as the risks involved in operating

mente fin troppo logore, specie i Macchi MC.202, gli aviatori del Sud pagarono un alto contributo di sangue e gioventù nel contrastare il "nuovo nemico" germanico, il camerata di ieri, che non risparmiò mai di accanirsi attraverso una formidabile difesa contraerea ed in qualche circostanza con l'intervento della caccia d'interdizione! Non pochi furono i Caduti e i feriti di quanti volavano con i "Folgore" o con i "Veltri", mentre l'opera mirabile degli specialisti, d'ogni reparto di volo, riuscì persino a ricostruire diversi Macchi, ricavando i pezzi essenziali da autentiche carcasse informi, depositate nei famosi "cimiteri aeroportuali", dove fin dal 16 gennaio 1944 erano stati ammassati rottami di velivoli della Regia Aeronautica, trovati sui campi dell'Africa settentrionale, in Tunisia e in Sicilia, quindi trasportati in Puglia dalla motonave "Mothia", attraccata in quel tempo a Gallipoli. Miracoli della tenacia e della tecnica dei nostri sorprendenti Motoristi, Montatori, Armieri, Marconisti ed Elettromeccanici di Bordo, che fecero rinascere, per l'appunto, dei Macchi MC.202 ed MC.205/V, già cancellati dai carichi bellici, perché distrutti al suolo o colpiti irrimediabilmente in combattimento, ma rinati a nuova vita con la stessa Matricola Militare! L'ultimo Macchi MC.205/V – III Serie – M.M.92190 – ad essere perduto nel tempo di guerra al Sud, apparteneva al 21° Gruppo C.T., pilotato dal Tenente Arnaldo Marini, che decollato dall'aeroporto di Galatina di Lecce il 31 gennaio 1945, per compiere una normale "prova-volo" nel cielo campo della base pugliese, lo si vide precipitare in candela, andando a schiantarsi ai bordi dell'ampio campo pugliese,

worn out aircraft (especially the Macchi MC.202 Folgore), the aviators in the South paid a high price in casualties while confronting their new German enemy, who attacked with a formidable ground defence system, and occasionally with Luftwaffe fighters. Many Folgore and Veltro pilots were killed or injured, and those who bailed out over the hostile Balkan environment were never sure of the reception that they would receive.

An equally miraculous task was undertaken by the mechanics of all the units, who rebuilt several Macchi aircraft, finding the spare parts from the carcasses stored in the famous aircraft cemeteries that had, since 16th of January 1944, been established in North Africa and southern Italy. To these cemeteries were taken the usable aircraft remains gathered from airfield across North Africa and Sicily. The essential spares were taken by the freighter "Mothia" to Puglia, docking at Gallipoli. The tenacious Motoristi (engine mechanics), Montatori (airframe mechanics), Armieri (armourers), Marconisti (radio-

In alto: Un MC.202 del 21° Gruppo C.T./51° Stormo Caccia. Sebbene la loro lunga ed ardua attività di guerra, l'elegante "Folgore" era ancora capace di assolvere gli impegni loro assegnati. (Foto A. Vigna)

Top: A Macchi MC.202 of the 21° Gruppo C.T./51° Stormo Caccia. Despite their long ad hard combat record, the elegant "Folgores" were still capable of fulfilling their assigned duties. (Photo A. Vigna)

In basso: Macchi MC.205/S del 155° Gruppo C.T./51° Stormo Caccia (privo d'armamento pesante=cannoni), per una maggiore autonomia, codificato "155-1", appartenente al Comandante di Gruppo, Maggiore Pilota Vincenzo Lucertini, ripreso sull'aeroporto di Leverano. (Foto A. Vigna)

Bottom: Macchi MC 205/S of the 155° Gruppo C.T./51° Stormo Caccia (without heavy armament=cannons), for a larger range, coded "155-1", belonging to the commander of the unit, Sq/Ldr. Vincenzo Lucertini, photographed at Leverano of Lecce. (Photo A. Vigna)

In alto: Uno schieramento di Macchi MC.202 dell'8° Gruppo C.T. a Galatina di Lecce. Questi aerei mostrano una differente mimetizzazione, priva di strisce ed anelli (amebe), ma basata su una normale colorazione dal fondo monocolore, probabilmente verde scuro. (Foto R. Gherardi)

Top: A line up of MC.202s at Galatina (Lecce). These aircraft wear a different camouflage without stripes or rings (amoebe), but based on a common monocolour background, probably dark green. (Photo R. Gherardi)

A destra: Aeroporto di Galatina – Lecce. L'interno dell'hangar occupato dalla SRAM, dove gli specialisti italiani si dedicarono alle grandi revisioni e alla ricostruzione dei Macchi, dalle carcasse recuperate nei numerosi cimiteri di aerei in Italia, isole comprese, in Libia e in Tunisia. (Foto R. Gherardi)

Right. Galatina airfield (Lecce). Inside the hangars occupied by the SRAM Italian engineers perform heavy maintenance and re-building of the carcasse of Macchis recovered from the numerous aircraft cemeteries in Italy (Islands included), Lybia and Tunisia. (Photo R. Gherardi)

dove il pilota, non riuscito a lanciarsi, perdeva la vita.

telegraphists) and Elettromeccanici di Bordo (electrical engineers) performed technical miracles, managing to rebuild Macchi MC.202s and MC.205/Vs which had been stricken from the Regia Aeronatica inventory due to combat damage or ground attack damage, and returning them to a new flying career, wearing their original Matricola Militare (Serial Number).

The final Macchi MC.205/Vs, Series III – M.M.92190, to be lost during a wartime combat mission belonged to the 21° Gruppo C.T., and was flown by Flying Pilot Arnaldo Marini. Marini took off from Lecce-Galatina on the 21th of January 1945 to perform a routine test flight above the base, but was seen to enter a spin and crash on the boundary of the Puglian airfield. The pilot, who was unable to bail out, lost his life.

In alto: Il Tenente Dante Bonifazi, pilota della 378ª Squadriglia/155° Gruppo C.T./51° Stormo Caccia, seduto sui piani di coda di un Macchi MC.205/V, I Serie – M.M.9342 – a Galatina di Lecce. (Foto D. Bonifazi)

Top: The Flying Officer Dante Bonifazi, serving with the 378ª Squadriglia/155° Gruppo C.T./51° Stormo Caccia, seated on the tailplane of a MC.205/V, Series I – M.M.9342 – at Galatina airfield. (Photo D. Bonifazi)

In alto a destra: Aeroporto di Lecce. Armieri dell'8° Gruppo C.T., reparto ormai inserito nel 5° Stormo Caccia, riforniscono di cartucce da 12,7 mm i contenitori delle armi di un Macchi MC.200 della loro unità, ora incorporata a pieno titolo nella cobelligeranza della Regia Aeronautica. Notare l'antenna radio installata nelle ultime serie del "Saetta". (Foto R. Gherardi)

Top right: Lecce airfield: Armourers from the 8° Gruppo C.T., already inserted in the 5° Stormo Caccia, rearm the magazine of a 12.7 mm gun of a Macchi MC.200 of the unit, now fully incorporated into the Co-Belligerent Regia Aeronautica. Note the radio antenna, installed on the final series of the "Saetta". (Photo R. Gherardi)

A destra: Un altro Macchi MC.202 del 21° Gruppo C.T. sotto le cure degli specialisti dell'unità. (Foto A. M.)

Right: Another MC.202 of the 21° Gruppo C.T. under the attention of mechanics of the unit. (Photo A. M.)

Macchi MC.202 dell'8° Gruppo C.T. a Galatina di Lecce. Nella foto in alto specialisti in tenuta estiva ripresi sull'aereo sottoposto a manutenzione. In basso un velivolo della stessa unità impegnato in una prova motore, sotto l'attenta sorveglianza di un motorista. (Foto R. Gherardi)

Macchi MC.202s of the 8° Gruppo photographed at Galatina (Lecce). In the upper photo crews in summer uniform surround an MC.202 undergoing comprehensive maintenance, and below, an aircraft of the same unit is receiving engine maintenance under the careful eyes of an engine mechanic. (Photo R. Gherardi)

In alto: Macchi MC.205/V, III Serie, della 360ª Squadriglia/20° Gruppo C.T./51° Stormo Caccia (ultime immagini con la codificazione in fusoliera), in rullaggio lungo il raccordo dell'aeroporto di Galatina, accompagnato da alcuni specialisti sulle ali. (Foto C. Lucchini)

Top: Macchi MC.205/V, Series III, of the 360ª Squadriglia/20° Gruppo C.T./51° Stormo Caccia (the last shot with the number code on the fuselage), taxies towards the Galatina runway, accompanied by some mechanics sitting on the wings. (Photo C. Lucchini)

Al centro: Un altro MC.202 dell'8° Gruppo C.T., esemplare "8-4", pronto al decollo per una missione esplorativa. (Foto A. M.)

Centre. Another MC.202 of the 8° Gruppo C.T., example "8-4", ready to take-off for a reconnaissance mission. (Foto A. M.)

In basso: Aeroporto di Galatina: primavera del 1944. Incidente di volo per un Macchi MC.202 del 51° Stormo Caccia, pilotato dal Sergente Athos Suprani, capovoltosi in atterraggio per lo scoppio di un pneumatico. Pilota incolume, aereo riparabile alla SRAM. (Foto Archivio dell'Autore)

Bottom: Galatina airfield: spring 1944. The MC.202 of Sergeant Athos Suprani of the 51° Stormo Caccia, has overturned on landing following a burst tyre. The pilot was uninjured, and the aircraft was repaired by the SRAM. (Photo Author's Archive)

Una drammatica serie di foto mostrano il difficoltoso rientro a Galatina di un Macchi MC.205/V, III Serie, pilotato dal Tenente Vittorino Daffara del 4° Stormo C.T. Intercettato a metà dell'Adriatico, mentre rientrava da una missione, Daffara era assalito da alcuni Bf 109G-6 dello Jagdgeschwader 27, ora decisamente in mano ai nostri nuovi nemici! Il "Veltro" incassò numerosi colpi di cannoncini da 20 mm, distruggendo i flaps, particolarmente quello di sinistra, insieme allo stabilizzatore destro, mentre due proiettili centravano anche il tettuccio e la corazza del sedile. Nonostante questo il "Veltro", manovrato abilmente dal pilota, riuscì a rientrare a Galatina. I risultati di questo attacco sono chiaramente visibili dalle immagini inserite nel volume, mentre l'evento creò un certo imbarazzo fra i piloti italiani! (Foto A. Ballista)

A dramatic series of photos showing the difficult return to Galatina of a MC.205/V, Series III, flown by Flying Officer Vittorino Daffara of the 4° Stormo C.T. Intercepted in mid-Adriatic, while returning from a mission, Daffara was bounced by some Bf 109G-6s of Jagdgeschwader 27, now decidedly hostile! The "Veltro" sustained numerous 20mm cannon shell hits, which destroyed the flaps, particularly on the left wing, and the right hand stabiliser attachment, while two projectiles smashed against the cockpit seat armour. Despite this, the pilot cleverly handled the "Veltro" back to Galatina. The results of the attack are clear from these pictures, and the event created some embarrassment amongst the Italian pilots. (Photo A. Ballista)

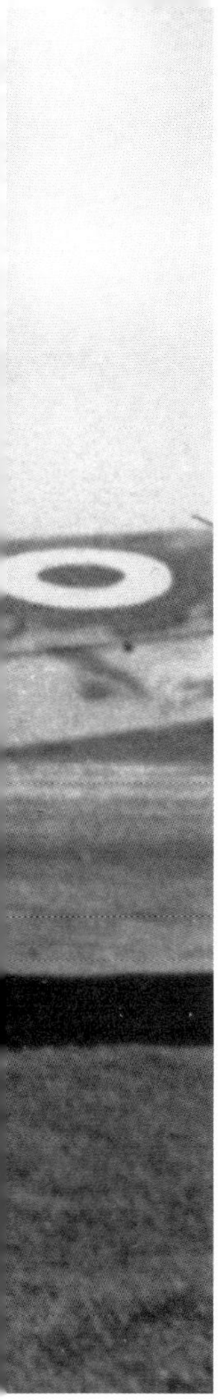

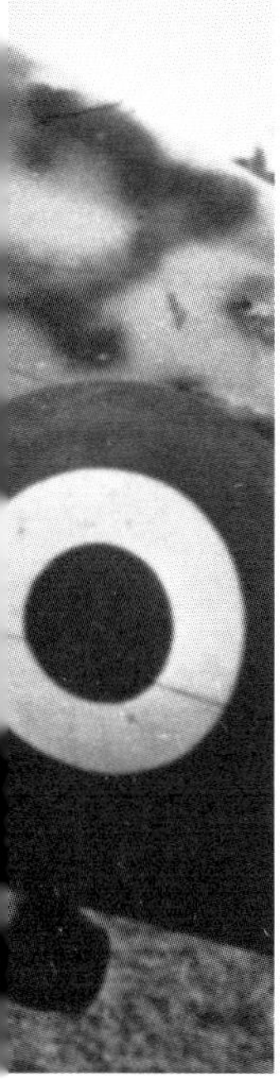

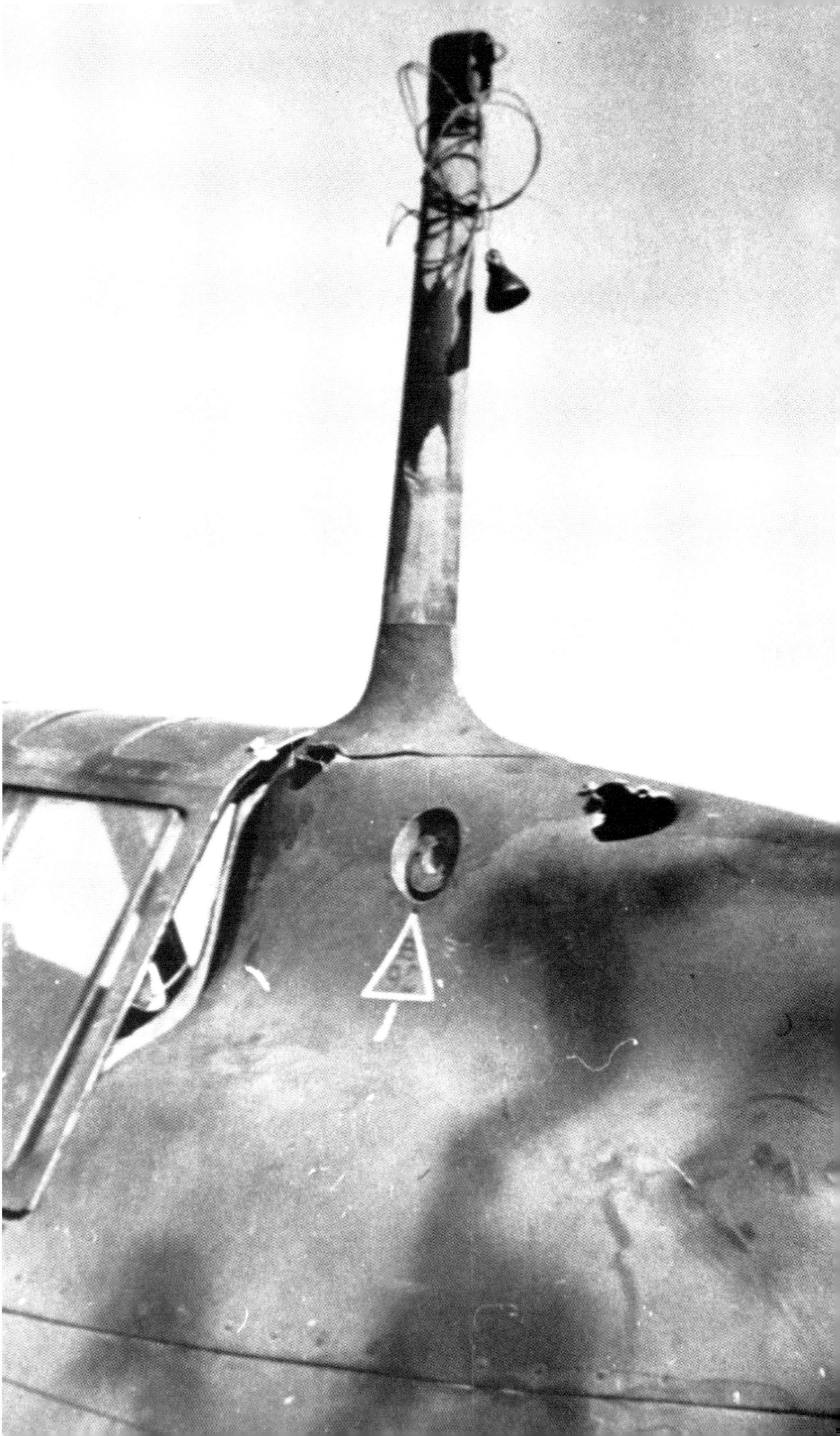

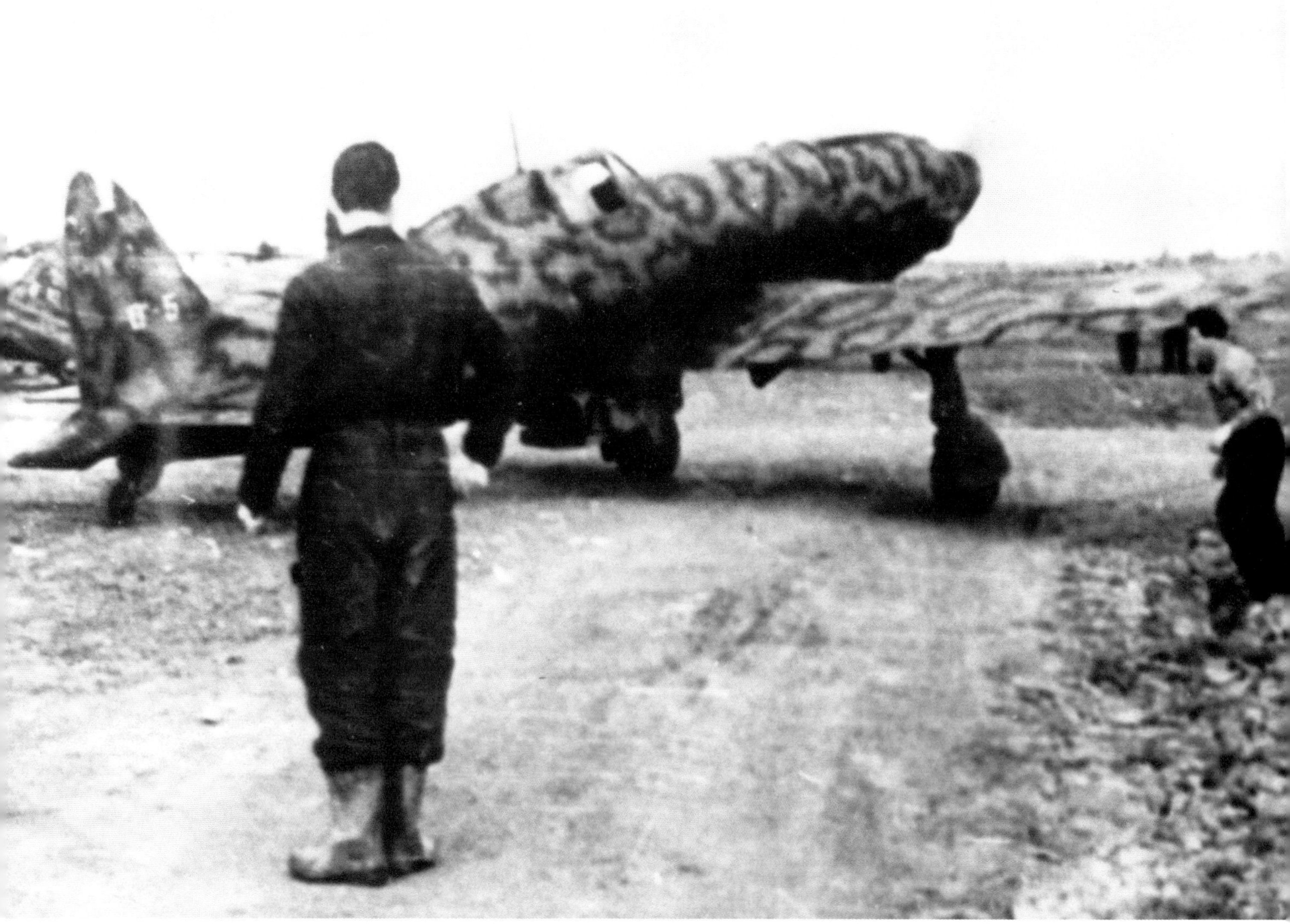

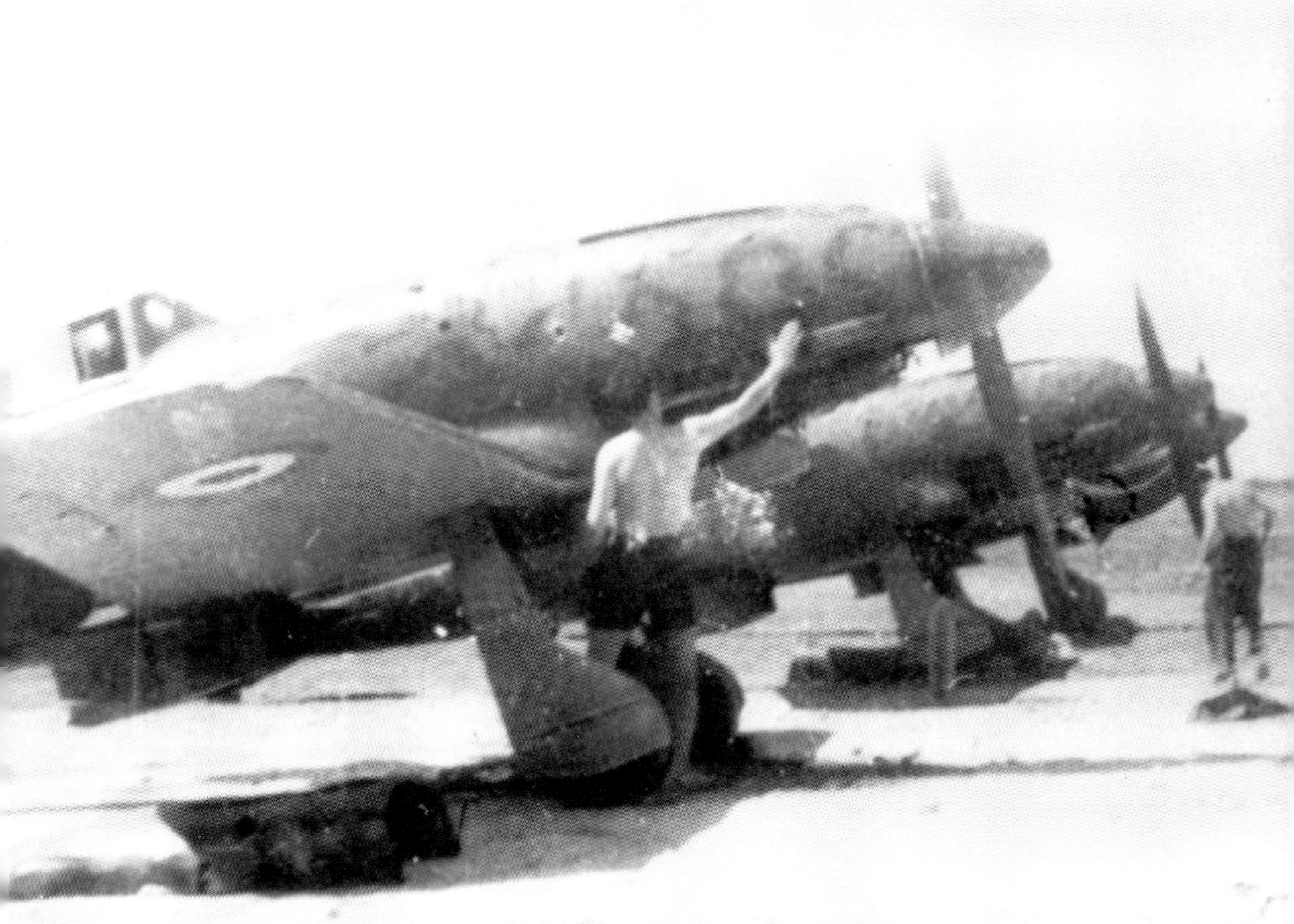

A pagina a fianco - in alto: Un MC.202 dell'8° Gruppo C.T./5° Stormo Caccia in lento rullaggio lungo i fangosi raccordi dell'aeroporto di Galatina di Lecce. Quest'esemplare, codificato "8-5", mostra una perfetta mimetizzazione con fumi d'anelli. (Foto R. Gherardi)

Opposite page - top: Macchi MC 202 of the 8° Gruppo C.T./5° Stormo Caccia taxiing slowly along the muddy taxiways of Galatina airfield (Lecce). This example, coded "8-5", wears a perfect smoke-ring colour-scheme. (Photo R. Gherardi)

Pagina a fianco - in basso: Quattro MC.202 dell'8° Gruppo C.T. parcheggiati sulla distesa dell'aeroporto di Galatina. (Foto R. Gherardi)

Opposite page - bottom: Four MC.202s of the 8° Gruppo C.T. parked along the Galatina airfield. (Photo R. Gherardi)

In questa pagina - in alto: Primavera del 1944: la guerra è finita! Schieramento di Macchi MC.205/V, I Serie, del 51° Stormo Caccia, fermi sull'aeroporto di Lecce. (Foto G. Lazzati)

This page - top: Spring of 1944: the war has ended! Line up of Macchi MC.205/Vs, Series I, of the 51° Stormo Caccia, stopped-over at Lecce airfield. (Photo G. Lazzati)

In questa pagina - sopra: Macchi MC.205/V, apparentemente della I Serie (salvo lo smontaggio dei cannoni per esigenze operative), pronti per una missione di volo. (Foto A. M.)

This page - above: Macchi MC.205/Vs, apparently of I Series (with the exception of the dismantling of the heavy armament = cannons for operational plans), ready for a flight mission. (Photo A. M.)

CAPITOLO VI
CHAPTER VI

L'Aeronautica Nazionale Repubblicana

A distanza di oltre 61 anni, rimane ancora difficile poter dare una serena valutazione sulla nascita e l'operato dell'Aeronautica Nazionale Repubblicana, per molti la sola capace di dare un segno di coerenza e rispetto verso gli aviatori italiani. Per questo, riportandoci indietro nel tempo, appare assai comprensibile quale fu, lo spirito e l'orgoglio di quanti costituirono questo blocco di uomini e macchine, che consci del sacrificio, non esitarono ad aderire alle formazioni di questo piccolo ma solido nuovo complesso armato, composto dall'Esercito, dalla Marina e dall'Aeronautica della Repubblica del Nord di Mussolini.

L'Aeronautica Nazionale Repubblicana nacque soprattutto dai moti interni di chi e quanti avevano valorosamente combattuto un odiato nemico, su tutti i fronti di guerra, per ben tre lunghi anni, sacrificando il meglio della loro gioventù, i propri ideali, i sogni covati per tanto tempo all'ombra delle ali italiane, molte delle quali portate a rappresentare degnamente – durante il tempo di pace – il nome e la fama di Roma nel mondo.

The Aeronautica Nazionale Repubblicana (A.N.R.)

After the passing of 61 years, it is difficult to offer a reasoned evalutation of the creation and operations of the Aeronautica Nazionale Repubbicana (Fascist Air Force), the only one capable of offering a sign of coherence and respect to the Italian airmen. However, with the passage of time, it has become easier to understand the spirit and pride of men that comprised the small and minimally equipped forces that formed the Army, Navy, and Air Force of Mussolini's northern Italian Republic.

The Aeronautica Nazionale Repubblicana was born above all from the motivation and ideals of men who had valiantly fought on a series of fronts for three long years, sacrificing their youth, their ideals, and their aspirations, under the shadow of the Italian wings, many of which, in peacetime, had brought fame to Rome and the Nation!

Soon after the disgrace and embarrassment of the Armistice of the 8th of September 1943, concluded secretly at Cassibile, behind the backs of the soldiers,

Schieramento di Macchi MC.205/V III Serie del 1° Gruppo A.N.R. con una mimetizzazione ad anelli (o amebe). (Foto G. Di Bella)

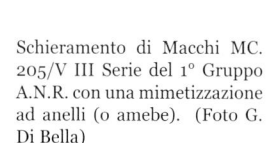

Line up of Macchi MC.205/V, Veltro IIIs, of the 1° Gruppo A.N.R. with "smoke rings" or amoebe camouflage. (Foto G. Di Bella)

Ancora per cinque giorni dopo l'8 settembre 1943, data dell'armistizio fomentato in gran segreto tra le mura dei Ministeri e firmato vergognosamente a Cassibile, alle spalle di tanti soldati, di tanti marinai e di tanti aviatori d'Italia, si combatté ancora e si continuò a morire contro un nemico che aveva accettato la nostra resa! Per questo molti si sentirono umiliati ed offesi, traditi nello spirito e nella carne. Molti non seppero rassegnarsi all'idea di allearsi con un avversario contrastato fino al giorno avanti e che aveva peraltro raso al suolo, talvolta inutilmente, tante belle città italiane, provocando morte e rovine, soprattutto tra la popolazione civile.

Stimolati da questi sentimenti di ribellione, i più qualificati Comandanti di reparti famosi della Regia Aeronautica rinnegarono e rifiutarono l'armistizio badogliano, che ci aveva messo nella grottesca situazione di avere per alleati i nemici di ieri e per nemici i camerati germanici, in quel momento per nulla invasori del suolo d'Italia, ma discesi nel nostro Paese dietro consenso di un legittimo Governo nazionale!

In tutti questi uomini, quindi, prevalse il senso dell'onore e della fede giurata: difendere il suolo d'Italia dall'attacco degli anglo-americani.

Mentre al Sud d'Italia, molti (chi... per opportunismo, per interessi personali, ma anche per forzate condizioni di tempi e di luoghi), dovettero aderire alla cobelligeranza con gli Alleati e nacque, per quanto riguardava l'aeronautica, l'Aviazione del Sud; ai lati opposti si costituiva l'Aviazione del Nord.

La nascita ufficiale dell'Aeronautica Nazionale Repubblicana è fissata al settembre 1943, quando una massa insospettata d'entusiasti aviatori affluì spontaneamente nel nuovo ordinamento: uomini dai 16 ai 50 anni d'età si presentarono per arruolarsi volontariamente nelle fila della Repubblica di Salò.

Molti di questi uomini, piloti e specialisti, erano stati chiamati via

sailors and airmen of Italy, sent for another five days to fight and die against the enemy, the spirit and pride of many veterans who felt betrayed and offended gave rise to feelings of rebellion. Many could not resign themselves to co-operating with forces with which, only the day before, they had been in a bitter struggle, for a grotesque situation... with the Allies the enemy of yesterday and enemy the German camrade! Even more galling was the thought that their new allies were the perpetrators of the bombing raids that had sown death and destruction amongst many peaceful and historical cities. The people who had suffered most were, as ever, the innocent civilians, above all old men, women and children, who were the true victims of every war!

Driven by these sentiments of rebellion, many prominent commanders of famous Regia Aeronautica units refused to adhere to the Badoglio armistice, which had created total turmoil, and had thrown them against their former German ally. In their opinion, the Germans were not at all "invaders" to be fought, but allies invited into Italy by the former legitimate Italian government! In all these men, however, there prevailed a sense of honour and solemn duty: the duty to defend Italian soil from the barbarous Anglo-American air attacks. Whilst in southern Italy, due to opportunism, self interest, or the orders emanating from the occupying Allies, Regia Aeronautica personnel adhered to the Co-Belligerent Regia Aeronautica, in the north of Italy, Mussolini's Republican government at Salò was able to create,

Il Maggiore Pilota Adriano Visconti, Com.te del 1° Gruppo Aeronautica Nazionale Repubblicana", ripreso a bordo di un Macchi MC.205/V della sua unità. La nuova formazione Aeronautica del Nord era in pieno processo di formazione e molti aeroplani non avevano ancora ricevuto la normale mimetizzazione. (Foto C. Raso)

Squadron Leader Adriano Visconti, Commander of the 1° Gruppo Caccia A.N.R., photographed in an Macchi MC. 205/V of his unit. The Republican forces are in the process of formation, and many aircraft have yet to receive normal camouflage. (Photo C. Raso)

L'aviazione del Nord

Un Macchi MC.205/V della 2ª Squadriglia "Vespa Arrabbiata" /1° Gruppo Aeronautica Nazionale Repubblicana. Il pilota a cavalcioni sulla prua è il Sergente Pilota Spartaco Patrignani. (Foto C. Raso)

A Macchi MC.205 of 2ª Squadriglia "Guido Bobba" – Angry Wasp – 1° Gruppo Aeronautica Nazionale Repubblicana. The pilot astride the prow is Sergeant Spartaco Patrignani. (Photo C. Raso)

radio, nominalmente, dai loro stessi ex Comandanti dei reparti della Regia Aeronautica.

Alla data dell'8 settembre 1943 alcuni dei più prestigiosi reparti si erano trovati già al Nord, per una necessaria ristrutturazione dei loro effettivi – uomini e mezzi logorati o persi in battaglia – fra questi il glorioso 1° Stormo C.T. del Comandante Giuseppe Baylon, fermo a Ronghi dei Legionari, il 53° Stormo C.T. del Cap. Pilota Natale Veronese (Comandante ad interim) del 53° Stormo C.T., a Torino Caselle, il 50° Stormo Assalto del Com.te Ferruccio Vosilla a Lonate Pozzolo ed altri ancora, esausti da una difficile e massacrante attività in Tunisia, a Pantelleria, in Sicilia e sull'estrema punta calabrese. Anche al centro d'Italia vi erano stati reparti famosi, fra questi il 3° Stormo C.T. del Colonnello Pil. Tito Falconi che, fatti distruggere i propri aeroplani, per non consegnarli al nemico (MC.202/MC.205/V e Bf 109G-6), fece affluire tutto il suo personale al Nord.

with the help of these disaffected aviators, the Aeronatica Nazionale Repubblicana.

The official birth of the Aeronautica Nazionale Repubblicana can be traced back to September 1943, when an unexpected mass of enthusiastic volunteers offered themselves to the new regime: those men were between 16 and 50 years old! Many of them, pilots and groundcrew, had been recalled by radio announcements in the name of their former commanders.

On the 8th of September 1843, a few of the most prestigious units of the Regia Aeronautica were located in the north, undergoing a much needed revitalisation of their personnel and equipment, many of which had been lost during the retreat from North Africa and the defence of the homeland. Among these were the glorious 1° Stormo C.T., led by Commander Giuseppe Baylon, based at Ronchi dei Legionari, the 53° Stormo C.T., led by Commander Flight Lieutenant Natale Veronese (interim command), at Torino Caselle, the 50° Stormo Assalto of the Commander Ferruccio Vosilla at Lonate Pozzolo and others, exhausted by their tortuous and exhausting operations in Tunisia, Pantelleria, Sicily and Calabria. There were also famous Stormi in central Italy, such as the 3° Stormo C.T., which destroyed its surviving Macchi MC.202/205/Vs and some Bf 109-G6s, and moved North en-masse, with its commander, Colonel Tito Falconi at its head.

The Aeronautica Nazionale Repubblicana was born pratically from nothing, just the remnants of those units still in the north, as the production facilities of the major Italian aviation industries, FIAT, Reggiane, Breda and Caproni, all being situated in the north, had been completely destroyed. However, the pride and desire for self renewal helped to overcome many problems.

In the days of September 1943, the skies of Italy were transformed into one immense airway, within which aircraft of every type and role flew, heading either north or south, and for many, these flights would have been their last! During the same period, German forces, both Wermacht and Luftwaffe, flooded into northern Italy. The latter force was bolstered by the arrival of extra Bf 109F & G6, Focke Wulf Fw 190B, Bf 110G-4, Junkers Ju 88-A4, Heinkel He 111, and a few Ju 87, Do 217, with many Junkers Ju/ 3m trimotors.

L'Aeronautica Nazionale Repubblicana nacque in concreto dal nulla con quel poco rimasto nei reparti fermi al settentrione, considerando che le migliori fabbriche d'aeroplani erano state quasi completamente distrutte. Vedasi la FIAT, le Reggiane, la Breda e la Caproni. Prevalsero l'orgoglio e la volontà, essenziali per rinnovarsi ed avere il sopravvento su ogni problema.

In quei giorni di settembre del 1943 i cieli dell'intera penisola si trasformarono in un immenso aero-sentiero, lungo il quale volavano aeroplani d'ogni tipo e specialità, diretti al Sud o diretti al Nord. La maggioranza comunque era diretta verso quest'ultimo traguardo.

Infine ricordiamo che nello stesso periodo sostavano ancora in Italia ingenti forze tedesche, della Wermacht e della Luftwaffe, questi ultimi equipaggiati con BF 109F & G6. Focke Wulf Fw 190, Bf 110G-4, Junkers Ju 88-A4, Heinkel He 111, pochi Junkers Ju 87, Dornier Do 217 e trimotori da trasporto Junkers Ju 52/3m.

Sulle prime i Comandi tedeschi invitarono le Forze Armate italiane del Centro-Nord ad arruolarsi nelle loro fila e seppure molti aderirono spontaneamente a questo richiamo, con la costituzione ufficiale della Repubblica di Salò, furono costituiti o ricostituiti reparti formati esclusivamente di volontari italiani. Il motto per tutti fu quello di combattere... PER L'ONORE D'ITALIA.

Il primo reparto dell'A.N.R. fu il 1° Gruppo Caccia Repubblicano, nato sull'aeroporto di Torino Mirafiori, su iniziativa del Com.te Adriano Visconti, con una consistenza di pochi aeroplani. Il reparto si organizzò con tre Squadriglie, la 1ª, denominata "Asso di Bastoni", dipingendo sulle prue dei propri velivoli tale insegna, appartenuta al 52°

The initial reaction of the German High Command was to invite the Italian service personnel in northern Italy to enrole in the Luftwaffe or Wermacht, and although many responded to this call, with the official constitution of the Repubblica di Salò, units entirely formed of Italian volunteers were re-formed or newly constituted. The motto for all these volunteers was to fight... "FOR THE HONOUR OF ITALY".

The first unit of the A.N.R. was the 1° Gruppo Caccia Repubblicano, created at Torino Mirafiori airfield on the initiative of Adriano Visconti. Although possessing few aircraft, the Gruppo was organized into three Squadriglie; the 1ª, entitled "Asso di Bastoni" (Ace of Clubs), the 2ª entitled "Vespa Arrabbiata" (Angry Wasp – after the famous badge of the 3° Stormo C.T.), and the 3ª entitled "Arciere" (Archer – in honour of the emblem of another famous unit, the 1° Stormo C.T.). The Squadriglie painted their emblem on their aircraft. The 1° Gruppo Caccia Repubblicano was entirely equipped with Macchi MC.205/Vs, Series III, and was initially commanded by Sq/Ldr Giorgio Tugnoli, formerly of the ex 23° Gruppo C.T./3° Stormo C.T., who later passed the command to Sq/Ldr Ago Borgogno.

The 1° Gruppo Caccia made its combat

In alto: Un'interessante immagine di un Macchi MC.205/V del 1° Gruppo A.N.R., "Asso di Bastoni", organizzato con tre unità: 1ª, 2ª e 3ª Squadriglia. (Foto C. Lucchini)

Top: An interesting image of a Macchi MC.205/V of the 1° Gruppo A.N.R. "Asso di Bastoni", equipped with three units: 1ª, 2ª, 3ª Squadriglia. (Photo C. Lucchini)

Al centro: Una partenza su allarme per un Macchi MC.205 /V del 1° Gruppo A.N.R. (Foto A. Vigna)

Centre: A scramble for a Macchi MC.205/V of the 1° Gruppo ANR. (Photo A. Vigna)

In basso: Primo piano per un "Veltro" della III Serie del 1° Gruppo A.N.R. "Asso di Bastoni", con il Sergente Maggiore Pilota Pietro Svanini accanto al suo aereo. (Foto A. Vigna)

Bottom: Line up for a "Veltro" of the Series III of 1ª Squadriglia/1° Gruppo A.N.R. "Asso di Bastoni", with Flight Sergeant Pietro Savini near his fighter. (Photo A. Vigna)

In alto: Il Macchi MC.205/V del Maggiore Pilota Adriano Visconti dotato dell'emblema ufficiale dell'Aeronautica Nazionale Repubblicana. (Foto C. Lucchini)

Top: The Macchi MC.205/V of Squadron Leader Adriano Visconti wearing the official insignia of the A.N.R. (Photo C. Lucchini)

A destra: Un MC.205/V del 1° Gruppo Caccia A.N.R. in rullaggio sulla propria base. Notare la presenza della fascia ottica di riconoscimento sulla quale è stata applicata la bandiera tricolore, altro segno dell'Aviazione del Nord. (Foto A. Vigna)

Right: A Macchi MC.205/V of the 1° Gruppo A.N.R. taxiing along its airbase. Note the white band of recognition with the tricolour flag, another insignia of the Aeronautica Nazionale Repubblicana. (Photo A. Vigna)

Stormo C.T.; la 2ª con l'insegna della "Vespa Arrabbiata", già celebre emblema del 3° Stormo C.T.; la 3ª, l'"Arciere", in omaggio al distintivo, altrettanto famoso, del 1° Stormo C.T.
Il 1° Gruppo Caccia Repubblicano fu equipaggiato interamente con Macchi MC. 205/V, III Serie, assegnato dapprima al comando del Magg. Pilota Giorgio Tugnoli, già del 23° Gruppo C.T./3° Stormo C.T., successivamente alle dipendenze del Magg. Pilota Ugo Borgogno.
Il 1° Gruppo Caccia Repubblicano ebbe il suo primo combattimento aereo col nemico il 3 gennaio 1944, intercettando una fitta formazione di Boeing B-17 "Fortezze Volanti" del 99th Bomber Group, diretta ad attaccare le officine di cuscinetti R.I.V. di Villar Perosa (Torino). Scortava i quadrimotori dell'USAAF, partiti dai campi delle Puglie, un nutrito pattuglione di Lockheed P-38G "Lightning", che accettò subito il combattimento, subendo la peggio. Tre

debut on the 3rd of January 1944 against a heavy formation of B-17s from the 99th Bomber Group, coming from the South of Italy (Puglia!), engaged in a raid on the R.I.V. ball-bearing factory at Villar Perosa (Turin). A large formation of Lockheed P-38G "Lightnings" was escorting the bombers, and they joined combat with the MC.205/V, but came off worst. Three American fighters were claimed by Italian pilots, one each by Sq/Ldr Adriano Visconti (mission leader), Pilot Officer Remo Lugari and Flight Sergeant Franco Cuscunà. The latter was the very first pilot of the Aeronautica Nazionale Repub-

Piloti del 2° Gruppo Caccia A.N.R. in "Stand-By", accanto ad un Macchi MC.205/V della loro unità. Sullo sfondo il decentramento d'altri "Veltro". (Foto Delfina Camolesi/Ved. Gen. SA. Amedeo Guidi)

Pilots of the 2° Gruppo Caccia A.N.R. on "Stand-By" near a Macchi MC.205/V of their unit. In the background the dispersal of other "Veltros". (Photo Delfina Camolesi/Ved. Gen. SA. Amedeo Guidi)

bicoda americani furono abbattuti dallo stesso Magg. Adriano Visconti, Leader della formazione dei Macchi MC.205/V, dal S. Ten. Pil. Remo Lugari e dal Serg. Magg. Pil. Franco Cuscunà. In realtà fu proprio Cuscunà a centrare ed abbattere il primo caccia nemico per merito dell'A.N.R. Negli organici dell'Aeronautica Nazionale Repubblicana fu costituito un altro reparto, il 2° Gruppo Caccia A.N.R., nato nel novembre 1943 ed affidato al comando del Magg. Pilota Aldo Alessandrini, costituito dalla 4ª Squadriglia "Cannepele" (Cap. Pil. Ugo Drago), 5ª Squadriglia "Magaldi" (Cap. Pil. Mario Bellagambi), 6ª Squadriglia "Graffer" (Ten. Pil. Guido Luccardi). I nomi dati a queste unità corrispondevano ad altrettanti ufficiali piloti caduti in battaglia o decorati di Medaglia d'Oro al V.M. "alla memoria". Il 2° Gruppo Caccia fu costituito a Milano e decentrato sulla pista di Castano Primo, poi spostato a Linate, mentre nella primavera del 1944 fu schierato a Bresso, dopo aver ritirato a Torino Caselle e Venaria Reale i velivoli d'impiego operativo, i FIAT G.55 "Centauro":
Successivamente fu costituito il 3° Gruppo Caccia Repubblicano dotato di Macchi MC.202 e

blicana to destroy an Allied aircraft.
Another fighter unit was created within the A.N.R., the 2° Gruppo Caccia, which was established in November 1943 and commanded by Sq/Ldr Aldo Alessandrini. The 2° Gruppo comprised 4ª Squadriglia "Cannepele" (Commanded by Flight Lieutenant Ugo Drago), 5ª Squadriglia "Magaldi" (commanded by Flight Lieutenant Mario Bellagambi) and 6ª Squadriglia "Graffer" (commanded by Flight Officer Guido Luccardi). The names assigned to the Squadriglia were those of

Immagine ravvicinata dell'insegna della 3ª Squadriglia "Arciere" / "Dante OCARSO", poi "Giovanni BONET" del 1° Gruppo Caccia A.N.R. (Foto Delfina Camolesi/Ved. Gen. SA. Amedeo Guidi)

Close up of the emblem of the 3ª Squadriglia "Archer", / "Dante OCARSO", then "Giovanni BONET" of the 1° Gruppo Caccia A.N.R. (Foto Delfina Camolesi/Ved. Gen. S. A. Amedeo Guidi)

MC.205/V, posto alle dipendenze del Cap. Pil. Fernando Malvezzi. Costituito a Levaldigi e Fossano, il nuovo reparto era dotato di tre spoglie unità, la 7ª Squadriglia (Ten. Pil. Giovanni Barcaro), avente per insegna il "Gatto Nero" con i suoi topini verdi, richiamo inequivocabile al 51° Stor-

officer pilots who had fallen in war, and to whom had been assigned posthumous Medaglia d'Oro al Valor Militare.

The 2° Gruppo was formed in Milano, and based at the Castano Primo airstrip. It was later moved to Linate, and in the spring of the following year moved to Bresso, having collected its new equipment, the FIAT G.55 "Centauro", from Torino Caselle and Venaria Reale.

Subsequently the 3° Gruppo Caccia was formed on the 15th of August 1944, equipped with Macchi MC.202 and MC.205/V, placed under the commander of Flight Lieutenant Fernando Malvezzi, based at Levaldigi and Fossano, the new unit parented three poor Squadriglie, the 7ª (under Flying Officer Giovanni Barcaro), which adopted as it insignia the black cat and green mouse, unequivocally linked to the 51° Stormo Caccia, then operational in the south with the Balcan Air Force, and 8ª Squadriglia (under the command of Flying Officer Luigi Fatigati) which used the "Amedeo d'Aosta" titling and the royal

mo Caccia, in quel momento operante al Sud, nella "Balcan Air Force", l'8ª Squadriglia (Com.te Ten. Pil. Luigi Fatigati), con la scritta "Amedeo d'Aosta" e la corona reale, mentre con la formazione della 9ª Squadriglia (Com.te Cap. Pil. Cesare Balli), si ripristinò il "Cavallino Rampante" del 4° Stormo C.T., anche questo in quel momento operante nell'Aviazione del Sud.

Il 3° Gruppo repubblicano non ebbe vita facile e tranquilla, poiché l'unità non ebbe quella dotazione di velivoli che i piloti speravano di avere, per questo la sua attività fu alquanto discontinua e piuttosto travagliata, pur non mancando negli uomini che la componevano, lo spirito e la volontà di battersi col nemico!

Successivamente il 3° Gruppo A.N.R. fu spostato nel Veneto, presso la striscia di Thiene e l'aeroporto di Vicenza, proprio nel momento in cui il Comando germanico avrebbe voluto sciogliere i reparti italiani dell'Aeronautica Nazionale Repubblicana, per porre le nostre unità alle dipendenze della Luftwaffe (Operazione Phoenix), circostanza che non fu accettata dagli italiani, tanto che ben presto la situazione tornò nella sua normalità.

L'A.N.R., oltre ad operare con i Macchi MC.202, prevalentemente ebbe gli MC. 205/V, i FIAT G.55 ed anche pochi Bf 109 /G6 e Bf 109/K14.

Molti coraggiosi piloti dell'A.N.R. persero la loro vita, sacrificandosi nel tentativo di rimanere fedeli e combattere "PER L'ONORE D'ITALIA!"

crown. Later, the 9ª Squadriglia "F. Baracca" led by Flight Lieutenant Cesare Balli, was formed, which adopted the "Cavallino Rampante" insignia of the 4° Stormo C.T., which was also operational with the Allies in southern Italy.

Successively the unit was sent to the Venetian airstrip of Thiene and to Vicenza airfield, when the German Command in Italy would disband the Italian Squadron of A.N.R. (Phoenix Operation), creating a little Air Force under the Luftwaffe... a proposal rejected by Italian personnel, but soon all came into normality.

Unfortunately the 3° Gruppo never achieved the full complement of men and machines that it desired, and its operations were sporadic and plagued with difficulties, despite the fact that the men who formed it did not lack the spirit and desire to confront the enemy.

The Aeronautica Nazionale Repubblicana, besides operating Macchi MC.202s, but predominantly Macchi MC.205/Vs and FIAT G.55s, also flew Bf 109/G6s and Bf 109/K14s.

Many valiant pilots of the A.N.R. lost their lives, sacrificed in the attempt to remain loyal to the fight "PER L'ONORE D'ITALIA" (for the honour of Italy"!)

Nella pagina a fianco - in alto: Tre piloti del 2° Gruppo Caccia A.N.R. pronti al decollo! (Foto Delfina Camolesi/Ved. Gen. SA. Amedeo Guidi)

Opposite page - top: Three pilots of the 2° Gruppo Caccia – A.N.R., ready for take-off. (Photo Delfina Camolesi/Ved. Gen. S A. Amedeo Guidi)

Nella pagina a fianco - in basso: Il Capitano Amedeo Guidi, pilota del 2° Gruppo Caccia A.N.R. fotografato ai tempi della sua permanenza in Sicilia con il suo 151° Gruppo C.T. (Foto Delfina Camolesi, Ved. Gen. S A. Amedeo Guidi)

Opposite page - bottom: Flight Lieutenant Amedeo Guidi, pilot of the 2° Gruppo Caccia A.N.R., photographed during his presence in Sicily with the 151° Gruppo C.T. (Photo Delfina Camolesi/Ved. Gen. SA. Amedeo Guidi)

In questa pagina: Una rara immagine di un Macchi MC. 205 della 3ª Squadriglia "Arciere" ripresa a Reggio Emilia nel maggio del 1944. L'aereo è in stato di "Stand-By", pronto al decollo su allarme, con paracadute sul terminale di fusoliera e manovella per la messa in moto manuale inserita. (Foto Delfina Camolesi/Ved. Gen. SA. Amedeo Guidi)

This page: A rare photograph of a Macchi MC.205/V of the 3ª Squadriglia "Archer" taken at Reggio Emilia in May 1944 on "Stand-By", ready to take-off on scramble, with the parachute on the rear fuselage and the starting handle already inserted. (Photo Delfina Camolesi/Ved. Gen. SA. Amedeo Guidi)

Reparti dell'Aeronautica Nazionale Repubblicana equipaggiati con Macchi MC.202 - MC. 205/V

Units of the Aeronautica Nazionale Repubblicana equipped with the Macchi MC.202 - MC.205/V

1943
1° Gruppo   (Macchi MC.205/V)
1ª Squadriglia "Asso di Bastoni"
2ª Squadriglia "Vespa Arrabbiata"
3ª Squadriglia "Arciere"

Squadriglia Complementare "Montefusco" – poi 3ª Sq./1° Gruppo

1944
1° Gruppo   (Macchi MC.205/V)
1ª Squadriglia "Asso di Bastoni"
2ª Squadriglia "Vespa Arrabbiata"
3ª Squadriglia "Arciere"

2° Gruppo   (Macchi MC.205/V)
4ª Squadriglia "Canneppele"
5ª Squadriglia "Magaldi"
6ª Squadriglia "Graffer"

3° Gruppo (MC.202/MC.205/V)
7ª Squadriglia "Gatto Nero"
8ª Squadriglia "Amedeo d'Aosta"
9ª Squadriglia "F. Baracca"

Squadriglia Complementare "Montefusco" – poi "BONET" (3ª Sq./1° Gruppo)
Squadriglia "F. Baracca" - (poi 9ª Sq./3° Gruppo)

La possente prua di un Macchi MC.205/V del 1° Gruppo Caccia, con l'insegna della 2ª Squadriglia "Guido BOBBA" – La celebre "Vespa Arrabbiata! (Foto Fam. Capatti)

The powerful prow of an MC.205/V of the 1° Gruppo Caccia – A.N.R., with the insignia of the 2ª Squadriglia "Guido BOBBA" – the famous "Angry Wasp"! (Photo Capatti's Family)

I decorati di medaglie d'oro al Valor Militare operanti con gli Aermacchi (in ordine alfabetico)

Gold Medals for Military Valour awarded to pilots flying the Macchi fighters (in alphabetical order)

Ten. Pilota Ezio BEVILACQUA (MC.202) "alla memoria"
Nato a Savignano sul Rubicone (Forlì) il 2 maggio 1917
Caduto in Nord Africa il 21 ottobre 1942
84ª Squadriglia/10° Gruppo C.T./ 4° Stormo Caccia

Flying Officer Ezio BEVILACQUA (MC.202) "posthumous"
Born in Savignano sul Rubicone (Forlì) 2nd May 1917
Killed in North Africa 21st October 1942
84ª Squadriglia/10° Gruppo C.T./4° Stormo Caccia

M.llo 3ª Classe Pil. Pietro BIANCHI (MC.202) "alla memoria"
Nato a Stradella (Pavia) il 13 luglio 1915
Caduto di fronte a Capo Pula (Cagliari) 2 agosto 1943
352ª Squadriglia/20° Gruppo C.T./51° Stormo Caccia

Warrant Officer Pietro BIANCHI (MC.202) "posthumous"
Born in Stradella (Pavia) 13th July 1915
Killed on the front at Capo Pula (Cagliari) 2nd August 1943
352ª Squadriglia/20° Gruppo C.T./51° Stormo Caccia

Cap. Pil. Livio CECCOTTI (MC.202) "alla memoria"
Nato a Poggio Terzamata (Gorizia) il 24 febbraio 1914
Caduto in Nord Africa il 2 ottobre 1942
90ª Squadriglia/10° Gruppo C.T./4° Stormo Caccia

Flight Lieutenant Livio CECCOTTI (MC.202) "posthumous"
Born in Poggio Terzarmata (Gorizia) 24th February 1914
Killed in North Africa 2nd October 1942
90ª Squadriglia/10° Gruppo C.T./4° Stormo Caccia

Cap. Pil. Mario D'AGOSTINI (MC.200) "alla memoria"
Nato a S. Giorgio Nogaro (Udine) il 18 febbraio 1914
Caduto in Nord Africa il 15 giugno 1942
Comandante 93ª Squadriglia/8° Gruppo C.T./2° Stormo Caccia

Flight Lieutenant Mario D'AGOSTINI (MC.200) "posthumous"
Born in S. Giorgio di Nogaro (Udine) 18th February 1914
Killed in North Africa 15th June 1942
Commander 93ª Squadriglia/8° Gruppo C.T./2° Stormo Caccia

Ten. Pil. Paolo DAMIANI (MC.202) "alla memoria"
Nato a Cantù (Cuneo) il 5 ottobre 1917
Caduto a Capoterra (Cagliari) il 22 luglio 1943
352ª Squadriglia/20° Gruppo C.T./51° Stormo Caccia

Flying Officer Paolo DAMIANI (MC.202) "posthumous"
Born in Cantù (Cuneo) 5th October 1917
Killed at Capoterra/(Cagliari) 22nd July 1943
352ª Squadriglia/20° Gruppo C.T./51° Stormo Caccia

Cap. Pil. Italo D'AMICO (MC.202) "alla memoria"
Nato ad Agrigento il 9 novembre 1917
Caduto in Sardegna il 27 maggio 1943
Comandante 151ª Squadriglia/20° Gruppo C.T./51° Stormo Caccia

Flight Lieutenant Italo D'AMICO (MC.202) "posthumous"
Born in Agrigento 9th November 1917
Killed in Sardinia 27th May 1943
Commander 151ª Squadriglia/20° Gruppo C.T./51° Stormo Caccia

S. Ten. Pil. Gabriele FERRETTI (MC.200) "alla memoria"
Nato a Milano l'11 dicembre 1920
Caduto su Malta il 5 dicembre 1941
86ª Squadriglia/7° Gruppo C.T./54° Stormo Caccia

Pilot Officer Gabriele FERRETTI (MC.200) "posthumous"
Born in Milano 11th December 1920
Killed over Malta 5th December 1941
86ª Squadriglia/7° Gruppo C.T./54° Stormo Caccia

217

S. Ten. Pil. Leonardo FERRULLI (MC.202) "alla memoria"
Nato a Brindisi il 1 gennaio 1918
Caduto a Scordia (Catania) il 5 luglio 1943
91ª Squadriglia/10° Gruppo C.T./4° Stormo Caccia

Pilot Officer Leonardo FERRULLI (MC.202) "posthumous"
Born in Brindisi 1ˢᵗ January 1918
Killed at Scordia (Catania) 5ᵗʰ July 1943
91ª Squadriglia/10° Gruppo C.T./4° Stormo Caccia

Serg. Magg. Pil. Luigi GORRINI (MC.202/205/V) "a vivente"
Nato ad Alseno (Piacenza) il 18 luglio 1917
85ª Squadriglia/18° Gruppo C.T./3° Stormo Caccia

Flight Sergeant Luigi GORRINI (MC.202/205/V) "living"
Born in Alseno (Piacenza) 18ᵗʰ July 1917
85ª Squadriglia/18° Gruppo C.T./3° Stormo Caccia

Cap. Pil. Giorgio IANNICELLI (MC.200) "alla memoria"
Nato a Roma il 26 giugno 1912
Caduto a Bowolin (Ucraina) il 29 dicembre 1941
Comandante 369ª Squadriglia e ad interim del 22° Gruppo Autonomo C.T.

Flight Lieutenant Giorgio IANNICELLI (MC.200) "posthumous"
Born in Rome 26ᵗʰ June 1912
Killed at Bowolin (Ukraine) 29ᵗʰ December 1941
Commander 369ª Squadriglia and at interim of the 22° Gruppo Aut.C.T.

Magg. Pil. Antonio LARSIMOT PERGAMENI (MC.202) "alla memoria"
Nato a Villa d'Almè (Bergamo) il 30 maggio 1912
Caduto in Nord Africa il 26 giugno 1942
Comandante 9° Gruppo C.T./4° Stormo Caccia

Sq/Ldr Antonio LARSIMOT PERGAMENI (MC.202) "posthumous"
Born in Villa d'Almè (Bergamo) 30ᵗʰ May 1912
Killed in North Africa 26ᵗʰ June 1942
Squadron Leader 9° Gruppo C.T./4° Stormo Caccia

Col. Pil. Eugenio LEOTTA (MC.200) "alla memoria"
Nato a Zafferana Etnea (Catania) il 9 giugno 1903
caduto su Malta il 25 ottobre 1941
Commander 4° Stormo Caccia (96ª Squadriglia/9° Gruppo C.T.)

Colonel Eugenio LEOTTA (MC.202) "posthumous"
Born in Zafferana Etnea (Catania) on 9ᵗʰ June 1903
Killed over Malta 15ᵗʰ February 1941
Commander of the 4° Stormo Caccia (97ª Squadriglia/9° Gruppo C.T.)

M.llo 3ª Classe Pil. Antonio LO SCHIAVO (MC.202) "alla memoria"
Nato a Santa Teresa di Riva (Messina) il 22 maggio 1916
Caduto nei pressi di Napoli il 15 febbraio 1943
371ª Squadriglia/22° Gruppo Aut. C.T.

Warrant Officer Antonio LO SCHIAVO (MC.202) "posthumous"
Born in Santa Teresa di Riva (Messina) on 22ⁿᵈ May 1916
Killed near Naples on 15ᵗʰ February 1943
371ª Squadriglia/22° Gruppo Aut. C.T.

Cap. Pil. Franco LUCCHINI (MC.202) "alla memoria"
Nato a Roma il 24 dicembre 1914
Caduto nella Piana di Catania il 5 luglio 1943
Comandante 10° Gruppo C.T./4° Stormo Caccia

Flight Lieutenant Franco LUCCHINI (MC.202) "posthumous"
Born in Rome 24ᵗʰ December 1914
Killed on the Plan of Catania 5ᵗʰ July 1943
Squadron Ledaer (in the interim) 10° Gruppo C.T./4° Stormo Caccia

Ten. Col. Pil. Vezio MEZZETTI (MC.202) "alla memoria"
Nato a Olevano Romano (Roma) l'11 febbraio 1907
Caduto su Malta il 17 dicembre 1941
Squadron Leader 6° Gruppo (81ª Squadriglia/1° Stormo Caccia)

Wing Commander Vezio MAZZETTI (MC.202) "posthumous"
Born in Olevano Romano /Rome) 11ᵗʰ February 1907
Killed over Malta 17ᵗʰ December 1941
Squadron Leader 6° Gruppo C.T. (81ª Squadriglia/1° Stormo Caccia)

S. Ten. Pil. Carlo NEGRI (MC.205/V) "alla memoria"
Nato a Genova il 26 settembre 1919
Abbattuto dalle truppe germaniche a Koritza (Albania) il 23 settembre 1943
97ª Squadriglia/9° Gruppo C.T./4° Stormo Caccia

Pilot Officer Carlo NEGRI (MC.205/V) "posthumous"
Born in Genova 26ᵗʰ September 1919
Shot by German troops, Koritza (Albania) 23ʳᵈ September 1943
97ª Squadriglia/9° Gruppo C.T./4° Stormo Caccia

Magg. Pil. Furio NICLOT DOGLIO (MC.202) "alla memoria"
Nato a Torino il 24 aprile 1908
Caduto su Malta il 27 luglio 1942
Comandante 151ª Squadriglia/20° Gruppo C.T./51° Stormo Caccia

Sq/Ldr Furio NICLOT DOGLIO (MC.202) "posthumous"
Born in Torino 24ᵗʰ April 1908

Un Macchi MC.205/V, III Serie, del 1° Gruppo A.N.R. " Asso di Bastoni" pronto al decollo! (Foto A. Vigna)

A Macchi MC.205/V, III Series, of 1° Gruppo A.N.R., "Ace of Clubs" ready for take-off. (Photo A. Vigna)

Killed over Malta 27th July 1942
Commander 151ᵃ Squadriglia/20° Gruppo C.T./51° Stormo Caccia

Ten. Pil. Giuseppe OBLACH (MC.202) "alla memoria"
Nato a Cadoneghe (Padova) il 2 febbraio 1916
Caduto in Nord Africa il 1 dicembre 1942
73ᵃ Squadriglia/9° Gruppo C.T./4° Stormo Caccia

Flying Officer Giuseppe OBLACH (MC.202) "posthumous"
Born in Cadoneghe (Padova) 2nd February 1916
Killed in North Africa 1st December 1942
73ᵃ Squadriglia/9° Gruppo C.T./4° Stormo Caccia

Ten. Col. Pil. Carlo ROMAGNOLI (MC.200) "alla memoria"
Nato a Napoli il 27 maggio 1905
Caduto su Malta il 4 settembre 1941
Commander 10° Gruppo C.T./4° Stormo Caccia

Wing Commander Carlo ROMAGNOLI (MC.200) "posthumous"
Born in Naples 27th May 1905
Killed over Malta 4th September 1941
Commander 10° Gruppo C.T. (91ᵃ Squadriglia/4° Stormo Caccia)

Capitano Pil. Giorgio SAVOIA (MC.202) "alla memoria"
Nato a Milano il 18 gennaio 1916
Ferito in combattimento in Nord Africa il 21 gennaio 1943/Deceduto per le ferite riportate il 12.03.43
Comandante la 77ᵃ Squadriglia/13° Gruppo C.T./2° Stormo Caccia

Flight Lieutenant Giorgio SAVOIA (MC.202) "posthumous"
Born in Milano on 18th January 1916
Wounded in combat in North Africa on 21st January 1943/Died of his wounds on 12.03.1943

Serg. Pil. Ferruccio SERAFINI (MC.205/V) "alla memoria"
Nato a Falcade (Belluno) il 20 gennaio 1920
Caduto a Macchiareddu (Cagliari) il 22 luglio 1943
378ᵃ Squadriglia/155° Gruppo C.T./51° Stormo Caccia

Sergeant Ferruccio SERAFINI (MC.205/V) "posthumous"
Born in Falcade (Belluno) 20th January 1920
Killed to Macchiareddu (Cagliari) 22nd July 1943
378ᵃ Squadriglia/155° Gruppo C.T./51° Stormo Caccia

Magg. Pil. Pietro SERINI (MC.202) "alla memoria"
Nato a Toscolano Maderno (Brescia) il 16 aprile 1912
Caduto nei pressi delle Isole Eolie (Messina) il 25 giugno 1943
Comandante 161° Gruppo Autonomo C.T. (163ᵃ Squadriglia)

Sq/Ldr Pietro SERINI (MC.202) "posthumous"
Born in Toscolano Maderno (Brescia) 25th April 1912
Killed near Eolie Islands (Messina) 25th June 1943
Squadron Leader 161° Gruppo Autonomo C.T. (163ᵃ Squadriglia)

N.B. Tutte le decorazioni e le promozioni acquisite in battaglia o per meriti speciali dagli aviatori dell'Aeronautica Nazionale Repubblicana non furono riconosciute, quindi "annullate"!
N.B. All the promotions and decorations awarded to Aeronautica Nazionale Repubblicana personnel were not recognized, hence cancelled!

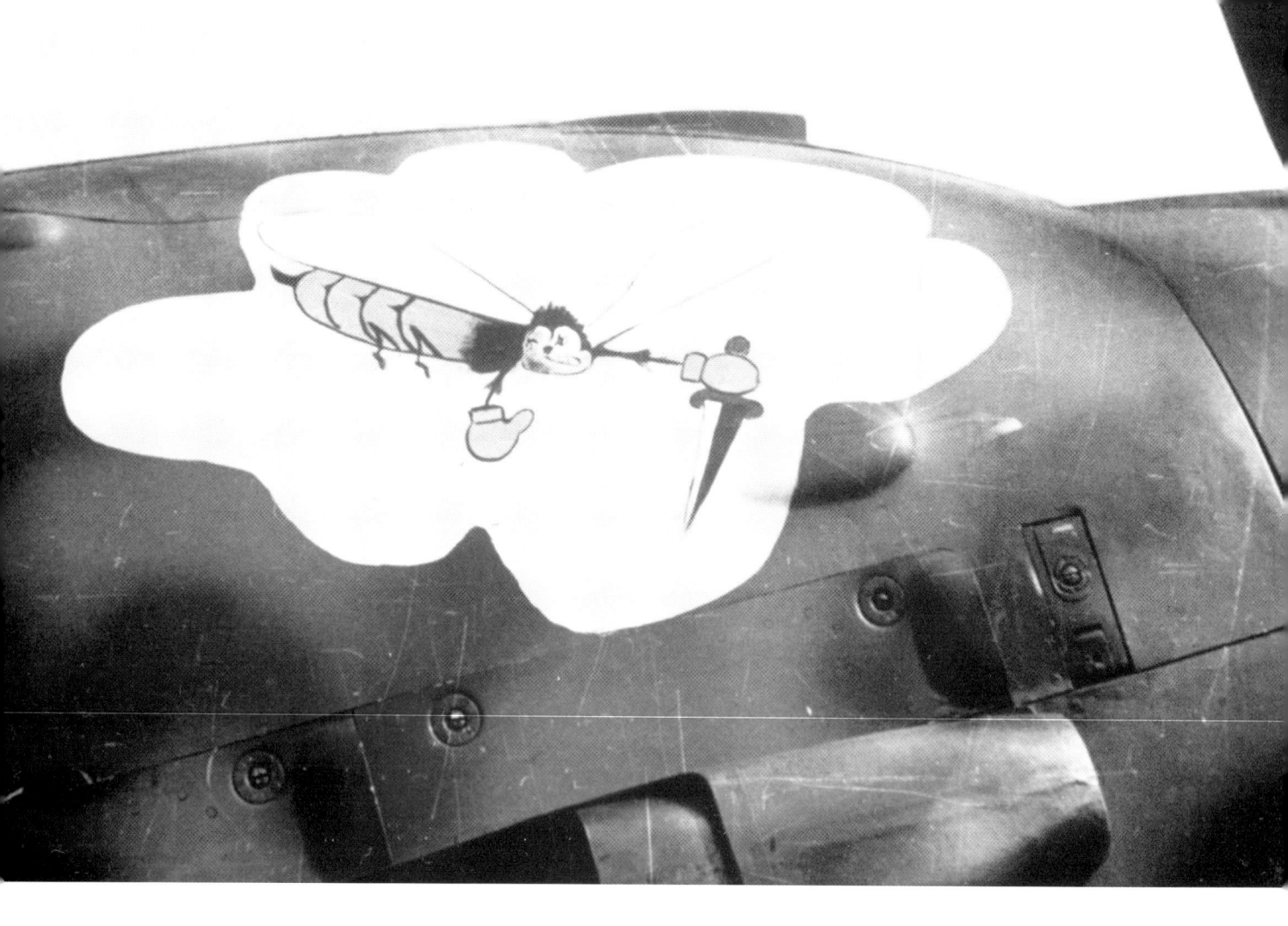

Interessanti immagini ravvicinate dell'emblema della 2ª Squadriglia/ "Vespa Arrabbiata" del 1° Gruppo Caccia. (Foto Delfina Camolesi/Ved. Gen. SA. Amedeo Guidi)

Close up of the insignia of the 2° Squadriglia "Angry Wasp" of the 1° Gruppo Caccia. (Photo Delfina Camolesi/Ved. Gen. SA. Amedeo Guidi)

Aeroporto di Pozzuolo del Friuli: gruppo di piloti della 2ª Squadriglia/1° Gruppo Caccia "Vespa Arrabbiata", raggruppati sopra un MC.205V della loro unità. (Foto Delfina Camolesi/Ved. Gen. SA. Amedeo Guidi)

Pozzuoli del Friuli (Udine) airfield. Pilots of the 2ª Squadriglia/1° Gruppo Caccia "Angry Wasp", grouped on an MC.205/V of their unit. (Photo Delfina Camolesi/Ved. Gen. SA. Amedeo Guidi)

Un pilota della 2ª Squadriglia (1° Gruppo Caccia/A.N.R.) "Vespa Arrabbiata" fotografato accanto ad un Macchi MC.205/V della sua unità. Egli mostra un caschetto da volo della Luftwaffe, ma indossa la sua vecchia, confortabile tuta da volo "Marus"! (Foto A. Vigna)

A pilot of the 2ª Squadriglia "Angry Wasp" (1° Gruppo Caccia A.N.R.), photographed by a Macchi MC.205/V of his unit. He is wearing a Luftwaffe helmet, but has kept his ancient comfortable "Marus" flying suit. (Photo A. Vigna)

Un'interessante immagine di Macchi MC.205/V del 1° Gruppo A.N.R. con le insegne della Luftwaffe. (Foto G. Di Giorgio)

Interesting shot of Macchi MC.205/Vs of 1° Gruppo A.N.R. with insignia of Luftwaffe. (Photo G. Di Giorgio)

Il Sergente Maggiore Pilota Franco Cuscanà del 1° Gruppo Caccia repubblicano visto sotto il suo Macchi MC.205/V III Serie, contrassegnato dall'inconfondibile insegna della "Vespa Arrabbiata". Questo brillante Sottufficiale pilota era accreditato di tre abbattimenti, più esattamente un Lightning P-38G, un Republic P-47D "Thunderbolt" ed un Martin B.26 "Marauder", ma gli assi dell'Aeronautica Nazionale Repubblicana furono essenzialmente tre, i Capitani Piloti Ugo Drago e Mario Bellagami, l'uno Comandante della 1ª Squadriglia (rienumerata 4ª) e l'altro della 2ª Squadriglia/rienumerata 5ª), accreditati entrambi di 11 vittorie. Il terzo fu l'eroico Maggiore Pilota Adriano Visconti, accreditato di 7. (Foto Delfina Camolesi/Ved. Gen. SA. Amedeo Guidi)

Flight Sergeant Franco Cuscunà of the 1° Gruppo Caccia/2ª Squadriglia by his MC.205/V. Series III, marked with the unmistakable insignia of an "Angry Wasp". This NCO was credited with three victories: one P-38G "Lightning", one Republic P-47D "Thunderbolt" and one Martin B.26 "Marauder", but the big aces of the Aeronautica Nazionale Repubblicana are three brilliant pilots, Flight Lieutenants Ugo Drago and Mario Bellagambi, both of 2° Gruppo Caccia, the first Commander of 1ª Squadriglia (later renumbered 4), other Commander of the 2ª Squadriglia (later renumbered 5ª), credited with 11 victories. The third was Sq/Ldr Adriano Visconti, credited with seven. (Photo Delfina Camolesi/Ved. Gen. SA. Amedeo Guidi)

Uno specialista della 2ª Squadriglia (1° Gruppo Caccia A.N.R.) innanzi ad un Macchi MC.205/V. La spirale sul copri-mozzo era una caratteristica del reparto. (Foto A. Vigna)

A technician of the 2ª Squadriglia (1° Gruppo Caccia A.N.R.) with a Macchi MC.205/V. The spiral applied to the spinner is typical of the unit. (Photo A. Vigna)

Un folto gruppo di piloti della 2ª Squadriglia/1° Gruppo C.T. ripresi sul campo di Pozzuolo del Friuli accanto ad un Macchi MC.205/V della loro unità. (Foto Fam. Capatti)

Pozzuolo del Friuli (Udine): a dense group of pilots of the 2ª Squadriglia/1° Gruppo C.T. photographed near a Macchi MC.205/V of their unit. (Photo Capatti's Family)

223

Due immagini del Sergente Capatti, pilota del 2° Gruppo A.N.R. "Vespa Arrabbiata", ripreso accanto e sull'ala del suo Macchi MC.205/V, III Serie. (Foto G. Di Gioirgio)

Two photos of Sergeant Alverino Capatti, pilot of the 2° Gruppo A.N.R. "Angry Wasp", the Macchi MC.205/V, III Series is nearby. (Photo G. Di Giorgio)

L'eroico Serg. Magg. Pilota Alverino Capatti, pilota del 1° Gruppo Caccia, ripreso a cavalcioni della prua del suo Macchi MC.205/V, caratterizzato da una particolare spirale sull'ogiva. (Foto Fam. Capatti)

The heroic Flight Sergeant Alverino Capatti, pilot of the 1° Gruppo C.T., photographed astride the prow of his Macchi MC.205/V, with a typical spiral painted on the spinner. (Photo Capatti's Family)

225

CAPITOLO VII
CHAPTER VII

25 aprile 1945 – La guerra è finita!

Alla data del 25 aprile 1945, in una tiepida primavera italiana, con i cieli ritornati ad essere azzurri, non più solcati da centinaia di quadrimotori dell'USAAF, portatori di morte e rovine, la guerra era finalmente finita.
Restavano ancora in Italia parte delle truppe d'occupazione anglo-americane, al fine di riorganizzare le pubbliche amministrazioni, in Sicilia in gran parte... affidate al potere mafioso, ramificato con quello degli Stati Uniti d'America. Nel mese di giugno del 1946 vi fu un importante referendum nel nostro Paese, pro o contro la monarchia, con la vittoria dei repubblicani e la cacciata dall'Italia della Casa Savoia. Alla data del 2 giugno 1946 nasceva la Repubblica Italiana, così lo sconfortato Luogotenente del Re, Umberto II, era costretto a lasciare l'Italia il 13 giugno 1946, a bordo di un quadrimotore S.85 della 240ª Squadriglia Trasporti (98° Gruppo T.M.), in partenza dall'aeroporto di Ciampino, in una giornata caratterizzata da un forte vento, che tenne in apprensione politici ed autorità militari. Fu grazie all'abilità dei due piloti, Magg. Manlio Lizzani e Ten.

25th April 1945 – The war is over!

On the 25th of April 1945, in a warm Italian spring, with a blue sky, finally free from the hundreds of four-engined bombers of the USAAF, which had brought death and destruction, the war finally ended!
There were still some of the Anglo-American troups who remained in occupation in order to reorganize the public administrations, mainly in Sicily which was entrusted to the Mafia linked to the Mafia in the USA.
In June 1946 there was an important referendum in our Country. The Italians had to decide for or against the monarchy and the Savoys were banished from Italy. The Italian Republic was born on the 2nd of June 1946 and so the disheartened Umberto II was compelled to abandon Italy on the 13th of June 1946, aboard a four-engined S.85 of the 24ª Squadriglia (98° Gruppo T.M.), from the airport of Ciampino. There was a strong wind that day which was cause for concern for the politicians and military authorities. However, thanks to the expertise of the two pilots, Squadron Leader Manlio Lizzani and Flying Officer Luigi Gentile,

Luigi Gentile, se il quadrimotore, M.M. 61635, velivolo poi destinato all'Aeronautica Militare e successivmente alle linee civili (n/c 4–I-DALM), riuscì a decollare quasi regolarmente, per assumere la rotta per Lisbona, con scalo tecnico a Marsiglia.
Per la storia la prima bandiera tricolore italiana, priva dello stemma Sabaudo al centro del vessillo, fu issata sul pennone del deposito dell'Aeronautica Militare di Roma-Torricola.
Il 18 aprile 1948 vi furono le prime elezioni politiche italiane, con la vittoria della Democrazia Cristiana e la sconfitta dei comunisti italiani, nati come funghi dopo lo sfacelo del nostro Paese.
Le Forze Armate italiane erano rabberciate ed in condizioni di pietosa miseria, pur se sorrette dall'orgoglio dei più, nonostante avessimo una dotazione di vecchi ed ormai malandati aeroplani.
I nostri pochi Macchi MC.200/MC.202 ed MC.205/V stazionavano soprattutto al Sud d'Italia, ancora in terra di Puglia, mentre quelli del Nord erano andati quasi tutti distrutti o in condizioni di non reggere più le fatiche del volo.
Con l'assegnazione dei nuovi caccia al 4° e al 51° Stormo Caccia, quali i Bell P-39 "Airacobra" e gli Spitfire Vc, sostituiti dopo pochissimi anni da quelli della versione IX, gli ultimi Macchi MC 205/V operarono per poco tempo con il reparto del "Gatto Nero", poi soltanto in seno al 5° Stormo C.T., che lasciato il Sud nell'aprile del 1947 s'era portato al Nord, presso il rabberciato aeroporto di Orio al Serio, dove gli ultimi "Veltro", nello stesso anno, furono sostituiti dagli stanchi Spitfire IX.
In seno al 5° Stormo Caccia di Orio al Serio, che in quel tempo aveva costituito il suo nuovo distintivo, la "Diana Cacciatrice", impressa per la prima volta sulle derive degli ultimi Macchi MC.205/V, alla data del 6 agosto 1947, quando già il reparto operava con i primi Spitfire IX, accadde un ultimo incidente con un Macchi MC.205/V (M.M.6575) ai comandi del Ten. Pilota Vittorio Di Martino, che al termine di un volo acrobatico, eseguito in coppia con il

the four-engined M.M.61635, later to be used by the Air Force and a Commercial Airline (n/c 4 "I-DALM"), managed to take off and head for Lisbon with a technical stopover to refuel in Marseille.
The first Italian flag, without the crest of the House of Savoy in the centre, was raised on the flag-pole of the Air Force depot in Rome-Torricola.
On the 18th of April 1948 there were the first Italian political elections with the victory of the Christian Democrats and the first of many defeats for the Italian communists, who had proliferated after the decline of the country.
The Italian armed forces were patched up and in a pitiful condition, but nevertheless proud despite the fact that they were equipped with old and run down planes.
Our few remaining Macchi MC.200/ MC.202 and MC.205/Vs, were mostly based in the South of Italy, in Puglia, while those which had been used in the North had nearly all been destroyed or were no longer in a condition to fly.
When the new fighter planes, the Bell P-39 "Airacobras" and the Spitfires Vcs (which were replaced almost immediately by the Spitfires IX), were assigned to the 5° and 51° Stormo Caccia, the last Macchi MC.205/Vs operated for a short time with the Squadron of "Gatto Nero" (Black Cat), in Puglia and then eventually only with the 5° Stormo C.T.
This Wing had been transferred from the South to the North in April 1947, to the ramshackle airport of Orio al Serio (Bergamo), where in the same year the last "Veltros" were replaced by the fatigued Spitfires IX.
The 5° Stormo Caccia of Orio al Serio which already had its new insignia, the "Diana Cacciatrice" (Hunter Diana), painted for the first time on the fin of the Macchi MC.205/V, had a last accident when the Wing was already operating with the first Spitfire IXs. Flying Officer Vittorio Di Martino, at the end of an acrobatic flight, in formation with Flight Lieutenant Enzo Bianchi, was forced to

A sinistra: Prova motore per un MC.202 del 5° Stormo Caccia a Leverano. (Foto A. M.)

Left: An engine test for an MC.202 of 5° Stormo C.T. at Leverano. (Photo A. M.)

Nella pagina a fianco: Aeroporto di Galatina (Lecce). Inverno 1945-46. Linea di Macchi MC.202 del 5° Stormo C.T. In primo piano il famoso "Biancone", in effetti, un "Folgore" - M.M.91831 - XII Serie di costruzione Breda, ricondizionato in "Veltro", ricavato attraverso l'installazione di un motore Daimler Benz DB 601/E da 1.350 CV, utilizzato dai Bf 109E. Si trattava di uno stupefacente ibrido, probabilmente assegnato inizialmente al 101° Gruppo C.T., come dimostra il codice "101-10" impresso sulla deriva. Successivamente passava all'8° Gruppo. Precipitò il 21 gennaio 1946 ai comandi del S. Ten. Pilota Osvaldo Scuffi, pilota del 51° Stormo C.T. (Foto Arch. dell'Autore)

Opposite page: Lecce Galatina airfield. Winter 1945-46 and a line of Macchi MC.202s of the 5° Stormo C.T. In the foreground is the "Biancone (Whitey), almost a "Folgore" – M.M.91831 – reconditioned into a "Veltro", following the installation of a 1.350 hp Daimler Benz DB.601/E, the powerplant used in the Bf 109E. It was a magnificent hybrid, probably assigned to the 101° Gruppo C.T., which was coded "101-10" on the rudder. It was subsequently passed to the 8° Gruppo C.T. at Lecce, and crashed on the 21st of January 1946 while being flown by a 51° Stormo pilot, Pilot Officer Osvaldo Scuffi, who perished in the incident. (Photo Author's Archive)

227

In alto: Manutenzione all'aperto per un Macchi MC.202 della 209ª Squadriglia/102° Gruppo C.T./5° Stormo Caccia. (Foto A. M.)

Top: Maintenance in the open for a Macchi MC.202 of the 209ª Squadriglia/102° Gruppo C.T./5° Stormo Caccia. (Photo A. M.)

In basso: Linea di volo di Macchi MC.202 della 239ª Squadriglia/102° Gruppo C.T./5° Stormo Caccia a Leverano di Lecce. Notare la tinteggiatura scura su tutti i timoni dei velivoli. (Foto A. M.)

Bottom: Line up of Macchi MC.202s of the 239ª Squadriglia /102° Gruppo C.T./5° Stormo Caccia. Note the black colour on all the rudders of the aircraft. (Photo A. M.)

Cap. Pil. Enzo Bianchi, fu costretto ad atterrare fuori campo per l'arresto e l'incendio del motore. Il pilota riportò gravi ustioni, con la distruzione totale del "Veltro".
Gli altri velivoli, ritirati dalla Ditta Aermacchi, furono rigenerati e ricondizionati per nuove imprese su ben altre sponde, che vedremo in seguito.
Alcuni Macchi MC.202, parte di questi ricondizionati in "Veltro", insieme con un discreto numero di MC.205/V, operarono presso le Scuole di Volo pugliesi, durante gli anni 1950-51, concludendo al Sud la vita e la storia gloriosa di questi indimenticabili caccia italiani.

make an emergency landing because of engine failure, on the 6th of August 1947 with the MC.205/V M.M.6576. The pilot suffered severe burns and the "Veltro" was completely destroyed!
The other aircraft, withdrawn by Aermacchi, were regenerated and reconditioned for new undertakings on different shores which we will deal with later in our story.
Several Macchi MC.202s, some of which had been reconditioned into "Veltros", together with a fair number of MC.205/Vs, were used in the Flight Schools in Puglia, in 1950 and 1951, concluding in the South of Italy the glorious life and history of these unforgettable fighter planes.

In alto: Uno egli ultimi Macchi MC.200 ammucchiato in un affollato hangar a Galatina di Lecce. La vita e la storia del "Saetta" volgevano ormai alla fine, nonostante un esemplare, miracolosamente sopravvissuto alla guerra e alla distruzione selvaggia, fosse ancora presente presso la "Zona Sirtori" della Scuola Specialisti di Caserta (anni 1949-50). Qui era utilizzato dagli Allievi Motoristi per trarre esperienze, mettendolo più volte in moto, allo scopo di saggiare la potenza di un vero propulsore. Lo tesso aereo sarà poi restaurato ed accolto presso il Museo dell'A. M. a Vigna di Valle, dove tuttora è possibile ammirarlo. (Foto A. M./Via C. Gori)

Top: One of the last shots of a Macchi MC.200 stored in a crowded hangar at Galatina (Lecce). The life and history of the "Saetta" had come to an end, although one example, miraculously surviving the war and the savage destruction, was still present in the "Sirtori Zone" of the Scuola Specialisti (Engineer School) at Caserta (1949-1950 years) at the end of the forties. Here it was used by cadet engine technicians, who gained experience in starting a "real aircraft". The MC.200 was later restored, and placed in the Museo Storico of the Italian Air Force at Vigna di Valle, where it can still be admired today. (Photo A. M./Via C. Gori)

A sinistra: Lecce-Galatina aeroporto. Il Sergente Maggiore Pilota Aldo Barbaglio ripreso innanzi ad un Macchi MC.205/V "Veltro", III Serie della sua unità. (Foto A. Barbaglio)

Left: Lecce-Galatina airfield. Flight Sergeant Aldo Barbaglio of the 21°Gruppo Caccia, photographed by an MC.205/V, Series III of his unit. (Photo A. Barbaglio)

229

Macchi MC.205/V, I Serie del 5° Stormo Caccia, ceduti dal 51° Stormo C.T., ripresi a Galatina di Lecce. Il giovane ufficiale pilota accanto ad uno dei "Veltro" è l'allora Tenente Giuseppe Pesce. (Foto G. Pesce)

Macchi MC.205/V, Series I, of the 5° Stormo Caccia, transferred to the 51° Stormo C.T. The young officer photographed by one of the "Veltro" is the Flying Officer Giuseppe Pesce. (Photo G. Pesce)

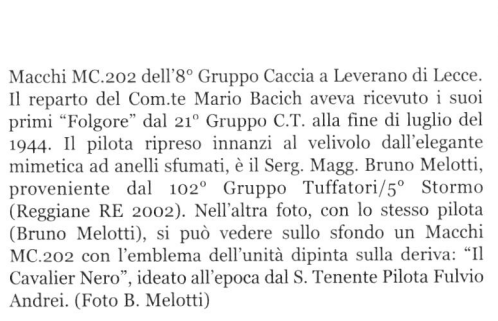

Macchi MC.202 dell'8° Gruppo Caccia a Leverano di Lecce. Il reparto del Com.te Mario Bacich aveva ricevuto i suoi primi "Folgore" dal 21° Gruppo C.T. alla fine di luglio del 1944. Il pilota ripreso innanzi al velivolo dall'elegante mimetica ad anelli sfumati, è il Serg. Magg. Bruno Melotti, proveniente dal 102° Gruppo Tuffatori/5° Stormo (Reggiane RE 2002). Nell'altra foto, con lo stesso pilota (Bruno Melotti), si può vedere sullo sfondo un Macchi MC.202 con l'emblema dell'unità dipinta sulla deriva: "Il Cavalier Nero", ideato all'epoca dal S. Tenente Pilota Fulvio Andrei. (Foto B. Melotti)

Macchi MC.202 from the 8° Gruppo Caccia at Leverano di Lecce. The unit of Sq/Ldr Mario Bacich, received its first "Folgore" from the 21°Gruppo C.T. at the end of July 1944. The pilot pictured by the two aircraft, from the elegant smoke-rings, is the Flight Sergeant Bruno Melotti, formerly of the 102° Gruppo Tuffatori/5° Stormo (Reggiane RE 2002). In the top photo, the aircraft in the background is wearing the unit's new emblem, painted on the rudder: "Il Cavaliere Nero" (the Black Cavalier), designed by Pilot Officer Fulvio Andrei. (Photos B. Melotti)

A destra: Un'immagine ravvicinata dell'emblema dell'8° Gruppo C.T./5° Stormo Caccia, che ripropone gli spunti della poesia di Giosuè Carducci, dedicata a "Breus", il Cavaliere dei Cavalieri! (Foto G. Pesce)

Right: A close up of the emblem of the 8° Gruppo C.T./5° Stormo Caccia, based on a poetic theme by Giosuè Carducci, dedicated to "Breus", the Cavalier of Cavaliers. (Photo G. Pesce)

In basso: Il Macchi MC.200 sopravvissuto alla guerra e all'italica distruzione selvaggia, ripreso presso la Scuola Specialisti di Caserta nel 1950. L'Allievo Motorista ripreso innanzi al motore del "Saetta" è il mio amico Lorenzo Talami. (Foto L. Talami)

Bottom: The Macchi MC.200 which survived the war and the savage destruction of Italy, photographed at Caserta, at the Mechanics School in 1950. The engineer student, by the engine of the "Saetta", is my friend Lorenzo Talami. (Photo L. Talami)

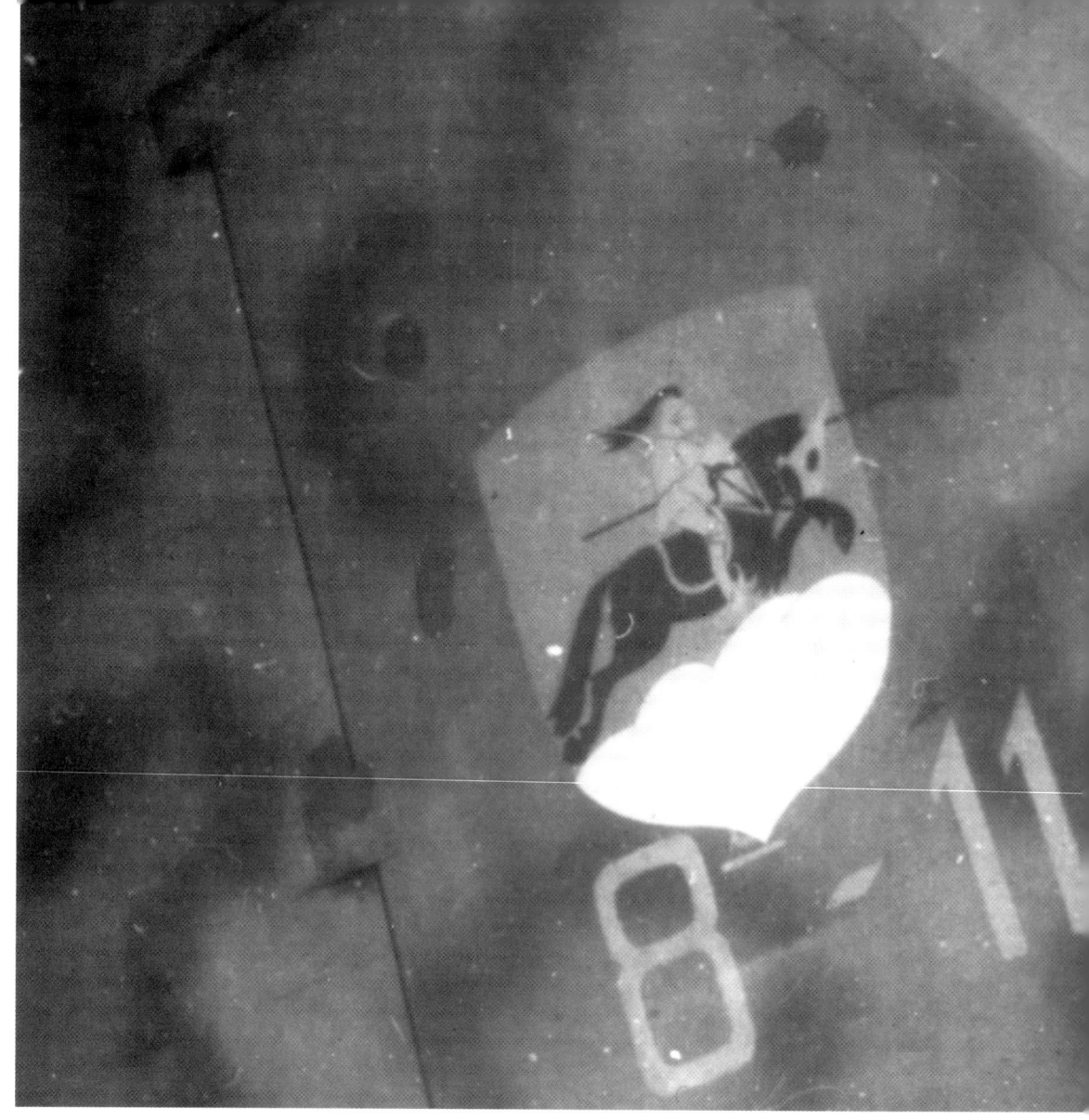

In alto: Aeroporto di Roma-Centocelle: 25 novembre 1945. Schieramento di velivoli della Regia Aeronautica che ha operato nell'Aviazione del Sud. In primo piano un MC.202, seguito da un paio di MC.205/V, da un Martin A-30 "Baltimore" e un S.82. Schieramento per ricevere la visita dell'Air Marshall Sir Charles Medhurst, Comandante in Capo della RAF del Mediterraneo e del Medio Oriente. (Foto A. M.)

Top: An aircraft that fought with the Co-Belligerent Regia Aeronautica on display at Roma-Centocelle on the 25th of November 1945. In the foreground is a Macchi MC.202, followed by a pair of MC.205/Vs, a Martin A-30 "Baltimore and an S.82. Air Marshall Sir Charles Medhurst, CiC of RAF Mediterranean and Middle East, is reviewing the Italian forces. (Photo A. M.)

In basso: Uno degli ultimi Macchi MC.205/V, III Serie, del 21° Gruppo C.T./51° Stormo Caccia. (Foto A.Barbaglio)

Bottom: One of the last Macchi MC.205/Vs, Series III, of the 21° Gruppo C.T./51° Stormo Caccia. (Photo A. Barbaglio)

Aeroporto di Galatina, Lecce: 21 gennaio 1946. Serie di immagini dolorose riguardante la fine del S. Ten. Osvaldo Scuffi, pilota del 51° Stormo Caccia, e dei rottami del famoso "Biancone". Era un caccia conteso fra i piloti del Sud, desiderosi di provarlo in volo. Durante il "turno" del pilota del 51° Stormo Caccia, questi non riuscì a rimettersi da una difficile figura acrobatica, schiantandosi al suolo. (Foto M. Barbadoro)

Galatina of Lecce: 21st of January 1946. A sad series of pictures regarding the death of Pilot Officer Osvaldo Scuffi and the wrecks of the famous "Biancone" (Whitey). It was a fighter disputed between all the pilots of the South, happy to fly with it. During the "day shift" the pilot of the 51° Stormo Caccia, Osvaldo Scuffi, crashed over the vast airport! Near the wrecks of MC.202s there is an Ambulance and a tractorcrane, FIAT TM.40, in the Regia Aeronautica universally known as "Dovunque" (Everywhere), equipped with a wrecker. (Photo M. Barbadoro)

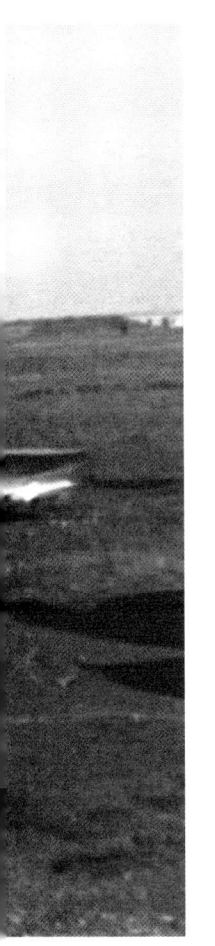

In questa pagina: Il nuovo aspetto dei Macchi MC.205/V, privi della loro abituale mimetica! Sembra che gli aerei abbiano perso molta della loro aggressività. "Veltro" privi d'armamento, appartenenti al 5° Stormo Caccia, ripresi presso l'aeroporto di Orio al Serio (Bergamo) durante il 1947. (Foto P. Farina/Via A. Vigna)

This page: The new "look" of the Macchi MC.205/Vs, without their usual camouflage! It seems that the aircraft have lost their aggressiveness. "Veltros", without armament, of the 5° Stormo Caccia, photographed at Orio al Serio (Bergamo) airfield in 1947. (Photo P. Farina/Via A. Vigna)

A sinistra: Un altro Macchi MC.205/V, III Serie, metallizzato, ripreso probabilmente presso l'aeroporto di Lonate Pozzolo. (Foto A. M.)

Left: Another Macchi MC.205/V, Series III, metallic, photographed probably at Lonate Pozzolo airport. (Photo A. M.)

In basso: Due degli ultimi Macchi MC.205/V, I Serie del 155° Gruppo C.T., ripresi al Sud d'Italia. Molto interessante, pur se singolare, i numeri in fusoliera, con una tenuta mimetica, fatta di un verde semi-scuro. (Foto M. Barbadoro)

Bottom: Two of the last Macchi MC.205/Vs, Series I of the 155° Gruppo C.T., photographed in the South of Italy. Interesting, even if singular, are the numbers on the fuselage and colour-scheme, made with a light dark green. (Photo M. Barbadoro)

Vecchi segni della 2ª G.M., ormai lontani, presenti sulla spianata del vecchio aeroporto di Monserrato, sede durante il 1943 dei Macchi MC.202 ed MC.205/V del 51° Stormo C.T. Ricoveri in cemento armato, tuttora intatti, piccoli hangar, con i segni delle schegge e delle raffiche di mitragliatrici! (Foto Arch. dell'Autore)

Old traces of WWII, already far off, present at Monserrato airbase during 1954 rapresented by the Macchi MC.202 and Macchi MC.205/V of the 51° Stormo C.T. We can see shelters in reinforced concrete, still intact, little hangars, with the sign of the splinters and of machine gun bursts! (Photo Author's Archive)

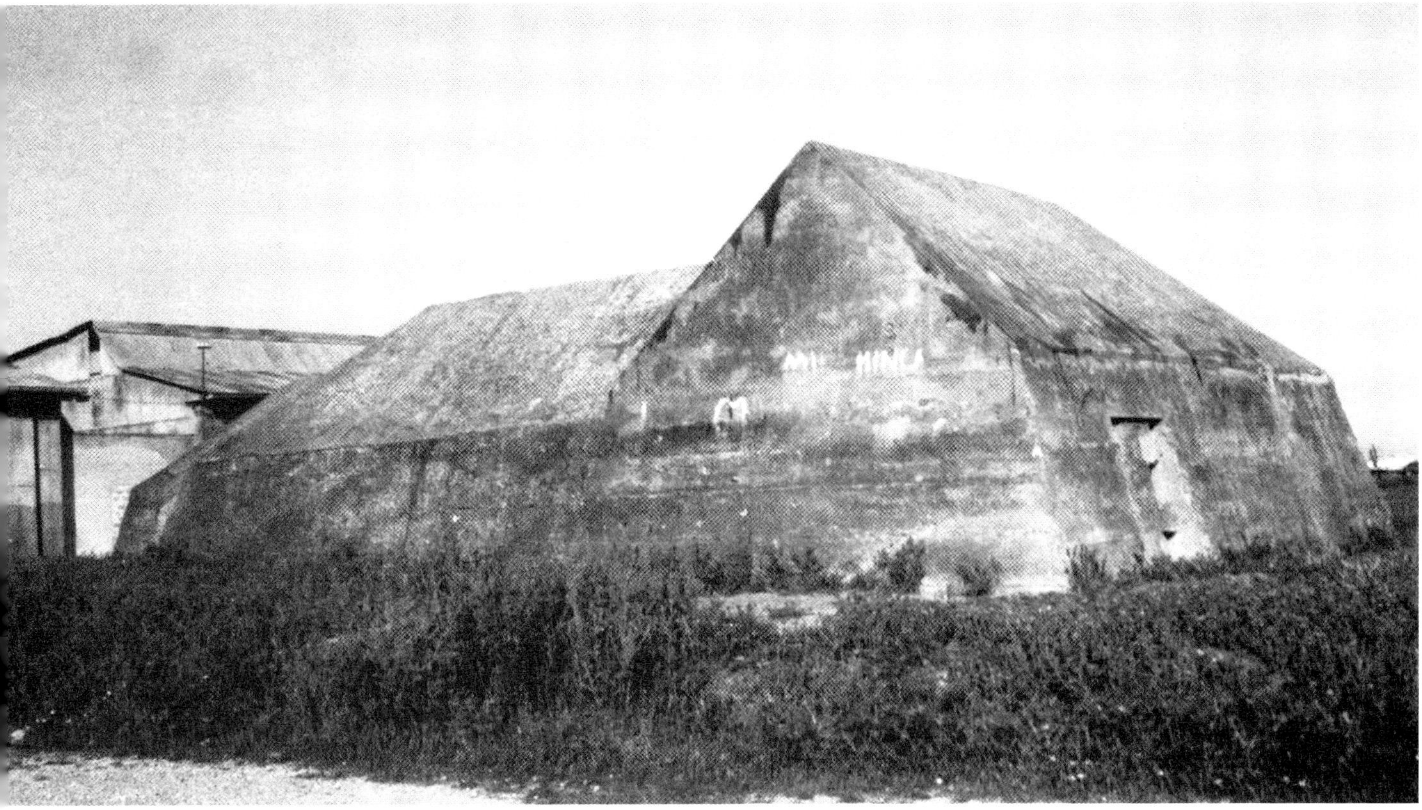

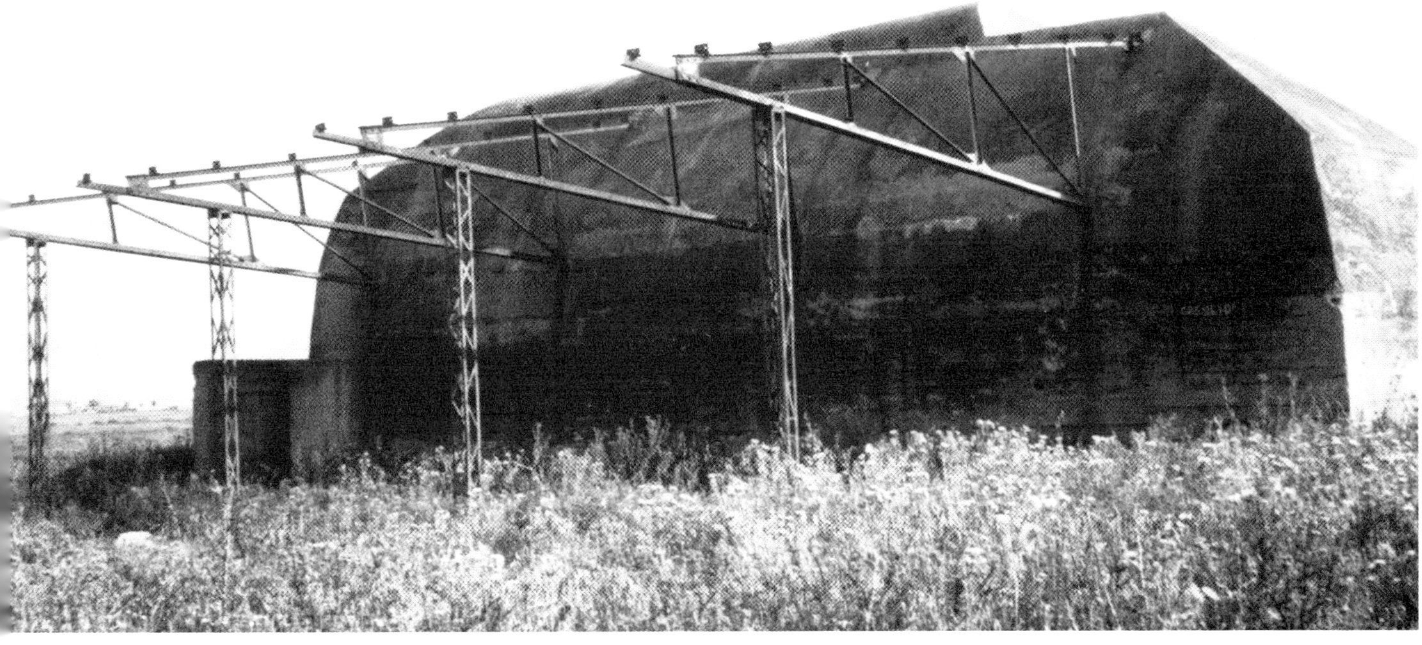

Macchi MC.205/V, III Serie – M.M.92214/A.S. - rivitalizzato nel 1981 grazie all'aiuto di prestigiosi tecnici italiani e di numerose altre nazioni, non ultima la Germania. Il compito di mostrare questo purosangue era affidato ai Comandanti Franco Bonazzi ed Olindo Cecconello, giovani ufficiali piloti, provenienti dal 51° Stormo, poi collaudatori presso l'Aermacchi. Durante gli anni ottanta suscitò molte emozioni l'impeccabile esibizione di Franco Bonazzi sull'aeroporto di Grosseto. (Foto Aermacchi)

Macchi MC.205/V, Series III – M.M.92214/A.S. – revitalized in 1981 thanks to the help of the prestigious Italian firm, and to numerous other agencies, not least German. The job of displaying this thoroughbred was entrusted to Commanders Franco Bonazzi and Olindo Cecconello, two young pilot officers coming from the 51° Stormo Caccia, then pilot-tested at the Aermacchi Factory. During the eighties the impeccable display of Franco Bonazi over Grosseto airport led to much excitement. (Photo Aermacchi)

Lo stesso Macchi MC.202 in mostra statica presso l'Air & Space Museum di Washington D. C., con codici numerici 90-4, appartenuti ad un vero "Folgore" del 4° Stormo C.T., pilotato dal Serg. Maggiore Amleto Montemurici, abbattuto sul fronte libico egiziano il 26 ottobre 1942 (pilota salvatosi con un atterraggio forzato), ma con velivolo contrassegnato dalla M.M.7796 / III Serie, anzichè M.M.9476 / IX Serie, con macchie mimetiche meno rare. (Foto E. Santoro/New York)

The same Macchi MC.202 exhibited in the Air & Space Museum in Wasghington D.C., with code numbers 90-4, present over a real "Folgore" of the 4° Stormo C.T., flown by Flight Sergeant Amleto Montemurici, shot down on the Libyan-Egyptian front on the 26th of October 1942 (pilot rescued with a forced landing), with aircraft marked M.M.7796 / III Series, instead of M.M.9476 / IX Series, with rare spots. (Photo E. Santoro/New York)

In alto: Uno dei due Macchi MC.202 catturati dagli Alleati nel Nord Africa, finito in mano ad un appassionato statunitense, prima di essere acquistato dall'Air & Space Museum di Washington, quando la sua colorazione e le insegne apparivano piuttosto improvvisate! L'aereo fu restaurato nel 1974 con codici "90-4" e M.M.9476. (Foto Archivio dell'Autore)

Top: One of the two Macchi MC.202s captured by Allied Forces in North Africa belonging to an impassioned American, before the Air & Space Museum of Wasghington D.C. bought it, when the coulour-scheme and insignia seemed to be somewhat improvised! The aircraft was restored in 1974, with code number "90-4" and M.M.9476. (Photo Author's Archive)

A sinsitra: Una singolare immagine di un Macchi MC.205/V, III Serie, con una delle ultime mimetiche ad amebe! (Foto Collezione Di Chirico-Ferrari/Via P. L. Castellani)

Left: A singular photo of a Macchi MC.205/V, III Series, with one of the last amoebe camouflage schemes! (Photo Collection Di Chirico-Ferrari/Via P. L. Castellani)

241

In alto e al centro: Altri due immagini di Macchi MC.205/V riconvertiti, formalmente l'esemplare con M.M.9546 dell'Aeronautica sannita e l'esemplare di un MC.202, Serie XII, M.M.91818, costruito dalla Breda, ripreso presso l'Istituto Tecnico di Malignani ad Udine. (Foto Collezione Di Chirico-Ferrari/Via R. Maggioni-G. Costa)

Top and centre: Another two shots of a reconverted Macchi MC.205/V, formerly the M.M. 9546 aircraft, of the Aeronautica Sannita and the example MC.202, Series XII – M.M.91818 – built by Breda. The latter aircraft is held by the Istituto Tecnico Malignani at Udine. (Photo Collection Di Chirico-Ferrari/Via R. Maggioni-G. Costa)

In basso: Uno degli ultimi Macchi MC.205/V, M.M.9305, con le insegne della "Diana Cacciatrice", distintivo del 5° Stormo Caccia, ultimo reparto dell'Aeronautica Militare equipaggiato con i celebri aeroplani da caccia italiani, ripreso sull'aeroporto di Orio al Serio (Bergamo), dove gli Aermacchi chiusero la loro lunga vita nel maggio del 1947. (Foto Collezione Di Chirico-Ferrari/Via P. L. Castellani)

Bottom: One of the last Macchi MC.205/Vs, M.M.9305, with the insignia of the "Hunter Diana", emblem of the 5° Stormo C.T., the last unit of the Aeronautica Militare equipped with this celebrated Italian fighter, photographed at Orio al Serio (Bergamo) airbase, where the Aermacchi closed its long life during May 1947. (Photo Collection Di Chirico Ferrari/Via P. L. Castellani)

Nella pagina a fianco: L'elegante prua di uno degli ultimi Macchi MC.205/V, Serie III, con insegne italiane, ripreso sull'aeroporto di Vicenza, nuova sede del 5° Stormo Caccia fin dall'autunno del 1949. A destra della foto vi è la prua di un Republic F-47D "Thunderbolt", che equipaggiò il reparto della "Diana Cacciatrice" alla fine del 1950. E' probabile che il "Veltro" trovasi sulla base vicentina per un commovente revival del reparto. (Foto A. M.)

Opposite page: The elegant prow of one of last Macchi MC.205/Vs, Series III, with the Italian insignia, photographed at the Vicenza airfield, new seat of the 5° Stormo Caccia from the autumn of the 1949. To the right is the nose of one of the first Republic F-47D "Thunderbolts" that joined the "Diana Cacciatrice (Hunter Diana) unit at the end of 1950. The "Veltro" is probably present at the Vicenza airbase, for a moving revival! (Photo A. M.)

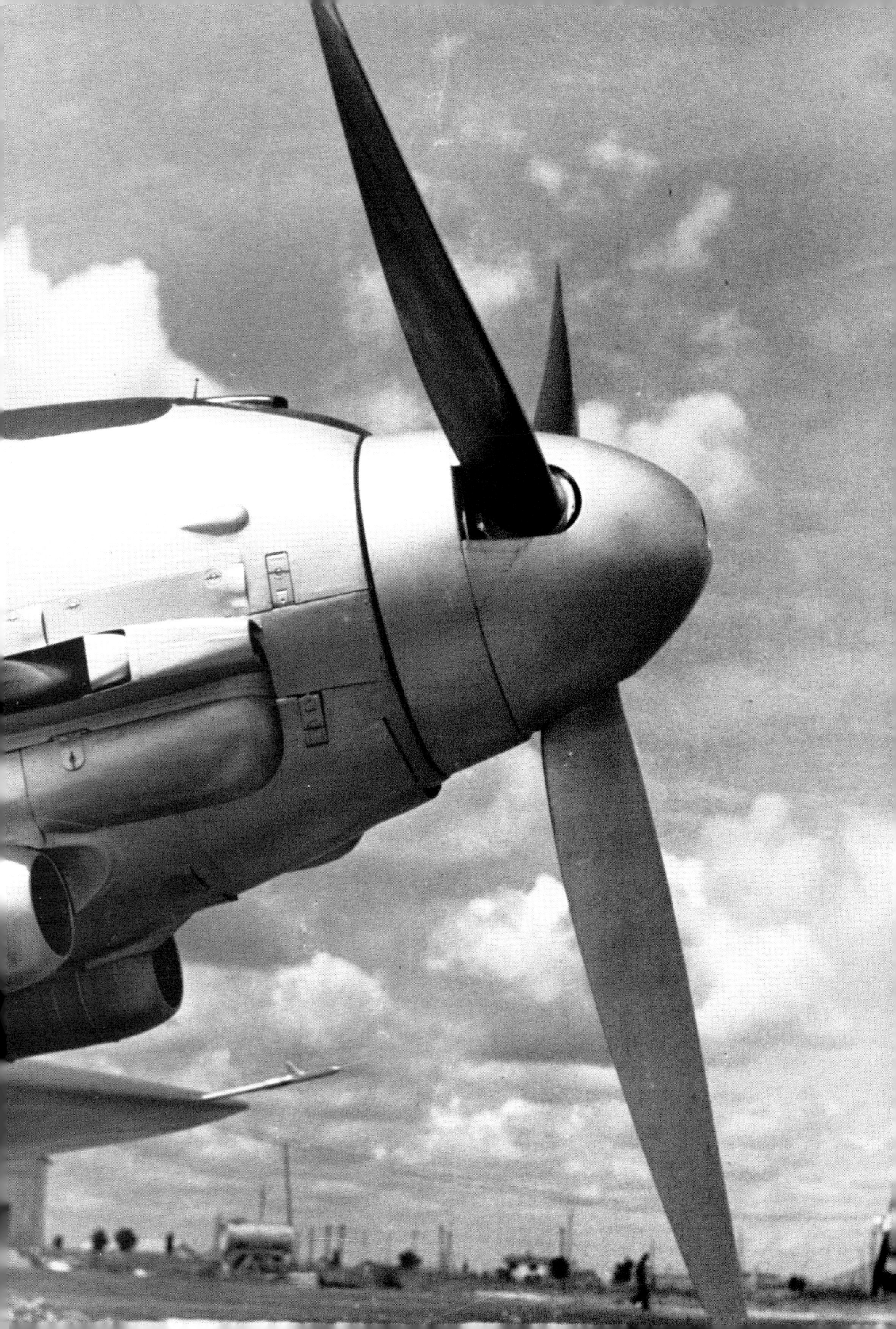

CAPITOLO VIII
CHAPTER VIII

Aermacchi in servizio nella Royal Egyptian Air Force (R.E.A.F.)

Forse nessuno immaginava che i nostri magnifici e gloriosi protagonisti di tante battaglie, potessero essere "rivitalizzati", per ritornare a combattere sotto altre bandiere, in terra straniera, come esuli in cerca di glorie e fortune, fatalmente in mano ai piloti e agli specialisti dell'Aeronautica Militare egiziana, al tempo del primo conflitto arabo-israeliano del 1948-49.

Erano trascorsi soltanto 3-4 anni dalla fine della 2ª Guerra Mondiale, quasi cinque-sei dal tempo in cui i Macchi MC.202 "Folgore" avevano operato proprio in terra egiziana, nei cieli di El Alamein, Fuka, Abu Haggag, sopra i trinceroni scavati con le unghie dai paracadutisti della "Folgore", nella depressione di El Qattara, a pochi chilometri dall'agognata mèta vittoriosa di Alessandria d'Egitto, prima che le forze della RAF e dell'USAAF stringessero in una morsa fatale quelle dell'Asse.

E' ben noto, infatti, come dopo la fine della guerra, gli ebrei si adoperassero con tutte le loro forze e con l'appoggio degli Stati Uniti d'America, a costituire un loro Stato libero e indipendente, trovando l'accanita opposizione della Lega Araba, contraria all'iniziativa intrapresa da una Commissione dell'ONU, intesa ad ottenere la spartizione della Palestina, in due Stati, uno arabo ed uno ebraico. A Gerusalemme sarebbe rimasto il regime fiduciario.

Aermacchi fighters in service in the Royal Egyptian Air Force (R.E.A.F.)

Perhaps no-one in Italy ever imagined that the magnificent protagonists of many battles, some won, some lost, veterans of combat over the Mediterranean, North Africa and on steppes of the Russia fronts, would be revitalised, and return to combat under another flag. This new challenge involved further striving for glory and luck, this time at the hands of the Royal Egyptian Air Force during the period of the first Arab-Israeli conflict in 1948-1949.

Almost four years had passed since the end of the Second World War, and five to six years since the period in which the Macchi MC.202 "Folgore" had operated over the Egyptian front. The skies over El Alamein, Fuka, Abu Haggag, and over the trenches of El Qattara where the parachutists of the "Folgore" Division, had seen the Macchi fighter engaged in a desperate struggle against the ever increasing forces of the RAF and USAAF, which would eventually overpower the Axis forces.

It will be recalled that following the end of the war, the Israeli people, many of whom had suffered unimaginably at the hands of German anti-semitism, strove, with the support of the United States of America, to establish a free and independent state. Throughout the Middle East, they met the fervent opposition of the Arab League, intent on blocking the initiative sponsored

La decisione politica di tale iniziativa risaliva al 13 maggio del 1947. Cessata l'Amministrazione inglese il 15 maggio 1948, veniva proclamato dall'Agenzia Ebraica lo Stato d'Israele, con Ben Gurion Presidente della neo Repubblica. Esso venne riconosciuto immediatamente dagli Stati Uniti d'America, dall'Unione Sovietica, mentre gli Stati arabi scatenarono la guerra, che si risolse con una grande sconfitta per l'Egitto, in quanto le forze contrapposte furono in prevalenza israeliane ed egiziane. Le ostilità si conclusero con l'Armistizio di Rodi del 24 febbraio 1949, che in pratica segnò una delle prime affermazioni politico-militari degli ebrei.

Nell'intenzione di rafforzare il loro potenziale aeronautico, lo Stato Maggiore egiziano ritenne opportuno richiedere la fornitura di velivoli da caccia anche all'Italia, orientando la scelta sui ben noti Macchi MC.202 e MC.205/V, i primi ricondizionati per l'occasione in "Veltro". A questi si unirono anche dei FIAT G.55 "Centauro".

La firma del contratto per la fornitura dei primi velivoli Aermacchi, porta la data del 23 giugno 1948, quando il Ministro plenipotenziario della Delegazione d'Egitto, H.E. Abden Rahanam Hakki Bey, mise fine ai contrasti di natura politico-militari che nel frattempo erano sorti in Italia e nel mondo arabo per questa reciproca intesa. Per parte italiana emerse la figura del Generale di Squadra Aerea in Ausiliaria Eraldo Ilari, Dirigente Generale della Compagnia italiana Aermacchi già preminente figura d'alto ufficiale della Regia Aeronautica, peraltro ex Sottocapo di Stato Maggiore agli "Armamenti Aerei".

Nell'inquietante atmosfera di quanto stava lievitando nel mondo arabo, messo letteralmente in subbuglio dopo la creazione dello Stato ebraico, l'Aermacchi aveva avuto la richiesta di velivoli da combattimento anche da parte d'Israele, mentre un complesso industriale americano era propenso ad acquistare perfino delle azioni della Ditta italiana, per porre un limite all'opera convulsa dei paesi arabi, quasi tutti intenzionati a potenziare le proprie forze armate, l'Aviazione in particolare.

Con l'Aermacchi la spuntò la Royal Egyptian Air Force, con il beneplacito della classe politica del tempo. Ciò permise alla prestigiosa Ditta varesina di raccogliere tutti i velivoli in condizione di essere rimessi in efficienza al volo ed operare anche in un contesto bellico. Rinnovati e rivitalizzati, in quello che era stato lo splen-

by the United Nations aimed at partitioning Palestine.
This process would have created two states within one state, one Arab, and one Jewish, with the legitimate government remaining in Jerusalem.
The political decision that promoted this option was made on the 13th of May 1947. After the British Administration ceased on the 15th of May 1948, the Jewish Agency proclaimed the State of Israel, with Ben Gurion as President of the new Republic. The new State was immediately recognised by the USA and the Soviet Union, while the Arab states opted for hostilities, which resulted in the significant defeat of Egypt, as the majority of the opposing forces were either Israeli or Egyptian. Hostilities were concluded following the Rhodes Armistice on the 24th of February 1949, which in practice was one of the first times the new State was recognized politically and militarly.
In order to bolster its air power, the Egyptian general staff decided to turn to Italy for the supply of fighters, and the choice fell on the well-known MC.202 and MC.205/Vs, the former rebuilt as MC.205 "Veltros". These were joined by FIAT G.55 "Centauros".
The signing of the contract with Aermacchi for the supply of the first aircraft on the 23rd of June 1948 by His Excellency Abden Rahanam Hakki Bey, the Plenipotentiary Minister of the Egyptian delegation, brought an end to the political and military arguments that had broken out in Italy and within the Arab world when the details of the proposed deal became public knowledge. On the Italian side, a major role was played by the retired Generale di Squadra Aerea Eraldo Ilari, a former prominent Regia Aeronautica officer, former Chief of Staff of the Air Armament section, and employed as Director General of the Aermacchi company. In the context of the rising tension within the Arab world, literally thrown into turmoil by the creation of Israel, Aermacchi had also received requests for combat aircraft from Israel, as well as suffering attempts by an American industrial concern to acquire shares in the Italian company, all aimed at limiting the attempts of the Arab nations to place orders, the majority of which were aimed at increasing the potential of their air arms.
Aermacchi benefited from the support of

Nella pagina a fianco: Un Macchi MC.205/V – M.M. 92166 – III Serie, condizionato secondo lo standard concordato con la Royal Egyptian Air Force (ex S/N 1243 – in base alla codificazione dei reparti dell'aviazione egiziana). (Foto A. Vigna)

Opposite page: A Macchi MC. 205/V – M.M. 92166 – III Series, conditioned according to Royal Egyptian Air Force standard. Example ex S/N 1243 – code used in the unit of the Egyptian Air Force. (Photo A. Vigna)

dore delle creazioni dell'Ing. Mario Castoldi, tutti gli Aermacchi, anche gli MC.202 "Folgore" furono ricondizionati allo standard del Macchi MC. 205/V, ben sapendo come fra l'uno e l'altro vi fossero delle differenze di poco conto, salvo la presenza di un propulsore più potente, il Daimler Benz DB 605/A-1 da 1.475 CV, in Italia costruito su licenza dalla FIAT (sigla RA-1000 RC.58 "Tifone").
Per l'occasione l'Aermacchi si era impegnata a revisionare, controllare ed effettuare le accettazioni di volo in Italia, indi procedere allo smontaggio, all'imballaggio e alla spedizione via mare. Una volta giunti in Egitto sarebbero state avviate le operazioni opposte, ivi comprese nuove valutazioni di collaudo in volo. In Egitto era stata inviata una squadra di qualificati tecnici e specialisti dell'Aermacchi, mentre il collaudo finale era stato affidato al Com.te Guido Carestiato, figura di prestigio per la ditta varesina e per la Regia Aeronautica.
Con il perfezionamento del documento contrattuale si stabilì che la somma destinata dall'Egitto all'Aermacchi sarebbe stata di 648,298 sterline, da liquidare in contanti, senza scambi di prodotti nazionali.
I primi quattro esemplari di Macchi furono spediti, via mare, il 16 settembre 1948, tre il 6 ottobre, 4 venti giorni più tardi ed altrettanti il 24 novembre, per un totale di 15 velivoli, codificati dalla R.E.A.F., con il loro Serial/Number, dal 1201 al 1215.
Il prospetto delle pagine in "Allegato" dà l'esatta raffigurazione dei velivoli italiani presi in carico dall'aviazione egiziana, attraverso il già citato Serial/Number, la Matricola Militare dell'ex Regia Aeronautica e per alcuni – gli ultimi otto esemplari – il temporaneo numero d'iscrizione nel Registro dell'Aviazione Civile egiziana. Inoltre, sono riportati tutti i tipi dei velivoli (MC.202/MC.205/V, ricondizionati in ogni modo tutti in "Veltro"), la Ditta costruttrice (Aermacchi, Breda o SAI Ambrosini) e la data d'accettazione al volo.
Gli aerei, destinati alla R.E.A.F., mostravano la loro nuova tenuta dell'Aeronautica Militare, completamente color alluminio,

the Italian political classes in its dealings with the Royal Egyptian Air Force. This support gave the green light to the collection of all the surviving aircraft capable of being returned to flying and combat condition. Rebuilt and revitalised to the original splendour of Ingegnere Mario Castoldi's creation, all the Aermacchis, including the MC.202 "Folgore", were rebuilt to MC.205/V standard.
There were only minor differences between the two airframes, but the common factor was the use of the 1,475 hp Daimler Benz DB 605A-1 engine, built in Italy by FIAT as the "RA-1000 RC.58 "Typhoon". Aermacchi undertook to overhaul, check, and carry out the acceptance tests in Italy, then dismantle, crate, and deliver the aircraft by sea. Once in Egypt, the reverse process would be completed, with new acceptance fights. A suitably qualified group of Aermacchi technicians and ground crews was sent to Egypt, while the final acceptance test flights were entrusted to the insurmountable Commander Guido Carestiato, a figure of prestige for both the Regia Aeronautica and the Varese – based firm. The contractual documents show that Egypt agreed to pay 648,298 pounds in cash to Aermacchi for the fighters, without any involvement of Egyptian products in the deal.
The first four Macchis were sent to Egypt on the 16th of September 1948, followed by three on the 6th of October, four twenty days later, and others on the 24th of November. This batch of fifteen aircraft was assigned R.E.A.F. serial numbers from 1201 to 1215. A study of the appendix to this section will reveal further documents that list the exact configuration of the former Italian aircraft sold to Egypt, including Regia Aeronautica Matricola

MC.202 e MC.205/V compresi, come da normativa emanata dalla DCA, dopo il conflitto. Ricordiamo ancora che l'ultimo reparto italiano ad aver operato con gli Aermacchi, dei "Veltro" della I e della III Serie, era stato il 5° Stormo C.T., che avuti i "Folgore" durante la cobelligeranza al Sud, fu poi dotato di Macchi MC.205/V nel maggio del 1947, quando l'unità era ferma ancora sull'aeroporto di Galatina di Lecce, prossimo, però, a raggiungere l'aeroporto di Orio al Serio, sua nuova base. Qui solo nell'autunno dello stesso anno il reparto vedeva il definitivo ritiro dei romantici "Veltro", sostituiti dagli Spitfire IX, in veste di "residuati di guerra"! La mimetica dei Macchi finiti in Egitto tornava a caratterizzare questi caccia italiani, che si videro tinteggiare con uno schema marrone-medio, con l'aggiunta di una colorazione più scura sui loro campi di rischieramento, un po' simile alla livrea desertica dei velivoli della RAF durante il conflitto.

Il "Team" dell'Aermacchi destinato in Egitto fu affidato ad un altro personaggio di prestigio della vecchia Regia Aeronautica, il Tenente Colonnello Pilota Ettore Foschini, già valoroso combattente nella 2ª Guerra Mondiale, comandante del 21° Gruppo Aut. C.T. in Russia, equipaggiato con Macchi MC.200 e con pochissimi MC.202, che operarono sul fronte ucraino fra la primavera del 1942 e quella successiva del 1943, quando l'intero C.A.F.O. (Corpo Aereo Fronte Orientale), ritiratosi a Odessa, fu costretto a rimpatriare con i pochi mezzi rimastigli. Foschini era stato inoltre un personaggio di spicco nelle fila dell'A.N.R., quale Ispettore Generale della piccola ma agguerrita forza aerea della Repubblica Sociale Italiana.

Ricordiamo che nel contesto contrattuale dell'acquisto dei velivoli da caccia italiani, da parte dell'Egitto, fu presente anche la FIAT, che cedette inizialmente 19 esemplari di FIAT G.55 "Centauro", diciassette monoposto e due biposto, aerei decisamente più affidabili degli Aermacchi, in quanto di nuova costruzione. La diversità delle condizioni dei differenti tipi di velivoli italiani era comunque a conoscenza del personale della R.E.A.F., che in ogni caso si mostrò impaziente di venire in possesso

Militare (Serial Number) tied up with Egyptian serial, and for the last eight examples the temporary Egyptian civilian registration issued for trials. The exact model of aircraft (MC.202 converted to MC.205/V, or original "Veltro"), the original manufacturers, and the date of acceptance have also been traced.

The Italian aircraft supplied to the R.E.A.F. were finished in an overall silver colour-scheme, characteristic of the standard colours worn by all post war Aeronautica Militare aircraft. The last unit of the Aeronautica Militare to operate the Aermacchi MC.205/V, Series III, was the 5° Stormo Caccia Terrestre, which flew "Folgores" during the Co-Belligerent period, and then operated MC.205/Vs from May 1947, still from Galatina (Lecce) airfield. Soon, however, the unit's base was moved to Orio al Serio (Bergamo – North Italy) in the autumn of 1947, where it finally replaced its "romantic" "Veltros" with Spitfire IXs, themselves war veterans. On their arrival in Egypt, the "Veltros" were painted in an overall mid-brown colour-scheme, which was supplemented with darker stripes in the field, producing a scheme reminiscent of the desert camouflage worn by aircraft of the RAF.

The Aermacchi team detached to Egypt was led by another prestigious former Regia Aeronautica officer, Wing Commander Ettore Foschini, a veteran of the war, being the former commander of the 21° Gruppo Aut. C.T. in Russia. Under his command, the unit had operated on the Ukraine front between spring 1942 and spring 1943, with MC.202s, when the entire C.A.F.O. (Corpo Aereo Fronte Orien-

Sopra e nella pagina a fianco: Aeroporto di Venegono. Macchi MC.205/V commissionati dalla Royal Egyptian Air Force accantonati nell'hangar dell'Aeronautica Militare, durante l'attesa di essere trasportati, via mare, in Egitto. Proprio in quel tempo la sede dell'Aermacchi subì un lieve attentato da parte di sabotatori israeliani, poiché i Macchi MC.205/V (in parte ex MC.202 ricondizionati), sarebbero stati utilizzati durante il primo conflitto arabo-israeliano del 1948-1949. (Foto G. Bignozzi/Via Brian Cull/David Nicolle Collection)

Above and in the oppsite page: Venegono airfield: Macchi MC.205/Vs ordered by the Royal Egyptian Air Force stored in the Aeronautica Militare hangar awaiting delivery, via sea, to Egypt. During this period Aermacchi airfield suffered a little Israeli terrorist attack designed to prevent the Macchi MC.205/V and MC.202 conversions being used during the first Arab-Israeli conflict of 1948-49. (Photo G. Bignozzi/Via Brian Cull & David Nicolle Collection)

dei caccia italiani (il conflitto arabo-israeliano era iniziato subito dopo la costituzione ufficiale dello stato d'Israele), cosa che in effetti, si concretizzò, soprattutto per la FIAT, con un certo imperdonabile ritardo. Tuttavia, per quello che riguardava l'Aermacchi, il primo MC.205/V fu presentato ufficialmente sul campo di Elwan il 24 ottobre 1948, alla presenza del Sottosegretario della R.E.A.F., Elmeaty Bey, del Comandante del 202° Gruppo da Caccia, Colonnello Pilota Abu Rabia Bey e dei Comandanti dei Gruppi 1°, 2° e 5°, con un folto numero di giovani piloti ed allievi.

La presentazione in volo, per un "Test-Pilot" d'eccezione, fu affidata al Com.te Guido Carestiato, che decollò con il R.E.A.F. S/N 1203 (M.M.9666), in effetti, un Macchi MC.202 della XI Serie, ricondizionato a MC.205/V, che impressionò favorevolmente quanti si erano presentati sul campo egiziano. Meno fortunato il volo del Ten. Col. Pilota Ettore Foschini, che decollato il 31 ottobre 1948 con l'esemplare S/N 1206 (ex M.M.91834), ancora un MC.202, ma della XII Serie, ricondizionato in "Veltro", subì il danneggiamento dell'aereo in atterraggio, cosa che rese il velivolo per alcune settimane inefficiente al volo!

Ricordiamo che nonostante le difficoltà ambientali e organizzative, la Squadra italiana dell'Aermacchi riuscì, in sole tre settimane ad assemblare e rendere efficienti al volo, quindi pronti al combattimento, ben 10 velivoli, quattro dei quali inviati sul campo di El Arish, dove avvenne una ulteriore dimostrazione di volo alla presenza del Royal Flying Adjutant, che rimase favorevolmente impressionato. Ciò servì a ridare una nuova carica di fiducia nel personale italiano e un nuovo entusiasmo in quello egiziano. Sullo stesso aeroporto di El Arish si svolgevano nel frattempo le operazioni di assemblaggio dei FIAT G.55 "Centauro".

Durante il conflitto arabo-israeliano, tanto gli Aermacchi, che i FIAT G.55 furono presenti in alcune delle più importanti operazioni di guerra, sebbene inseritisi con molto ritardo ed in misura non determinante. Da ciò, alla fine delle ostilità, sorsero, come era logico attendersi, delle controversie sui risultati ottenuti dai piloti egiziani a bordo dei caccia italiani.

Da un piccolo resoconto, concesso gentilmente dagli Autori del volume "Spitfires over Israel", di Brian Cull, Shlomo Aloni e Davide Nicolle (Grub Street Editore, London), si ricava che gli esemplari S/N 1204, 1208 e 1215, il primo ed il terzo dei Macchi

tale), which had regrouped at Odessa, was forced to withdraw with its few remaining aircraft. Foschini had also been prominent in the Aeronautica Nazionale Repubblicana, serving as Inspector General of the small but pugnacious air arm of the Repubblica Sociale Italiana.

FIAT also partecipated in the competition to obtain the contract to supply Egypt with fighters, and was able to initially supply nineteen examples of the FIAT G.55 "Centauro", two two-seat and seventeen single seaters. The FIAT aircraft were certainly more suitable than their Aermacchi competitors, being brand new.

The Royal Egyptian Air Force was, however, well aware of the different conditions of the various types of fighters serving with the Italian Air Force, but were nevertheless impatient to get their hands on some of the celebrated Italian aircraft. This they finally managed, not without a little delay, with the delivery of the first FIAT aircraft, held up by the outbreak of hostilities that occurred following the declaration of the State of Israel.

The first Aermacchi MC.205/V was however officially presented at Helan on the 24th of October 1948, in the presence of the Under Secretary of the R.E.A.F., Elmeaty Bey, the Commander of the 202nd Fighter Squadron Colonel Abu Rabia Bey, the

MC.202 (XI e VIII Serie – ex M.M.6573/M.M.8103), l'altro un MC.205/V della I Serie (ex M.M.93589), risultarono... "Written Off" (cancellati), quindi fuori uso, probabilmente persi in battaglia, mentre altri sei risultarono seriamente danneggiati, per probabili atterraggi forzati, forse in seguito a scontri con l'aviazione avversaria! Ricordiamo che dopo i primi 15 esemplari assegnati alla R.E.A.F., durante l'autunno del 1948, fra il gennaio e l'aprile del 1949, l'Aermacchi fornì altri nove velivoli, facenti parte del primo lotto contrattuale, sei dei quali dei Macchi MC.202, ricondizionati in "Veltro" e tre autentici MC.205/V.

Un nuovo ordinativo di 18 velivoli si concretizzò poco prima della fine del 1949: tre soli MC.205/V, mentre i rimanenti provenivano dai Macchi MC.202 ricondizionati. Alla fornitura dei nove velivoli, fra gennaio e aprile del 1949, fu presente nuovamente in Egitto il Com.te Guido Carestiato, che il 28 gennaio pilotò un piccolo Macchi 308 codificato SU-AGG, appartenente alla mini-flotta aerea di Re Faruk.

Il secondo contratto, riguardante 18 Macchi, fu stilato e firmato il 23 febbraio 1949, per parte egiziana dal Sig. Ibrahim Saad Messery Bey e per l'Aermacchi dal solito Gen. S.A./Aus. Eraldo Ilari. Questo secondo lotto comprendeva otto Macchi MC.205/V e 16 MC.202, destinati al ricondizionamen-

Commanders of the 1st, 2nd and 5th Fighter Squadrons, and a large parade of pilots, technicians and officer cadet pilots.

The task of presenting the MC.205/V in flight was entrusted to no less a pilot than Commander Guido Carestiato, who took off in R.E.A.F. 1203 (M.M.9666), previously a Macchi MC.202, XI Series, but now rebuilt as a "Veltro". His display impressed all those gathered on the Egyptian airfield. A less fortunate outcome befell a flight made by Wing Commander Ettore Foschini in "Veltro 1206". This aircraft, converted from a Macchi MC.202 Series XII, M.M.91834, took off on the 31st of October 1948 for a test, but was damaged on landing, and was out of action for several weeks. It is worth recording that despite some organizational and local problems the Aermacchi team took only three weeks to assemble and bring to combat readiness ten aircraft, four of which were detached to the base at Al Arish, where they gave a further display in front of the Royal Flying Adjutant, who was equally impressed. This served to underline the prowess of the Italian personnel and increased the enthusiasm of the Egyptian airmen. El Arish was also the assembly point for the Egyptian FIAT G.55.

During the Arab-Israeli conflict, both the Macchi and the FIAT fighters participated in combat operations, but were introduced later on, and in a less than determined fashion. After the end of the hostilities, the usual conflicting claims and counter-claims broke out in respect of the results obtained by Egyptian pilots flying the Italian aircraft.

Thanks to information kindly supplied by the authors of the volume "Spitfires over Israel" (Brian Cull, Shlomo Aloni and David Nicolle – Grub Street Publishing, London), it can be confirmed that "Veltros" 1204, 1208 and 1215, the first and last former Macchi MC.202 (XI and VIII Series – formerly M.M.6573/M.M.8103), the other an authentic Macchi MC.205/V, Series I, M.M.9358, were written off, probably as combat losses, while another six were seriously damaged in forced landings, probably following combat encounters with hostile forces. Having delivered the first fifteen examples to the R.E.A.F. during the autumn of 1948, between January and April 1949 Aermacchi supplied another nine aircraft, all part of the first contract batch. Six of these were

Macchi MC.205/V della Royal Egyptian Air Force fermo su una base della RAF in territorio egiziano. Il pilota ripreso accanto all'ex caccia italiano è il Comandante John Baldwin, divenuto istruttore di volo per i piloti egiziani, dopo il primo conflitto arabo-israeliano. L'aereo qui ripreso è un ex MC.202, ricondizionato in "Veltro". Si tratta di un esemplare con M.M.7897, I Serie, di costruzione Breda, inizialmente codificato, secondo il Registro Civile egiziano, in SU-XXL, poi con numerazione militare "1213". (Foto E. Thomason / Via Brian Cull & David Nicolle)

One of the R.E.A.F. MC.205/Vs photographed at an RAF airfield in Egyptian territory. The pilot by the Italian fighter is Squadron Leader John Baldwin, who after the first Arab-Israeli war became a fighter pilot instructor for the Egyptian Air Force. The aircraft is a MC.202, Series I, converted to a "Veltro". Originally M.M. 7897, built by Breda, it initially carried the civil markings SU-XXL, later adopting the Serial Number 1213. (Photo E. Thomason/Via Brian Cull & David Nicolle Collection)

to. La cifra pattuita ammontava a 270,000 sterline, con una consegna graduale, che si sviluppò tra il luglio e il novembre del 1949. I Serial/Numbers assegnati a questi velivoli erano i seguenti: 1225/1242.

Con questo secondo lotto si verificarono in seno ai reparti della R.E.A.F. una serie di gravi incidenti, non tanto – però – addebitabili alle condizioni degli aerei, che per parte Aermacchi erano stati revisionati e rivitalizzati nella misura perfetta, quanto per l'impreparazione e l'inesperienza dei piloti egiziani. Un certo rilievo tuttavia poteva essere fatto nei confronti dei propulsori, i "RA-1000 RC-58 "Tifone", costruiti dalla FIAT in epoca "autarchica"!

Per quanto tali contrattempi offrissero un'immagine un po' diversa dalla prima fornitura, va detto che i nostri Macchi, sebbene obsoleti e sfruttati dai reparti italiani, offrirono alla R.E.A.F. un motivo in più per ristrutturare la sua linea di volo, fatta da aeroplani di vari tipi, nonché offrire quel necessario trampolino di lancio verso soluzioni più moderne.

Un terzo lotto, contrattato, datato 12 maggio 1949, che avrebbe consentito all'Aermacchi di fornire altri 20 esemplari, 10 MC.205/V ed altrettanti MC.202 ricondizionabili, contrassegnati dai S/N egiziani 1243-1262, non venne accettato, così gli aerei ritornarono in Italia e furono assegnati alle Scuole di Volo, dove operarono fino agli inizi degli anni cinquanta.

Vogliamo ricordare che durante i primi approcci commerciali, fra l'Aermacchi e la R.E.A.F., l'attento servizio segreto israeliano, per quanto non ancora al summit della sua efficienza investigativa, non tardò ad organizzare un piano di sabotaggio sullo stesso territorio italiano, nel tentativo, almeno questo nelle intenzioni, di arrecare dei danni ai velivoli destinati al paese nemico, o almeno "scoraggiare" l'intesa commerciale fra l'Aermacchi e l'aviazione egiziana. Sebbene l'atto avvenne sul serio, durante la notte del 18 settembre 1948, attraverso un incendio divampato lungo la linea di volo dei Macchi presenti a Venegono, i danni arrecati agli aerei furono di scarsa entità. Fu danneggiato un solo MC.205/V dell'Aeronautica Militare, presente sul campo varesino per delle riparazioni. Tutti i Macchi ammassati nell'hangar principale furono portati fuori a spinta, prima che il fuoco potesse danneggiarli. In pratica i danni si limitarono a qualche MC.205/V italiano e a qualche Macchi 308, ma nessuno dei velivoli destinati in

former Macchi MC.202s converted to MC.205/Vs, while the remainder were original MC.205/Vs. Commander Guido Carestiato was again present in Egypt for the first delivery, flying Macchi MB 308 "SU-AGG"(Civil Registration), on the 28th of January 1949, a light aircraft that was part of the personal fleet of King Faruk.

The second commercial contract between the R.E.A.F. and Aermacchi for 18 new MC.205/Vs was sealed on the 23rd of February 1949, with Ibrahim Saad Messery Bey, signing for Egypt and the usual Generale di Squadra Aerea Eraldo Ilari signing for Aermacchi. This batch would comprise eight real MC.205/Vs and sixteen reconditioned MC.202s, and was worth 270,000 pounds, with gradual deliveries between July and November 1949. These eighteen fighters were assigned to R.E.A.F. with the following serials 1225-1242. During the R.E.A.F. operations of this second batch, a series of worrying accidents occurred, not all attributable to the state of the aircraft, which had been completely overhauled and modernised by Aermacchi. Some of the blame lay with a lack of training and inexperience of the Egyptian pilots, while the FIAT - Built RA-1000 engine, produced during the Fascist period, also attracted some suspicion. Although the problems experienced by the second batch give a different overall impression of the success of the contract, it should be remembered that the obsolete and war-weary Italian fighters offered the R.E.A.F. the means to restructure its forces, and facilitated the subsequent transition onto more modern equipment.

A third batch, ordered on the 12th of May 1949, and comprising 10 MC.205/V and 8 converted MC.202s (R.A. – A.F. serials 1243 – 1262) was not accepted and the aircraft returned to Italian service, flying with the Lecce Flying school until the early fifties.

It should be noted that during the first commercial approaches between Aermacchi and R.E.A.F. the Israeli Secret Service, although not yet at peak of efficiency, organized a plan to sabotage the process before any aircraft left Italian territory. The dual aims of the group of Zionist terrorists were to damage the aircraft under preparation for the enemy state, and to discourage any commercial agreement between Aermacchi and the Egyptian state.

The group struck on the night of the 18th of

Egitto fu coinvolto nel sabotaggio, come con molta fantasia scrissero alcuni giornalisti e più tardi alcuni scrittori, dato che i velivoli, già revisionati e pronti per l'imballaggio, si trovavano in altra sede dell'Aermacchi, a Valle Olona, da dove furono avviati regolarmente per l'imbarco.

Il 20 maggio 1948 vi fu un altro episodio, non ancora chiarito: un velivolo straniero, un "Norseman", alla guida dell'ex pilota canadese, asso della RAF di Malta, durante la 2ª G.M., George Frederick "Buzz" Beurling, con accanto il co-pilota Sidney Cohen, precipitò subito dopo il decollo dall'aeroporto romano dell'Urbe, procurando la morte dei due sventurati. L'ipotesi del "sabotaggio" fu la prima ad emergere tra il personale della base italiana, sospettando che George Beurling, allora 27enne, fosse coinvolto in qualche traffico con il Medio Oriente. Beurling fu sepolto a Roma, ma successivamente fu trasportato in Israele[1].

September 1948, starting a fire in one of the Macchi sheds at Venegono.
Damage was light, however, being restricted to one Macchi MC.205/V of the Aeronautica Militare, present in the hangar for repair. All the Macchis in the main hangar were quickly pulled out before the blaze spread, and in practice only a few Italian MC.205/Vs and some MB 308s received light damage. None of the Egyptian aircraft were caught up in the sabotage attack, as has erroneously been claimed over the years, as the aircraft, fully overhauled and ready for crating were at another Aermacchi facility, Valle Olona, from where they were safely dispatched to Egypt. On the 20th of May 1948 there was another episode, still not explained. On that morning the ex Flight Lieutenant George Frederick "Buzz" Beurling (DSO, DFC, DFM & Bar), a famous World War II Canadian Fighter Pilot in service with the RAF in Malta, crashed during take-off with co-pilot Sidney Cohen whilst flying a "Norseman" aircraft. Both pilots were burnt to death. The hypothesis of "sabotage" was the first to emerge among the personnel at the Italian bese. It was suspected that George Beurling, then 27 years old, had been involved in some traffic with the Middle East[1].

Un altro Macchi MC.205/V (1214) con codici ed insegne della Royal Egyptian Air Force. Si tratta anche in questo caso di un ex MC.202 – M.M.9618 – XI Serie di produzione Breda, assegnato al 2° Squadrone della R.E.A.F. L'aereo è stato costretto ad atterrare sulla base della RAF di Fayd, per esaurimento di carburante, durante la ritirata del reparto egiziano dalla base di El Arish. (Foto E. Thomason / Via Brian Cull & David Nicolle Collection)

Another MC.205/V wearing Royal Egyptian Air Force markings. This is a former MC.202, M.M.9681, a XI Series aircraft built by Breda, and serving with the 2nd Squadron REAF. During the Egyptian withdrawal from El Arish the aircraft made a forced landing at RAF Fayd due to fuel exhaustion. (Photo E. Thoma-son/Via Brian Cull & David Nicolle Collection)

---

1. Notizie storiche e dati tecnici sulla R.E.A.F. fornito dall'amico Brian Cull, scrittore inglese e dall'amico Achille Vigna, scrittore italiano.

Historical news and technical data for the R.E.A.F. provided from the friend Brian Cull, English writer, and from the friend Achille Vigna, Italian writer.

Macchi MC.202 e Macchi MC.205/V venduti dall'Aermacchi all'Aviazione Militare egiziana

Numeri di Serie egiziani e Matricole Militari italiane/Registro Civile egiziano/Produzione/Data accettazione Aermacchi in Italia

Macchi MC.202 & Macchi MC.205/V sold from Aermacchi to the Royal Egyptian Air Force

Egyptian and Italian Serial Numbers/Egyptian Civil Register/Builder/Aermacchi firm acceptance date in Italy

Tabella N.1
Table No.1

Contratto N.1 per una fornitura di 24 Aermacchi, datata 23 giugno 1948
Contract No.1 supplying 24 Aermacchis, signed on the 23rd of June 1948

S/N egiziani / *Egyptian S/N*	M.M./Regia Aeronautica / *R.Aeronautica M.M.*	Registro Civile / *Civil Reg.*	Tipo / *Type*	Costruz./Serie / *Builder/Series*		Accettato in Italia / *Accepted in Italy*
1201	9305	----	MC.205/V	Macchi	I	15.06.1948
1202	91804	----	MC.202	Breda	XII	02.07.1948
1203	9666	----	MC.202	Breda	XI	23.06.1948
1204	6573	----	MC.202	Breda	I	21.08.1948
1205	7944	----	MC.202	Breda	I	23.08.1948
1206	91834	----	MC.202	Breda	XII	24.08.1948
1207	92173	----	MC.205/V	Macchi	III	28.08.1948
1208	9358	SU-XXE	MC.205/V	Macchi	I	07.07.1948
1209	9309	SU-XXF	MC.205/V	Macchi	I	09.10.1948
1210	9363	SU-XXG	MC.205/V	Macchi	I	15.10.1948
1211	9515	SU-XXH	MC.202	Breda	X	20.10.1948
1212	8382	SU-XXI	MC.202	Breda	VIII	03.11.1948
1213	7897	SU-XXL	MC.202	Breda	I	08.11.1948
1214	91812	SU-XXM	MC.202	Breda	XII	11.11.1948
1215	8103	SU-XXN	MC.202	Breda	VI	13.11.1948
1216	8352	SU-XXO	MC.202	Breda	VIII	23.11.1948
1217	8087	SU-XXP	MC.202	Breda	VI	02.12.1948
1218	6606	SU-XXQ	MC.202	Breda	XI	06.12.1948

1219	92182	SU-XXR	MC.205/V	Macchi	III	18.12.1948
1220	92179	SU-XXS	MC.205/V	Macchi	III	16.12.1948
1221	9342	SU-XXT	MC.205/V	Macchi	I	07.01.1948
1222	6576	SU-XXU	MC.202	Breda	XI	02.02.1948
1223	9555	SU-XXZ	MC.202	Breda	VII	17.02.1949
1224	9065	SU-XXV	MC.202	Macchi	VII	17.02.1949

Tavola N.2
Table No.2

1225	9362	----	MC.205/V	Macchi	I	10.05.1949
1226	7811	----	MC.202	Macchi	I	27.05.1949
1227	91806	----	MC.202	Breda	XII	01.06.1949
1228	9397	----	MC.202	Macchi	IX	10.06.1949
1229	9695	----	MC.202	Breda	XI	15.06.1949
1230	9436	----	MC.202	Macchi	IX	18.06.1949
1231	92175	----	MC.205/V	Macchi	III	25.06.1949
1232	8089	----	MC.202	Breda	VI	27.07.1949
1233	6602	----	MC.202	Breda	XI	31.07.1949
1234	9704	----	MC.202	Breda	XI	18.08.1949
1235	9669	----	MC.202	Breda	X	22.08.1949
1236	9714	----	MC.202	Breda	XI	27.08.1949
1237	92202	----	MC.205/V	Macchi	III	29.08.1949
1238	9503	----	MC.202	Breda	XI	30.09.1949
1239	9694	----	MC.202	Breda	XI	19.09.1949
1240	6567	----	MC.202	Breda	XI	26.09.1949
1241	9681	----	MC.202	Breda	XI	02.10.1949
1242	9750	----	MC.202	Breda	XI	08.10.1949

Macchi MC.205/V ricondizionato. In realtà trattasi del "Folgore" – M.M.9546 – X Serie, di produzione Breda, ricostruito dall'Aeronautica sannita, ed uno dei 18 esemplari del 3° Lotto contrattuale con la Royal Egyptian Royal Force, firmato il 12 maggio 1949, ma successivamente annullato. Dai documenti del tempo è accettato dall'A.M. il 23 novembre 1950. (Foto A. Vigna)

A Macchi MC.205/V reconverted. In reality it is the "Folgore" – M.M.9546 – Series X, built by Breda, rebuilt by the Aeronautica sannita and one of the 18 examples of the 3rd contract signed on the 12th of May 1949, but cancelled by the R.E.A.F. From the documents at the time it was accepted by the Aeronautica Militare on the 23rd of November 1950. (Photo A. Vigna)

Tabella N.3
Table No.3

Situazione per i MC.202/205/V della Royal Egyptian Air Force alla data del 26 gennaio 1949
Situation report for the MC.202/205/V fleet of the R.E.A.F. dated 26th of January 1949

S/N egiziani / *Egyptian Serials*	stato / *state*	causa / *problem*
1201	efficiente/*airworthy*	
1202	inefficiente/*unready*	mancata fuoruscita del carrello/*undercarriage failure*
1203	efficiente/*airworthy*	
1204	distrutto/*written off*	
1205	efficiente/*airworthy*	
1206	efficiente/*airworthy*	
1207	inefficiente/*unready*	mancata fuoruscita del carrello/*undercarriage failure*
1208	distrutto/*written off*	
1210	inefficiente/*unready*	mancata fuoruscita del carrello/*undercarriage failure*
1211	inefficiente/*unready*	danneggiato nella sua struttura/*damaged in its structure*
1212	inefficiente/*unready*	danneggiato nella sua struttura/*damaged in its structure*
1213	inefficiente/*unready*	danneggiato nella sua struttura/*damaged in its structure*
1214	efficiente/*airworthy*	
1215	distrutto/*written off*	

Tabella N.4
Table No 4

Contratto N.3 per la fornitura di 18 Aermacchi, firmato il 12 maggio 1949
Contract No.3 for the supply of 18 Aermacchis, signed on the 12th of May 1949
Questo contratto non era accettato, quindi gli aerei rientravano in Italia ed assegnati alle Scuole di Volo
This contract was not completed, and the aircraft were returned to Italian service.

M.M. della Regia Aeronautica / *Regia Aeronautica M.M.*	Tipo / *Type*	Serie / *Series*	Ditta costruttrice / *Builder*	Accettato in Italia / *Accepted in Italy*
92166	MC.205/V	III	Macchi	30.05.1950
92214	MC.205/V	III	Macchi	13.03.1950
91975	MC.202	XIII	Macchi	14.02.1950
9311	MC.205/V	I	Macchi	22.02.1950
92181	MC.205/V	III	Macchi	16.02.1950
9484	MC.202	IX	Macchi	03.08.1950
91818	MC.202	XII	Breda	27.09.1950
9116	MC.202	VII	Macchi	22.09.1950
92204	MC.205/V	III	Macchi	30.10.1950
9346	MC.205/V	I	Macchi	29.05.1950
91976	MC.202	XIII	Macchi	05.01.1951
9546	MC.202	X	Breda	23.11.1950
9360	MC.205/V	I	Macchi	09.05.1951
92168	MC.205/V	III	Macchi	13.02.1951
91828	MC.202	XII	Breda	23.03.1951
91974	MC.202	XIII	Macchi	10.07.1951
6587	MC.202	XI	Breda	11.04.1951
9322	MC.205/V	I	Macchi	06.04.1951
92302	MC.205/V	III	Macchi	30.04.1951
91972	MC.202	XIII	Macchi	15.05.1951

Questa fornitura avrebbe ricevuto i Serials egiziani da 1243 a 1262
The batch should have received Egyptian Serials 1243 – 1262

BIBLIOGRAFIA
BIBLIOGRAPHY

"Testo delle Medaglie d'Oro al V. M.", Uff. Storico, SMAM, Roma 1969.
"La Guerra Aerea in A.S.I.", Stem-Mucchi di Alberto Borgiotti/Cesare Gori, 1972.
"I reparti dell'Aeronautica Militare Italiana", SMAM, Roma 1973.
"Dimensione Cielo" N. 1/2/3, Edizioni Bizzarri, Roma 1975.
"Il 51° Stormo Caccia" di Nicola Malizia, Ediz. Bizzarri, Roma 1975.
"AEREI" N. 5 Anno III maggio – I Macchi C.205V Veltro di G. Carlo Garello, 1975.
"8° Gruppo Caccia" di Giuseppe Pesce, Ediz. Mucchi, Modena 1975.
"L'Aeronautica Italiana nella guerra di Liberazione" Angelo Lodi, Ed. Bizzarri, Roma 1975.
"Il 101° Gruppo Tuffatori" di Giuseppe Pesce, SMAM, Roma 1975.
"Fighter over Tunisia" di C. Shores - H. Ring - W.N. Hesse, Ediz. Neville Speearman, London 1975.
"I Caccia della Serie 5" di Nino Arena, Ediz. Mucchi, 1976.
"Inferno su Malta" di Nicola Malizia, Ediz. Mursia, Milano 1976.
"La Regia Aeronautica. Dall'Armistizio alla Cobelligeranza 1943-1946", Nino Arena, Ediz. Mucchi, 1977.
"La Regia Aeronautica. Dalla Guerra di Liberazione alla Repubblica 1943-1946", Nino Arena, Ediz. Mucchi, 1977.
"Il Walzer del 102° Gruppo" di Giuseppe Pesce, SMAM, Roma 1977.
"Colori e schemi mimetici della Regia Aeronautica – 1935/1943" di Umberto Postiglione & Andrea Degli Innocenti, Ediz. CMPR, Ravenna 1977.
"Quelli del Cavallino Rampante" di Antonio Duma, Ediz. dell'Ateneo, Roma 1981.
"Malta: Blitzed but not beaten" di Philip Vella, Public Progress Press, Malta 1987.
"MALTA: The Hurricane Years, 1940-41" di C. Shores - B. Cull - N. Malizia, Ediz. Grub Street, London 1987.
"Air War for Yugoslavia, Greece and Crete" di C. Shores - B. Cull - N. Malizia, Ediz. Grub Street, London 1987.
"MALTA: The Spitfire year, 1942" di C. Shores - B. Cull - N. Malizia, 1991.
"Catalogo delle Matricole Militari della Regia Aeronautica – 1923-1943" di Gianni Gambarini & Andrea Curami, Ediz. GMT/CMP /GAVS, 1992.
"Ali d'Italia – Aermacchi MC.202 – Monografie Aeronautiche", di Giorgio Apostolo, Ediz. La Bancarella Aeronautica, Torino 1995.
"Furio Niclot – Un pilota indimenticabile" di Giovanni Massimello, Speciale Aerofan Giorgio Apostolo Editore, Milano 1998.
"Quelli del Gatto Nero" di Nicola Malizia, Ediz. Bacchini, Rimini 1998.
"Aeronautica Italiana – Dieci anni di storia: 1943-1952", di Achille Vigna, Ediz. Storia Militare, Parma 1999.
"Spitfires over Sicily" di B. Cull - N. Malizia - F. Galea, Grub Street, London 2000.
"GUERRA! – La Sardegna nel Secondo Conflitto Mondiale", a cura di Alberto Monteverde e Emilio Belli, Askos Edizioni, Cagliari 2004.